DIRK BLASIUS · ECKART PANKOKE
LORENZ VON STEIN

ERTRÄGE DER FORSCHUNG

Band 69

DIRK BLASIUS · ECKART PANKOKE

LORENZ VON STEIN

Geschichts- und gesellschaftswissenschaftliche Perspektiven

1977
WISSENSCHAFTLICHE BUCHGESELLSCHAFT
DARMSTADT

CIP-Kurztitelaufnahme der Deutschen Bibliothek

Blasius, Dirk
Lorenz von Stein: geschichts- u. gesellschaftswissen-
schaftl. Perspektiven / Dirk Blasius; Eckart Pankoke.
— Darmstadt: Wissenschaftliche Buchgesellschaft,
1977.
 (Erträge der Forschung; Bd. 69)
 ISBN 3-534-06232-9

NE: Pankoke, Eckart

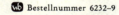
Bestellnummer 6232–9

© 1977 by Wissenschaftliche Buchgesellschaft, Darmstadt
Satz: Maschinensatz Gutowski, Weiterstadt
Druck und Einband: Wissenschaftliche Buchgesellschaft, Darmstadt
Printed in Germany
Schrift: Linotype Garamond, 9/11

ISBN 3-534-06232-9

INHALT

Vorwort VII

Dirk Blasius: Lorenz von Stein als Geschichtsdenker

I. Zeiterfahrung und Gesellschaftsgeschichte . . . 3
   1. Gesellschaftsgeschichte und geschichtlicher Prozeß 3
   2. Die Geschichte der sozialen Bewegung in Frankreich als Sozialgeschichte Frankreichs 10
   3. Agententätigkeit und Ideologieproduktion . . 20
   4. Das Verhältnis zu Karl Marx 34

II. Die Geschichte der sozialen Bewegung in Deutschland 46
   1. Sozialstruktur und soziale Restauration: die Bedeutung des Jahres 1848 46
   2. Der Stellenwert der 48er Revolution in Steins wissenschaftlicher Biographie 52
   3. Stein als Kritiker der Gesellschaftsordnung des preußischen Staates 57
      a) Agrarreform und feudale Machteliten . . 57
      b) Gemeindereform und feudale Machteliten . 67

III. Geschichtliches Interesse an Lorenz von Stein . . 72

*Eckart Pankoke: Lorenz von Steins staats-
und gesellschaftswissenschaftliche Orientierungen*

I. Problemgeschichtliche Perspektiven 79

II. Gesellschaftslehre als Krisenwissenschaft 87

III. Zeitgeschichte und Voraussicht 95

IV. Institutionelle Folgen gesellschaftlicher Mobilisierung 101
  1. Industrialisierung gesellschaftlicher Arbeit . . 102
  2. Mobilisierung sozialräumlicher Bezüge 105
  3. Politisierung der Gesellschaft 110

V. Soziales Königtum und persönlicher Staat . . . 120

VI. Von „Polizeiwissenschaft" zur „Verwaltungslehre" 132

VII. Vom „Labyrinth der Bewegung" zum „System des Vereinswesens" 146

VIII. Ansätze einer gesellschaftswissenschaftlichen Bildungslehre 157

IX. Staatswissenschaftliche Professionalisierung öffentlichen Handelns 169

Anhang: Lebenslauf Lorenz von Steins, eingereicht bei seiner Bewerbung um eine Professur in Wien . . . 181

Literaturverzeichnis 191
  1. Werke und Schriften Lorenz von Steins . . . 191
  2. Literatur zu Lorenz von Stein 194

VORWORT

Die folgenden Studien versuchen, den Zugang zum Verständnis Lorenz von Steins jeweils unter der besonderen Perspektivik aktueller geschichts- und sozialwissenschaftlicher Fragestellungen zu erschließen.

Die Frage nach ‚Stein als Geschichtsdenker' akzentuiert die Entwicklung eines Denkens, das als eines der frühen Deutungsmuster der modernen Industriegesellschaft rezipiert wurde. Sowohl aus Steins Einbindung in ideengeschichtliche Zusammenhänge wie auch aus der Imprägnierung seines Denkens durch sozialökonomische Strukturen lassen sich Ansatzpunkte gewinnen, um Selektivitäten und Grenzen, aber auch analytische Stärken seiner Position zu bezeichnen. In dieser ersten Untersuchung soll unter Einbeziehung und Aufarbeitung der bisherigen Stein-Forschung kritisch geprüft werden, welchen Ertrag die Beschäftigung mit Lorenz von Stein für Arbeitsschwerpunkte, Interessenfelder und methodologisches Selbstverständnis der modernen Sozialgeschichte bringen kann.

Die Aufnahme von Steins staatswissenschaftlichen und gesellschaftswissenschaftlichen Fragestellungen versucht, die von Stein entwickelten Selbstverständnisse und Handlungsmodelle in Hinblick auf ein gewandeltes sozialwissenschaftliches Problembewußtsein zu durchdenken. Richtungweisende Perspektiven der Interpretation von Steins sozialwissenschaftlichen Theorien der sozialen Verwaltung und des gesellschaftlichen Vereinswesens ergeben sich aus Aufgabenerweiterungen und -verlagerungen öffentlicher Verantwortung vom Rechts- zum Sozialstaat. Hierbei wird auch die heute geführte Diskussion des Verhältnisses von wissenschaftlicher Aufklärung und politischer Praxis auf Steins Angebot einer gesellschaftswissenschaftlichen Programmierung und Professionalisierung öffentlichen Handelns rückzubeziehen sein.

Im Anhang ist ein von STEIN verfaßter Lebenslauf publiziert. Lorenz VON STEIN reichte ihn bei seiner Bewerbung um eine Professur in Wien ein. Das Literaturverzeichnis bringt eine Auswahl der wichtigsten Schriften STEINS, im übrigen soll es auf die geschichts- und sozialwissenschaftlichen Fragestellungen hindeuten, unter denen das Werk STEINS in diesem Band beleuchtet wurde.

Essen, im Juli 1976   Dirk Blasius
                                 Eckart Pankoke

DIRK BLASIUS

LORENZ VON STEIN ALS GESCHICHTSDENKER

I. ZEITERFAHRUNG UND GESELLSCHAFTSGESCHICHTE

1. Gesellschaftsgeschichte und geschichtlicher Prozeß

Die fehlende Tradition einer Gesellschaftsgeschichte in Deutschland steht seit Jahren an der Spitze fast jeden Versuchs, die gesellschaftsgeschichtliche Dimension für die deutsche Historiographie einzuholen. Nur vereinzelt ist man der ausgeprägten Traditionslinie der deutschen Geschichtswissenschaft im Zusammenhang mit dem Entwicklungsablauf des staatlich-gesellschaftlichen Lebens in Deutschland nachgegangen. Eine solche Korrelation vermag jenen „fundamentalen Verdrängungsprozeß" sozialgeschichtlich zu erklären, „in dem die deutsche Geschichtswissenschaft, je später, desto mehr, an Kraft zur Analyse der neueren Geschichte und damit auch zur Deutung der Gegenwart einbüßte".[1] Der Beginn dieses Prozesses hat seinen geschichtlichen Ort in der ersten Hälfte des 19. Jahrhunderts. Hier vollzog sich – beschleunigt durch das säkulare Ereignis der Französischen Revolution – die Herausarbeitung der bürgerlichen Wirtschafts- und Arbeitsgesellschaft aus vorbürgerlichen, ständischen und bürokratischen Traditionen. Lorenz VON STEIN hat diesen Zeitabschnitt als „Übergang von der feudalen zur wirtschaftlichen Gesellschaft" charakterisiert und seine Signatur im „Umtausch eines einfachen Widerspruches mit einem verzehnfachten" gesehen.

In der dumpfen Schwüle, die in dieser Epoche auf Europa liegt, treibt die individuelle Gesellschaft die volle Entfaltung ihrer Elemente und

[1] Vgl. insgesamt J. Kocka, Sozialgeschichte – Strukturgeschichte – Gesellschaftsgeschichte, Archiv für Sozialgeschichte 15 (1975), 1–42, hier 8.

ihrer Ordnung empor, aber Schritt vor Schritt folgt ihr der Ausdruck des Widerspruches, der ihr innewohnt.²

Im Werk Lorenz von Steins begegnet der Versuch, die Zeiterfahrung von der Geschichtsmächtigkeit der neuzeitlichen Klassengesellschaft auf verschiedenen Ebenen zu verarbeiten. In dieser Beziehung ist er sehr eng an Karl Marx heranzurücken, dessen Denken ebenfalls seine Kraft aus einer kritischen Reflexion der ihn umgebenden gesellschaftlichen Wirklichkeit zog. Beide, Stein und Marx, thematisierten die Dynamik geschichtlicher Prozesse in der Neuzeit unter dem Gesichtspunkt sich ausbildender Klassenverhältnisse; beide machten den Versuch, das Bewußtsein, daß die moderne bürgerliche Gesellschaft Klassenstrukturen nicht auflöst, sondern diese als sozioökonomische Klassenstrukturen erstmals rein zum Ausdruck bringt, in eine Methode historischer Erkenntnis umzusetzen.³ Für Marx war „die Geschichte aller bisherigen Gesellschaft" eine „Geschichte von Klassenkämpfen"; aber erst „unsere Epoche, die Epoche der Bourgeoisie", zeichne sich dadurch aus, „daß sie die Klassengegensätze vereinfacht hat".

Die ganze Gesellschaft spaltet sich mehr und mehr in zwei große feindliche Lager, in zwei große, einander direkt gegenüberstehende Klassen: Bourgeoisie und Proletariat.⁴

Man hat in der geschichtlichen Schwerkraft der deutschen Staatenwelt den Grund dafür gesehen, daß die deutsche Geschichts-

---

² L. v. Stein, Geschichte der socialen Bewegung in Frankreich von 1789 bis auf unsere Tage. In drei Bänden [1850], Bd. 1: Der Begriff der Gesellschaft und die sociale Geschichte der Französischen Revolution bis zum Jahre 1830; Bd. 2: Die industrielle Gesellschaft, der Socialismus und Kommunismus Frankreichs von 1830 bis 1848; Bd. 3: Das Königtum, die Republik und die Souveränität der französischen Gesellschaft seit der Februarrevolution 1848; hier Bd. 2, 9 f.

³ Vgl. J. Habermas, Legitimationsprobleme im modernen Staat, Merkur 30 (1976), 37–56, hier 51; jetzt ders., Zur Rekonstruktion des Historischen Materialismus, Frankfurt 1976.

⁴ K. Marx, Fr. Engels, Manifest der Kommunistischen Partei, in: Marx-Engels Werke, Berlin 1959, Bd. 4, 462 f.

wissenschaft im 19. Jahrhundert dem Problem der Gesellschaft wenig Beachtung schenkte; das Ausfahren staatlicher Entscheidungskompetenz und -kraft etwa in der nationalen Frage vermochte jedoch nur vordergründig über jenen brodelnden Kessel hinwegzutäuschen, der nach MARX die „Bewegung" immer mehr anheizte:

Die bürgerlichen Produktions- und Verkehrsverhältnisse, die bürgerlichen Eigentumsverhältnisse, die moderne bürgerliche Gesellschaft, die so gewaltige Produktions- und Verkehrsmittel hervorgezaubert hat, gleicht dem Hexenmeister, der die unterirdischen Gewalten nicht mehr zu beherrschen vermag, die er heraufbeschwor.[5]

Der affirmative Grundzug der deutschen Geschichtsschreibung im 19. Jahrhundert scheint – stärker als man es bisher gesehen hat – mit einer Abwehrhaltung gegenüber Bedrohungen vermittelt zu sein, die sich aus der gesellschaftsgeschichtlichen Bewegung der Neuzeit ergaben. Insofern sollte nicht von einer Ausgrenzung, sondern von einer spezifisch deutschen Verarbeitung gesellschaftlicher Probleme gesprochen werden.[6] Bei Jacob BURCKHARDT sind die Umrisse jenes Paradigmas vorgezeichnet, das zum integralen Bestandteil deutschen geschichtlichen Selbstverständnisses wurde. Für ihn lag in den „gewaltigen Änderungen seit dem Ende des 18. Jahrhunderts" ein „gebieterischer" Zwang „zur Betrachtung und Erforschung des Früheren und Seitherigen". In den ›Weltgeschichtlichen Betrachtungen‹ schreibt er:

Eine bewegte Periode wie diese dreiundachtzig Jahre Revolutionszeitalter, wenn sie nicht alle Besinnung verlieren soll, muß sich ein solches Gegengewicht schaffen.[7]

Die Schwerpunkte der deutschen Historiographie im 19. Jahrhundert – ihre Zentrierung auf den Staat, ihr Ausfällen seiner

[5] Ebd., 467.
[6] Zum Gesamten vgl. B. Faulenbach (Hrsg.), Geschichtswissenschaft in Deutschland. Traditionelle Positionen und gegenwärtige Aufgaben, München 1974.
[7] J. Burckhardt, Weltgeschichtliche Betrachtungen, hrsg. von R. Marx, Stuttgart 1955, 16.

Handlungspotentiale und ihr Nachzeichnen seiner Erfolgskurve gewinnen in der Perspektive der ‚Schaffung von Gegengewichten' eine neue Evidenz. Wurden soziale Kräfte noch bei RANKE „sozusagen mediatisiert gegenüber dem großen Entwicklungsgang der Geschichte, in dem sich Ideen realisieren", so erschienen sie bei den Historikern, die ihre Arbeit in den Dienst der Herstellung, der Rechtfertigung und des Ausbaus der nationalen Einheit stellten, nurmehr als dysfunktionale Elemente.[8] Die nationale Aufgabe fraß sich bei Historikern wie Ludwig HÄUSSER, Friedrich Christoph DAHLMANN, Johann Gustav DROYSEN, Heinrich VON SYBEL u. a. durch die vernunftrechtliche Substanz ihres Denkens, aus der sich jene spezifisch antifeudale Stoßrichtung ableitete, hindurch; übrig blieb ein ‚historisches Vermittlungsgeschäft', das auf der „Einrechnung des preußischen Staates als der potentiellen Ordnungsgröße deutscher Nationaleinigung" basierte.[9]

Diese Wendung der liberalen Historie von den Forderungen nach Öffentlichkeit und politischer Partizipation zu bloßer Geschichtsaffirmation hatte freilich ihre gesellschaftsgeschichtlichen Ursachen. Die Apologie wesentlicher Inhalte der Französischen Revolution brach sich an einer gesellschaftlichen Wirklichkeit, die die Klassenfronten neu absteckte – in der mit der Heraufkunft der bürgerlichen Gesellschaft nach Lorenz VON STEIN zugleich deren tödlicher Feind großgezogen wurde: die soziale Frage.[10] Der nationale Gravitationspunkt der deutschen Historiographie hängt weniger mit den nationalen Überzeugungen der deutschen Historiker zusammen als mit ihrer Sensibilität für Legitimationskonflikte, denen die moderne Staatsgewalt als

[8] Zu Ranke vgl. R. Vierhaus, Ranke und die Anfänge der deutschen Geschichtswissenschaft, in: Faulenbach (Hrsg.), 17–34, hier 31.

[9] Vgl. G. List, Historische Theorie und nationale Geschichte zwischen Frühliberalismus und Reichsgründung, in: Faulenbach (Hrsg.), 35–53, hier 42 f.

[10] L. v. Stein, Die Verwaltungslehre, Siebenter Teil: Die Entwährung, Stuttgart 1868, 218 [Neudruck der 1.–2. Auflage 1866–84, 8 Teile in 10 Bänden, Aalen 1962].

„Ausschuß" (Karl MARX) der bürgerlichen Klassengesellschaft zutrieb. So ließ der nationale Einheitsstaat mit seiner Steigerung des Nationalbewußtseins ein ‚nationalistisches' Abfangen von gesellschaftlichen Antagonismus erhoffen.[11] Die Option der deutschen Geschichtswissenschaft im 19. Jahrhundert fiel unzweideutig aus, wenn auch die für die preußisch-deutsche Geschichte aufgestellte Erfolgsbilanz als Abschreiten eines Risikoweges gesehen werden kann. Die Festlegung auf die ‚Gegengewichte' (Jacob BURCKHARDT) brachte die Gewichte selbst, d. h. die mit der Industrialisierung entbundenen gesellschaftlichen Kräfte nur indirekt ins Spiel. Karl MARX und Lorenz VON STEIN eint, daß beide nicht primär die Reaktionen traditionaler Gewalten und Institutionen auf säkulare Modernisierungsschübe thematisierten, sondern versuchten, für diese selbst ein geschichtlich ausgewiesenes Erklärungsmodell zu entwerfen.

Das mußte notwendigerweise eine Umformulierung des herrschenden geschichtswissenschaftlichen Paradigmas zur Folge haben. MARX suchte den „wirklichen Geschichtsboden" durch eine „Geschichtsauffassung" zu erreichen, die vom „wirklichen Produktionsprozeß, und zwar von der materiellen Produktion des unmittelbaren Lebens" ausging; diese Geschichtsauffassung vermöge

die mit dieser Produktionsweise zusammenhängende und von ihr erzeugte Verkehrsform, also die bürgerliche Gesellschaft in ihren verschiedenen Stufen als Grundlage der ganzen Geschichte aufzufassen und sie sowohl in ihrer Aktion als Staat darzustellen, wie die sämtlichen verschiedenen theoretischen Erzeugnisse und Formen des Bewußtseins, Religion, Philosophie, Moral etc., etc. aus ihr zu erklären und ihren Entstehungsprozeß aus ihnen zu verfolgen.[12]

Für MARX hatte „die ganze bisherige Geschichtsauffassung" „diese wirkliche Basis der Geschichte entweder ganz und gar unberücksichtigt gelassen, oder sie nur als eine Nebensache be-

[11] Habermas, Legitimationsprobleme, 52.
[12] K. Marx, Die deutsche Ideologie, in: Marx-Engels Gesamtausgabe, Erste Abteilung, Bd. 5, Berlin 1932 [Neudruck Frankfurt 1970], 27.

trachtet, die mit dem geschichtlichen Verlauf außer allem Zusammenhang steht". Die Ablösung des Geschichtlichen von der ‚wirklichen Lebensproduktion' hatte nach MARX dazu geführt, daß in der Geschichte „nur politische Haupt- und Staatsaktionen und religiöse und überhaupt theoretische Kämpfe" gesehen wurden und „speziell bei jeder geschichtlichen Epoche die Illusion dieser Epoche" geteilt wurde.¹³

Ähnliche Akzente sind bei Lorenz VON STEIN gesetzt, wenn die Begründung seiner Geschichtskritik auch nicht die Stringenz der MARXschen Argumentation aufweist. Für STEIN verdichtete sich die Gegenwartserfahrung beschleunigten politischen und sozialen Wandels zu der Überzeugung von der Geschichtsmächtigkeit der Gesellschaft.

Jede Staatsgeschichte soll wesentlich zugleich eine Geschichte der Gesellschaft seyn

– in diesem Satz liegt eine seiner Hauptforderungen beschlossen.¹⁴ Ebenso wie MARX hob er die Defizite der „bisherigen" Geschichtsschreibung hervor: ihre politische Ausrichtung und ihre positivistische Verfahrensweise. STEINS Zeiterfahrungen ließen ihn einer Historiographie wenig abgewinnen, die „nur von Königen, Kriegen und Siegen" erzählte; diese „Geschichtsschreibung der Herrscher" vermochte in seinen Augen die „Idee einer Geschichte der Gesellschaft" nicht einzulösen, die zu ihrem Mittelpunkt eine Untersuchung der Stellung des „Individuums innerhalb Staat, Recht und Besitz" haben müsse.¹⁵ Bei STEIN scheint MARX' 'wirkliche Lebensproduktion' als Lebenswelt des Individuums durch: die „Erfüllung seiner Sphäre, sein innerstes

[13] Ebd., 28.
[14] L. v. Stein, Blicke auf den Socialismus und Communismus in Deutschland, und ihre Zukunft, Deutsche Vierteljahrs Schrift 1844, 1–61, hier 21.
[15] L. v. Stein, Socialismus und Communismus (Rezension von Th. Mundt und Th. Oelkers), Allgemeine Literaturzeitung vom Jahre 1845, Erster Band (Januar-Juni), Leipzig 1845, Sp. 429–48, hier Sp. 440 f.

Leben, sein Glück und sein Genuß" müsse in einer Gesellschaftsgeschichte ausgelotet werden, die der hergebrachten Geschichtsschreibung nicht auf die „glänzenden Berggipfel" folgt, vielmehr darauf aus ist, „die verlorenen Söhne der Vergangenheit dem Bewußtseyn der heutigen Zeit näher [zu] bringen".[16] Im Denken STEINS substituiert ein gewisses soziales Pathos die theoretische Schlüssigkeit der MARXschen Begründung einer Gesellschaftsgeschichte aus dem „Verhältnis der Menschen zur Natur". Dennoch zielen beide, MARX und STEIN, in dieselbe Richtung, wenn es um die Abänderung des eingeschliffenen Grundmusters historischer Forschung geht. Für STEIN stand eine Geschichtsschreibung, die nur um eine „Darstellung der Tatsachen" bemüht ist, auf einer „niederen Stufe".[17] Gegenüber der bisherigen „Beschreibung der Geschichte" gelte es, die Aufmerksamkeit der Analyse jener „Kräfte" zuzuwenden, die z. B. die „äußeren Ereignisse" bedingen. Sie sind für STEIN Teil des „inneren Lebens der Gesellschaft". „Hier ist das Gebiet", schreibt er, „welches unsere Geschichtsforschung noch fast gar nicht kennt"; sie sei „bis jetzt nur die Geschichte der Konsequenzen dieser Kräfte gewesen, welche im Grunde die Menschheit allein beherrschen". Erst dann werde man eine „wahre Geschichte haben", wenn der beobachtende Gedanke durch tiefes Verständnis dieses Gebietes und seiner Bewegungen die großen Umgestaltungen der menschlichen Dinge vor uns entstehen und nicht mehr bloß geschehen lassen wird.[18]

Die Geschichte hat im Denken von Karl MARX einen bestimmten strategischen Platz. Die historische Herleitung der bürgerlich-kapitalistischen Gesellschaft dient als Ausweis der Möglichkeit einer historischen Überwindung dieser Gesellschaft. Gesellschaftsgeschichte hat in diesem Zusammenhang die Funk-

---

[16] Ebd., Sp. 441.
[17] Stein, Geschichte, Bd. 1, 33.
[18] Ebd., 84 u. 146; zur Problemdiskussion heute vgl. H.-U. Wehler, Moderne Politikgeschichte oder „Große Politik der Kabinette?", Geschichte und Gesellschaft 1 (1975), 344–69.

tion, gleichsam die Akteurspotentiale für den revolutionären Prozeß bewußt zu machen. Demgegenüber muß Lorenz VON STEIN als der bürgerliche Widerpart zur bürgerlich-liberalen Geschichtsschreibung im 19. Jahrhundert gewertet werden, der diese über ihre nationalpolitische Blickverengung aufzuklären versucht. Dies läßt sich genauer an der ›Geschichte der sozialen Bewegung in Frankreich‹ entfalten, einem Werk, das STEINS Ruf als analytischer Historiker begründete, ihn aber zugleich als einen eminent politischen Denker auswies.[19]

2. Die Geschichte der sozialen Bewegung in Frankreich als Sozialgeschichte Frankreichs

Den Grundstock zu seiner dreibändigen Frankreich-Untersuchung, die einen Markstein in der politischen Theorie des 19. Jahrhunderts darstellt, legte STEIN mit seinem 1842 erschienenen Buch ›Der Socialismus und Communismus des heutigen Frankreichs. Ein Beitrag zur Zeitgeschichte‹.[20] Hier sind Erfahrungen verarbeitet, die STEIN während eines anderthalbjährigen Frankreich-Aufenthaltes vom Oktober 1841 bis März 1843 machte. STEIN beobachtete sehr genau die französische Szene; ihn interessierten die Verwerfungen des politischen und gesellschaftlichen Lebens unter dem Julikönigtum. Er suchte diese im Spiegel ihrer ideologischen Ausformungen zu analysieren. So wurde der französische Frühsozialismus zur Wegscheide seines eigenen Denkens. STEIN beschränkte sich nicht nur darauf, einen Überblick über die ganze Breite der frühsozialistischen Literatur und Publizistik zu gewinnen, er suchte auch den persönlichen Kontakt zu führenden französischen Sozialisten. So berichtet

---

[19] Vgl. E.-W. Böckenförde, Lorenz von Stein als Theoretiker der Bewegung von Staat und Gesellschaft zum Sozialstaat, in: Alteuropa und die moderne Gesellschaft, Festschrift für Otto Brunner, Göttingen 1963, 248–77.

[20] L. v. Stein, Der Socialismus und Communismus des heutigen Frankreichs. Ein Beitrag zur Zeitgeschichte, Leipzig 1842.

er davon, daß er Victor CONSIDÉRANT (1808–93), Louis REYBAUD, Louis BLANC (1811–82) und Étienne CABET (1788–1856) „vielfache Nachweisungen und Eröffnungen" verdanke;

es wäre dem Fremden schwer möglich gewesen, ohne dieselben zu einer festen und zugleich ins einzelne gehenden Ansicht des ganzen Gebietes dieser Arbeit [seines Sozialismus-Buches von 1842; D. B.] zu gelangen; um so mehr fühle ich mich denselben für ihren freundschaftlichen Beistand verpflichtet.[21]

CONSIDÉRANT war der bedeutendste Schüler FOURIERS (1772 bis 1837) und nach seinem Tode Oberhaupt der « École sociétaire ». Er verlängerte FOURIERS Kritik der kapitalistischen Zivilisation ins Politische und konnte ihr so eine den sektiererischen Rahmen sprengende Stoßrichtung geben. CABET war in den 40er Jahren Hauptvertreter des Kommunismus in Frankreich; seine programmatischen Forderungen – Gütergemeinschaft und Aufhebung des persönlichen Eigentums – waren mehr an den Sozialutopien der vorrevolutionären Zeit orientiert, als daß sie eine Antwort auf nachrevolutionäre gesellschaftliche Prozesse hätten formulieren können. BLANC war zur damaligen Zeit einer der profiliertesten Journalisten der demokratischen Linken. In seiner ›Histoire de dix ans 1830–40‹ (5 Bde., 1841 bis 1844) deckte er den Klassencharakter des Julikönigtums auf und verfolgte seine Politik mit ätzender Kritik. REYBAUD, eine Randfigur, bilanzierte das gesamte Spektrum nicht nur des französischen Frühsozialismus. Sein 1840 erschienenes Buch ›Études sur les réformateurs contemporains ou socialistes mo-

---

[21] Ebd., X; vgl. Ch. Rihs, Lorenz von Stein. Un jeune Hégélien libéral à Paris (1840–1842) – observateur du mouvement social dans la France contemporaine, Revue d'histoire économique et sociale 47 (1969), 404–46; zum französischen Frühsozialismus vgl. H. Stuke, Frühsozialismus, in: Sowjetsystem und demokratische Gesellschaft, Bd. 2, Freiburg 1968, Sp. 747–81; M. Hahn (Hrsg.), Vormarxistischer Sozialismus, Frankfurt 1974; ders., Das Interesse am ‚Frühsozialismus', in: M. Buhr u. a., Theoretische Quellen des wissenschaftlichen Sozialismus, Frankfurt 1975, 89–112; ders., Präsozialismus: Claude-Henri de Saint-Simon, Stuttgart 1970.

dernes, Saint-Simon, Charles Fourier, Robert Owen‹ stellte für STEIN eine der Hauptinformationsquellen dar.

Die Gedanken und Wertungen Claude-Henri DE SAINT-SIMONS (1760–1825) haben Stein bei seiner Einschätzung modernerer gesellschaftlicher Entwicklungstrends am stärksten beeinflußt. SAINT-SIMON war ein intransigenter Kritiker der feudalen Überhänge der nachrevolutionären Gesellschaft.

Was er anstrebte und worin er die wahre Gleichheit verkörpert sah, war eine durch die jeweilige Arbeitsleistung begründete klare soziale Rangordnung, eine hierarchisch gegliederte gesellschaftliche Leistungsordnung.[22]

Das Industriesystem, die Zauberformel SAINT-SIMONS, verlor für seine Nachfolger als Zielprojektion an Verbindlichkeit. Sie setzten den an die Feudalwelt gebundenen kritischen Impuls der Theorie SAINT-SIMONS in eine Kritik des zeitgenössischen kapitalistischen Systems um, das den Gegensatz von Bourgeoisie und Proletariat auszubilden begann. Pierre Henri LEROUX (1797–1871) hat in seiner Sozialkritik am entschiedensten das Entstehen einer neuen „industriellen Feudalaristokratie" thematisiert und auf die negativen Folgen der Konzentration des Kapitals in den Händen einiger weniger hingewiesen. Ihm widmete Lorenz VON STEIN ebenso wie Pierre-Joseph PROUDHON (1809–65) – damals Gegner des legitimationsunfähigen, historisch geronnenen Eigentums – einen eigenen Abschnitt seines Buches von 1842.

Welche Bedeutung hat nun STEINS intensive Beschäftigung mit dem französischen Frühsozialismus für seine eigene geistige Entwicklung gehabt? Einmal sah er, der historisch gerichteten Argumentation SAINT-SIMONS und den zeitgeschichtlichen Studien BLANCS folgend, die eigene gesellschaftliche Gegenwart als Bildungsprozeß der Geschichte an. STEINS Eintreten für eine die politische Geschichte transzendierende Gesellschaftsgeschichte ist ohne den Einfluß der frühsozialistischen Theoretiker undenkbar. Zum anderen vermittelten sie ihm auch die Überzeu-

---

[22] Stuke, Sp. 751.

gung, daß eine ‚Wissenschaft' von der Gesellschaft die Strukturkrisen der bürgerlichen Gesellschaft vor ihrer revolutionären Entladung abfangen könne.

Hat nun die Verarbeitung frühsozialistischer Gedanken STEIN die Konzeption einer Gesellschaftsgeschichte erst ermöglicht, so stand sie deren praktischer Durchführung zugleich im Wege. STEIN schreibt eine ›Geschichte der sozialen Bewegung in Frankreich von 1789 bis auf unsere Tage‹, keine Sozialgeschichte Frankreichs in diesem Zeitraum. Sein Werk ist daher nur bedingt „als der Beginn moderner Sozialgeschichtsschreibung" anzusetzen.[23] STEIN fällt in ihm Bewegungskräfte aus, ohne sie mit der Realität der sozialökonomischen Entwicklung zu vermitteln. Frühsozialistische Begriffe werden zu Chiffren, eine sozial- und wirtschaftsgeschichtliche Analyse dessen, was sie bezeichnen, bleibt aus. So arbeitet STEIN unbenommen mit jenen Kategorien, deren Entdeckung durch den Frühsozialismus ihm Achtung abnötigt. Die „Begriffe von Proletariat und Gesellschaft, die sociale Bedeutung des Besitzes und der Industrie, das Wesen der Bildung des Volks und das der Classen" – alles dies sei durch die frühsozialistischen Theoretiker geschärft ins Bewußtsein getreten.[24] „Ehe noch an den Begriff der Gesellschaft gedacht ward", schreibt STEIN, „ehe noch nach der Revolution des vorigen Jahrhunderts aus den Trümmern der feudalen Ordnung auch nur der Anfang einer neuen Gesellschaft seine ersten Umrisse erkennbar gezeigt", hätten in Frankreich SAINT-SIMON und FOURIER „zum ersten Male mit der ganz unmittelbaren Gewißheit der innigsten Überzeugung den Widerspruch" erfaßt, „den die noch kaum begründete industrielle Gesellschaft erst nach zwanzig Jahren in sich auszubilden bestimmt war, den Widerspruch zwischen dem Proletariate und den Kapitalisten, zwischen Kapital und Arbeit". Auf diesen Widerspruch seien ihre „Systeme" gegründet, die auf die Überwindung desselben

---

[23] Vgl. H. A. Winkler, Gesellschaftsform und Außenpolitik. Eine Theorie Lorenz von Steins in zeitgeschichtlicher Perspektive, Historische Zeitschrift 214 (1972), 335–62, hier 339.

[24] Stein, Socialismus, 1842, IX.

abzielten. STEIN macht sich als Historiker zu eigen, was im Frühsozialismus einen ‚systemischen' Stellenwert hat: das Strukturmerkmal der „industriellen Gesellschaft", ihre „Scheidung in die beiden großen Klassen der Besitzenden und Nichtbesitzenden".[25] Damit verfehlte er gerade das, was für die Gesellschaftsentwicklung Frankreichs seit der Französischen Revolution typisch war. Die moderne sozialgeschichtliche Forschung hat den „Mythos" der bürgerlichen Revolution als Vorgang der Machtübernahme des Bürgertums weitgehend zerstört.[26] Die Signatur der französischen Gesellschaft im 19. Jahrhundert liegt in der Persistenz der Kleinbourgeoisie. Bis in die Belle Epoque hinein zeigte sie eine Zählebigkeit, die sich aus ihrer Funktion im Rahmen kapitalistischer Reproduktion erklärt.[27] Das Kleinbürgertum behielt seine Bedeutung für den französischen Kapitalismus vor allem als Zulieferer und Arbeitskräftereservoir – und konnte somit auch sich selbst halten. Darüber hinaus verweist der lange Fortbestand kleinerer und mittlerer Betriebe in Frankreich darauf, daß hier der Konzentrationsprozeß des Kapitals und mit ihm einhergehend der Prozeß technologischer Innovation viel langsamer verlief als etwa in England oder Deutschland.[28]

Besonders in der ersten Hälfte des 19. Jahrhunderts blieb die Klassenstruktur in Frankreich vom Phänomen ökonomischer Rückständigkeit geprägt. Mehrere, sich überlagernde Produktionsweisen führten gerade nicht zu einer Entzerrung des Klas-

[25] Stein, Geschichte, Bd. 2, 113 f. u. 230.
[26] N. Poulantzas, Politische Gewalt und soziale Klassen: der französische Fall, in: G. Ziebura u. H.-G. Haupt (Hrsg.), Wirtschaft und Gesellschaft in Frankreich seit 1789, Köln 1975, 275–81; H.-G. Haupt, Nationalismus und Demokratie. Zur Geschichte der Bourgeoisie im Frankreich der Restauration, Frankfurt 1974, bes. 85–103; ders., Notizen zur sozialökonomischen Situation und Funktion des Kleinbürgertums im Frankreich der Belle Epoque (1895–1914), MS 1975; P. Pilbeam, Popular violence in provincial France after the 1830 revolution, English Historical Review 91 (1976), 278–97.
[27] Vgl. Haupt, Notizen.
[28] Ebd.

sengeflechts. Eine gerade Konfliktfront zwischen Besitzenden und Nichtbesitzenden gab es nicht; die Komplexität der ökonomischen Struktur bildete sich im gesellschaftlichen Bereich als soziale Fraktionierung ab.

Neben die beiden Hauptklassen der industriekapitalistischen Produktionsweise – die Klasse der Lohnarbeiter und der Industriekapitalisten – treten weitere Klassen und Klassenfraktionen, die ihre Existenzgrundlage in vor- bzw. frühkapitalistischen Produktionsweisen haben.[29]

Das Wirtschaftsverhalten breiter Schichten des Bürgertums blieb bis zur Jahrhundertmitte traditional orientiert. Das Engagement im Agrarsektor überwog dank seiner vermeintlichen Risikolosigkeit die industriellen Investitionen. Auf diese Weise bildete sich eine starke landbesitzende ‚Bourgeoisie d'Ancien Régime'.[30] Das gewerbliche Bürgertum, bestehend aus Geldverleihern, Verlegern und Kaufleuten, bildete eine weitere, gewichtige ‚Bourgeoisiefraktion'. Zwar zeichneten sich vor dem Hintergrund des zunehmenden Gewichts des Bank- und Finanzkapitals Tendenzen zur Konzentration der Unternehmen – und damit Gefahren für die starke Stellung des Manufaktur- und Handelsbürgertums ab, doch dies waren nicht mehr als „erste Symptome einer industriekapitalistischen Entwicklung".

Das industrielle Kapital hatte seine Herrschaft ... noch nicht auf dem Bankrott technologisch rückständiger, vorwiegend kleinerer und mittlerer Kapitalfraktionen errichtet, die großen Fabrikkasernen waren noch nicht an die Stelle der Manufakturbetriebe und der Werkstätten getreten, und der Widerspruch zwischen Lohnarbeit und Kapital überlagerte keineswegs die Differenzen innerhalb der Bourgeoisie.[31]

Lorenz von Stein konstruierte in seiner ›Geschichte der sozialen Bewegung‹ gleichsam einen Verlaufstyp gesellschaftlicher Entwicklung, in dem bestimmte Elemente der sozialökonomischen Wirklichkeit eine gedankliche Steigerung erfuhren, diese insgesamt aber verfehlt wurde. Stein sah die gesellschaftlichen

[29] Haupt, Nationalismus, 85.
[30] Ebd., 96 f.
[31] Ebd., 99.

Spannungen in Frankreich durch das Vergrößerungsglas der frühsozialistischen Theoretiker. Ähnlich wie Karl MARX in seinen Frankreich-Schriften überschätzte er damit die Möglichkeiten einer ‚sozialen Revolution'.[32] 1842 hatte STEIN eine Prognose gestellt, die die geschichtliche Entwicklung in dieser Weise nicht einlösen sollte:

Die Zeit der rein politischen Bewegungen in Frankreich ist vorbei. Es bereitet sich eine andere vor, nicht weniger ernst und gewaltig. Wie sich am Ende des vorigen Jahrhunderts ein Stand des Volkes gegen den Staat empörte, so sinnt jetzt eine Classe desselben darauf, die Gesellschaft umzuwälzen, und die nächste Revolution kann schon jetzt nur noch eine sociale sein.[33]

Die mangelnde sozialgeschichtliche Absicherung dieser These wurde STEIN am Ende des dritten Bandes seiner ›Geschichte der sozialen Bewegung‹ bewußt, der ›Das Königtum, die Republik und die Souveränität der französischen Gesellschaft seit der Februarrevolution 1848‹ behandelt. STEIN verweist hier auf den regional wie gesellschaftlich eingegrenzten Handlungsspielraum der „reinen Demokratie". Diese habe sich nach dem Sturz des Julikönigtums deshalb in ihren Möglichkeiten verschätzen müssen, weil von ihr „Frankreichs Zustände nach dem Verhältnisse von Paris beurteilt" wurden.[34] STEIN korrigierte sich mit dieser Aussage selbst, denn auch sein Nachzeichnen der französischen „sozialen Bewegung" war primär ein Abschildern der sich in Paris artikulierenden politischen Strömungen gewesen. So heißt es noch im ersten Band der ›Geschichte der sozialen Bewegung‹:

Die Konzentration aller Lebenselemente Frankreichs in seiner Hauptstadt macht es möglich, den Gang der Entwickelung auf geistigem wie auf materiellem Gebiete Schritt vor Schritt zu verfolgen, die einzelnen

---

[32] Vgl. K. Marx, Klassenkämpfe in Frankreich [1850], in: Marx-Engels Werke, Bd. 7, 9–107; ders., Der achtzehnte Brumaire des Louis Bonaparte [1852], in: Marx-Engels Werke, Bd. 8, 111–207; ders., Bürgerkrieg in Frankreich [1871], in: Marx-Engels Werke, Bd. 17, 313–65.
[33] Stein, Socialismus, 1842, III.
[34] Stein, Geschichte, Bd. 3, 398.

Elemente der Gesellschaft nacheinander entstehen und kämpfen sehen, die Bewegung fast nach Monaten messen zu können.[35]

Die Geschehnisse im Gefolge der Februarrevolution verwiesen STEIN auf den strategisch wichtigen Part, den das „flache Land" in der Revolutionsgeschichte Frankreichs zu spielen imstande war – darauf, wie sich die soziale Bewegung an einer übermächtigen Konstante des sozialen Lebens brechen konnte. Seine Ausführungen gewinnen an dieser Stelle auch eine in der gesamten ›Geschichte der sozialen Bewegung‹ nur selten anzutreffende Dichte sozialgeschichtlichen Zugriffs.

Denn wenn auch in den großen Städten die Zahl der bloßen Arbeiter der der Besitzenden gleichkam, so stand sie auf dem Lande hinter derselben weit zurück. Nach Denjays Angaben beträgt, infolge der absoluten Teilbarkeit des Grundbesitzes, die Anzahl der Bodenparzellen im Innern Frankreichs nicht weniger als 11 Millionen. Das gab wenigstens ebensoviele Stimmen von Besitzenden. Zugleich aber hatte man auf dem Lande, wo noch die Bildung wenig verbreitet ist, an sehr vielen Orten den Gegensatz der Klassen durchaus nicht begriffen; ja selbst in den umliegenden Orten von Paris glaubte die Masse der kleinen Besitzer ganz entschieden, daß alle soziale Bewegung reiner Kommunismus, und ihr Ziel die unmittelbare Güterverteilung sei. Daneben nun hatte die große Zerstückelung des Grundbesitzes viele Grundstücke so sehr verschuldet, daß sie durch die geringste Störung des Erwerbs in die größte Not geraten mußten. Schon hatte das Dekret, das die Grundsteuer um 45 C. erhöhte, heftige, kaum beschwichtigte Wut gegen die Republik hervorgerufen; die Bewegungen, welche dies Jahr mit sich brachte, hatten den Verkehr gestört und die Verluste dauernd gemacht; sollte neben der Industrie nicht auch der Landbau einer furchtbaren, den ganzen Zustand des Volkes bedrohenden Krise entgegengehen, so mußte vor allen Dingen und um jeden Preis die *Ruhe* dauernd hergestellt, Handel und Gewerbe wieder aufgenommen und auf diese Weise dem Landmann die Zahlung seiner Zinsen und seiner Abgaben durch den Verkauf seiner Produktion wieder möglich gemacht werden. Während daher in Paris die Parteien und Führer sich auf das äußerste bekämpften und um Prinzipien stritten, drängten die Tatsachen des gestörten Verkehrs die überwie-

---

[35] Stein, Geschichte, Bd. 1, 147.

gende Masse der Land besitzenden Klasse *jedem* Mittel entgegen, durch welches die alte Ordnung des verschwundenen Königtums mit der neuen Freiheit der nun einmal anerkannten Republik vereinigt werden konnte. Das war die Lage der Dinge, als die Konstitution angenommen war und nun der neue Präsident gewählt werden sollte.[36]

Für STEIN war LOUIS NAPOLÉON „entschieden der Mann des Augenblicks" für „jene Masse der Grundbesitzer auf dem flachen Lande".[37] So habe dann auch das „flache Land" gegenüber der „Hauptstadt" den Ausschlag gegeben.

Die sozialgeschichtlichen Defizite der ›Sozialen Bewegung in Frankreich‹ haben ihren Grund darin, daß STEIN selbst dieses Werk nicht als ein ausschließlich historiographisches verstand. Im Rückblick schreibt er, „daß in dieser Arbeit die geschichtliche Seite der Gesellschaft auf allen Punkten mit dem rein wissenschaftlichen Begriffe derselben durchwoben ward". So sei sein Frankreich-Buch ein „Mittelding zwischen einer Geschichte und einer systematischen Auffassung des Gesellschaftsbegriffs".[38] Diese Vermengung blockierte auch eine tiefere Auslotung jener zeitgenössischen Literatur, die sich mit der Lage sozialer Unterschichten befaßte. STEIN zitiert sie zwar, aber nur in Abgrenzung zum Kommunismus als Zeugnisse einer ‚Reformbewegung'.[39] Er verweist auf Alban DE VILLENEUVE-BARGEMONT (1784–1850), der in seinem Buch ›Économie politique chrétienne‹ (3 Bde., Paris 1834) das Armenproblem im Norden Frankreichs als Versagen des Staates gegenüber den Herausforderungen der kapitalistischen Entwicklung analysiert hatte. Für STEIN ist das „bedeutendste" der Werke, die auf die „materiellen Tatsachen der sozialen Zustände" Bezug nehmen, VILLERMÉS ›Tableau de l'État physique et moral des ouvriers employés dans les manufactures de coton, de laine, et de soie‹ (2 Bde., Paris 1840).

[36] Stein, Geschichte, Bd. 3, 398 f.
[37] Ebd., 400 f.
[38] L. v. Stein (anonym), Der Socialismus in Deutschland, Die Gegenwart 7 (1852), 517–63, hier 561 f.
[39] Stein, Geschichte, Bd. 2, 470–84; vgl. J. Collins (Hrsg.), Government and Society in France 1814–1848, New York 1970, 135–45.

Louis René VILLERMÉ (1782–1863), ein Arzt, hatte 1835 einen Akademieauftrag zur Erforschung der Gesundheitsverhältnisse der Arbeiter in der Textilindustrie übernommen. Seine Untersuchung wertete STEIN als eine „Statistik des Elendes"; die hier mitgeteilten Informationen verwiesen auf die „Gefahren, die aus dem Proletariate der ganzen Gesellschaft erwachsen müßten".[40] Doch gerade sie hatte VILLERMÉ bei seiner breiten Entfaltung des Arbeiterelends auf den verschiedenen Ebenen der Gesundheits-, Wohn- und Bildungsverhältnisse ausgeschlossen. STEIN orientierte sich an den leitenden Gesichtspunkten der ‚sozialen Reformisten', ihrem Glauben an die Möglichkeit staatlicher Palliative. Die von ihnen zum Teil schon verwandten sozialstatistischen Verfahrensweisen zur Aufschlüsselung der Lebenswelt sozialer Unterschichten dagegen ließ er außer Acht; sie hätten seiner eigenen ›Geschichte der sozialen Bewegung‹ jene sozialgeschichtlichen Verstrebungen einziehen können, die man bei ihr weitgehend vermißt. STEIN erwähnte ferner Eugène BURETS ›De la misère des classes laborieuses en Angleterre et en France‹ (2 Bde., Paris 1840), ein Buch, das auch Friedrich ENGELS benutzt haben könnte bei seiner Schilderung der Lage der arbeitenden Klasse in England und das ein frühes Musterbeispiel der Auswertung statistischer Daten ist.[41] Ebenfalls zitierte STEIN H. A. FRÉGIERS ›Des classes dangereuses de la population dans les grandes villes‹ (2 Bde., Paris 1840); hier wurden Kriminalität und Prostitution als Folgen großstädtischer Bevölkerungsverdichtungen analysiert, die sich gerade durch keinen besonders hohen Anteil an Arbeitern auszeichneten.[42]

[40] Stein, ebd., 473.
[41] Vgl. G. Mayer, Friedrich Engels. Eine Biographie, Bd. 1: Friedrich Engels in seiner Frühzeit, Köln 1970 [Nachdruck der 2. Auflage], 195.
[42] Eine deutsche Übersetzung dieses Buches erschien ebenfalls 1840: H. A. Frégier, Über die gefährlichen Klassen der Bevölkerung in den großen Städten und die Mittel, sie zu bessern. Preisschrift aus dem Franz., 2 Bde. in 1 Bd., Koblenz 1840.

3. Agententätigkeit und Ideologieproduktion

Der Grund, warum STEIN sozialgeschichtliche Argumentationsmöglichkeiten verschenkte, liegt neben der durch die Rezeption des Frühsozialismus bedingten Blickverzerrung in seinem spezifischen Erkenntnisinteresse. Er nannte sein Buch von 1842 im Untertitel einen ›Beitrag zur Zeitgeschichte‹. Die Belastungen der Zeitgeschichtsforschung durch die Zeitgeschichte sind in einer neueren Kontroverse thematisiert worden. Zeitgeschichtsforschung stehe, so das eine Argument,

ihrem Gegenstand nicht einfach gegenüber wie die Mineralogie den Mineralen oder die Mediävistik der Geschichte des Mittelalters – sie geht unmittelbar aus ihm hervor und muß erst dasjenige mühevoll erringen, was für andere Wissenschaften selbstverständlich ist: die Distanz. Sie ist daher niemals *bloße* Forschung, sondern immer zugleich Interpretation, Selbstverständigung, ja ein Kämpfen um Befreiung.[43]

Zu welch problematischen Ergebnissen eine nach diesem Muster verfahrende Zeitgeschichtsforschung führen kann, ist schlüssig gezeigt worden.[44] Sie verliert jede durch sozialgeschichtliche Verfahren abgesicherte Aussagerelevanz und schrumpft zu einem Bündel empirisch nicht mehr kontrollierbarer Wertsetzungen zusammen. In vielem ist Lorenz VON STEIN ein frühes, warnendes Beispiel für die Selbstaufgabe der Zeitgeschichte, für das, was man in bezug auf einen ihrer heutigen Autoren „den Drang eines Einzelgängers zur ideologischen Selbstdarstellung" genannt hat.[45] Die ›Geschichte der sozialen Bewegung‹ ist in einer Weise mit der Ideologie des preußischen Obrigkeitsstaates befrachtet, daß sowohl die deutsche wie die französische geschichtliche Realität verfehlt wird; denn die von STEIN aufge-

---

[43] E. Nolte, Zeitgeschichtsforschung und Zeitgeschichte, Vierteljahrshefte für Zeitgeschichte 18 (1970), 1–11, hier 1.
[44] L. Niethammer, Zeitgeschichte als Notwendigkeit des Unmöglichen? Zu Ernst Noltes ›Deutschland und der Kalte Krieg‹, Historische Zeitschrift 221 (1975), 373–89.
[45] Ebd., 374.

baute Alternative 'Frankreich = Hort der Revolution; Deutschland = Garant von Ruhe und Ordnung' beinhaltet ebensosehr eine Stilisierung des deutschen politischen Lebens wie eine Überschätzung des Konfliktpotentials im französischen. Am Ende seines Buches über den ›Socialismus und Communismus des heutigen Frankreichs‹ gesteht STEIN ein, daß derjenige, welcher die Geschichte eines anderen Volkes schreibe, unwillkürlich nach dem „Band" suche, „das sie mit den eigenen heimischen Gestaltungen verbindet".[46] Diese Perspektive durchzieht die verschiedenen Auflagen der ›Geschichte der sozialen Bewegung‹ wie ein roter Faden.[47] Überall ist in ihr die mehr prätendierte als geschichtlich evidente Wirklichkeit des deutschen staatlichen und gesellschaftlichen Lebens als Hintergrund und Gegenpol gegenwärtig. Deutschland besaß für STEIN ein „Moment", „das dem französischen Volke durch seine Revolution entrissen" ward: den „geschichtlichen Staat". In Deutschland Quelle der Hoffnung und versöhnende Kraft zwischen dem Gegegebenen und den Wünschen, die an es gerichtet werden, sei er – das „Resultat der Jahrhunderte" – in Frankreich unwiederbringlich dahin und begraben. Nur der geschichtliche Staat aber konnte nach STEIN „Basis" eines „friedlichen und genußbereitenden Zustandes" sein; nur an ihm vermöge, so STEIN, der „Glaube des Volkes" „an den Staat als ein absolut sittliches Institut, eine höhere Notwendigkeit in sich tragend", seinen Halt zu finden. Der von der Bourgeoisie geschaffene und getragene Staat des Julikönigtums hatte für STEIN seine Wurzeln nicht im gan-

---

[46] Stein, Socialismus, 1842, 446.
[47] Vgl. L. v. Stein, Der Socialismus und Communismus des heutigen Frankreichs. Ein Beitrag zur Zeitgeschichte. *Zweite* umgearbeitete und sehr vermehrte Ausgabe, Bd. 1: Der Begriff der Gesellschaft und die Bewegungen in der Gesellschaft Frankreichs seit der Revolution; Bd. 2: Der französische Socialismus und Communismus; Anhang: Die socialistischen und communistischen Bewegungen seit der dritten französischen Revolution, Leipzig 1848; vgl. M. Hahn (Hrsg.), Lorenz Stein. Proletariat und Gesellschaft [Teilabdruck der zweiten Auflage des Socialismus-Buches von 1842], München 1971.

zen Volk; deshalb barg er die Gefahr eines gewaltsamen Umsturzes in sich. In der „starken und lebendigen Überzeugung" des deutschen Volks von der absoluten Sittlichkeit des Staates, die sich in seiner Abwehr partikularer Interessenansprüche zu erkennen gebe, sah STEIN die entscheidende Differenz zwischen Deutschland und Frankreich.[48] So hatte sich für ihn an Frankreich „der eigentliche Charakter, die geistige Stufe unserer Zeit" offenbart: sie sei „zum Bewußtsein des Daseins einer gesellschaftlichen Ordnung gekommen" und fange an, „die Herrschaft dieser Ordnung über Staat und Recht zu begreifen".[49] Bis jetzt habe der Staat, schrieb STEIN 1842, die Gesellschaft gestaltet und bedingt;

> die heutigen socialen Bewegungen Frankreichs dagegen enthalten in allen jenen Erscheinungen zum Theil ihnen selber unbewußt den Versuch, jetzt den Staat durch den Begriff und das wirkliche Leben der Gesellschaft gestalten und bedingen zu lassen.[50]

Für STEIN bedeutete diese vorherrschende Tendenz im Verhältnis von Staat und Gesellschaft eine Gefahr. Denn nur im Staat sah er im Unterschied zur Gesellschaft – die „nie aus sich selber heraus die Freiheit erzeugen" könne – die „Form der menschlichen Gemeinschaft, deren Prinzip die Freiheit ist". Auf ihn baute er als „Träger und prinzipiellen Vertreter" einer „freiheitlichen Entwicklung".[51]

Die Diagnose, die STEIN – von der französischen Geschichte abstrahierend – der europäischen Staats- und Gesellschaftsordnung stellte, war deprimierend; sie lautete: soziale Revolution, Verlängerung des gesellschaftlichen Machtkampfes in die autonome Sphäre des Staates und damit letztlich Vernichtung der Prinzipien, die durch die französische Revolution zu geschichtlicher Aktualität gebracht worden waren. Doch durch den Gegenpol Deutschland ergab sich für STEIN eine Therapie. Hier sah er eine Chance, die „Zweifel der europäischen Welt" sich

[48] Stein, Socialismus, 1842, 106 f.
[49] Stein, Geschichte, Bd. 1, 3.
[50] Stein, Socialismus, 1842, 446 f.
[51] Stein, Geschichte, Bd. 3, 7.

nicht „wild" entladen zu lassen, sondern ihre „Lösung" einem „ruhigen" Verlauf entgegenzuführen.⁵² Er zog aus dem Ablauf der französischen Geschichte die Konsequenz, daß nur „die absolute Selbständigkeit der Staatsgewalt die einzige Grundlage wahrhafter und dennoch ruhiger Entwicklung der heutigen Zustände ...., in denen ... eine Classe der Gesellschaft gegen die andere sich zum Kampfe bereitet", sein könne und daß „diese Selbständigkeit nur durch den Glauben des Volkes" zu erreichen sei, „daß die Staatsgewalt nicht für die Interessen eines Theiles der Gesellschaft, sondern für alle thätig sein will und thätig ist".⁵³

Gustav MAYER hat davon gesprochen, daß STEIN „keinen Augenblick in die Versuchung" gekommen sei, „als Politiker ein Bekenner der Gedankenwelt zu werden, die zu beschreiben er als Gelehrter sich vorgesetzt hatte".⁵⁴ Das ist angesichts der Spitzeltätigkeit, die STEIN während seines Paris-Aufenthaltes für die preußische Regierung ausübte, sehr zurückhaltend formuliert.⁵⁵ STEINS Ideologieproduktion, die ihn die Wirklichkeit

⁵² Stein, Socialismus, 1842, 4.
⁵³ Stein, Socialismus, 1848, Bd. 2, 212 f., vgl. ebd., Bd. 1, 55 ff.
⁵⁴ Mayer, 113.
⁵⁵ Vgl. J. Grolle, Lorenz Stein als preußischer Geheimagent, Archiv für Kulturgeschichte 50 (1968), 82–96; K.-G. Faber, Die Rheinlande zwischen Restauration und Revolution. Probleme der rheinischen Geschichte von 1814 bis 1848 im Spiegel der zeitgenössischen Publizistik, Wiesbaden 1966, 397 u. 442–45; durch die Arbeiten von Faber und Grolle sind sechs Agentenberichte Steins nachweisbar, die sich heute im Deutschen Zentralarchiv, Abt. Merseburg, befinden: 1. Bericht vom 19. 11. 1841, Rep. 92, v. Rochow A II, Nr. 3, fol. 179–199 (Abschrift); 2. Bericht vom 7. 1. 1842, Rep. 77, Tit. 500, Nr. 10, Vol. 4, fol. 59–69 (Orig.), fol. 70–89 (Abschrift); 3. Bericht vom 31. 1. 42 (Eingangsdatum), Rep. 77, Tit. 509, Nr. 2, Bd. 1, fol. 208 (Orig.), AA I, Rep. 4, Nr. 2056, fol. 39 (Abschrift); 4. Bericht vom 17. 4. 42, Rep. 77, Tit. 509, Nr. 2 adh. 3 (Orig.), AA I, Rep. 4, Nr. 2056, fol. 74 (Abschrift); 5. Bericht vom 13. 5. 1842 (Eingangsdatum), AA I, Rep. 4, Nr. 2056, fol. 87 fg. (Abschrift); 6. Bericht vom 19. 5. 1842, Rep. 77, Tit. II, Spec. Lit. P. Nr. 47 (Original, abgedruckt bei K.-G. Faber). Im

des französischen gesellschaftlichen und politischen Lebens unter dem Gesichtspunkt der Gefahrenabwehr analysieren ließ, ist nur die andere Seite eines ihn in dieser Zeit als Person diskreditierenden Engagements. Es ist müßig, die Frage zu stellen, wie nützlich Steins Geheimberichte für das preußische Polizeiministerium gewesen sind.[56] Sie läßt sich nicht beantworten, wohl aber läßt sich konstatieren, daß diese Schriftsätze kaum einer Erwartung *nicht* entsprachen, die die preußische Regierung an die Auslandstätigkeit eines Agenten stellen konnte. Bevor sich Stein im Vorwort seines Buches von 1842 bei Louis Blanc für die „vielfachen Nachweisungen und Eröffnungen" bedankte, hatte er bereits einen Geheimbericht über ihn nach Berlin geschickt. Blanc sei, heißt es hier, „ein junger Mann, klein, lebendig, sehr thätig, und wohl unterrichtet; er ist radical, und steht mit allen Führern dieser Partei in enger Verbindung".[57] Auf Blancs journalistische Tätigkeit als Herausgeber des ›Bon Sens‹ wie als Gründer der ›Revue du Progrès‹ geht Stein ebenso ein wie auf den gerade erschienenen ersten Band der ›Histoire de dix ans‹. Er schätzt, und das dürfte für die preußischen Behörden nicht uninteressant gewesen sein, die Möglichkeit ab, „ob und in wie weit solche Schriften wie die ... von Louis Blanc, der Ruhe und dem gesetzlichen Sinne Deutschlands gefährlich werden können, und ... zu verbieten sein dürften".[58] Stein empfiehlt kein Verbot, denn dadurch könne dieses Werk „eben erst bekannt" werden.

Dennoch will ich nicht leugnen, daß es gewiß einige Kreise geben mag, auf die die glänzende und hinreißende Darstellung zu wirken im Stande wäre.[59]

---

folgenden wird der wohl interessanteste Bericht Steins vom 7. Januar 1842 nach dem Original ausgewertet. Er ist in den Akten des Innenministeriums überliefert unter dem Betreff „revolutionäre Vereine unter den wandernden Handwerksgesellen".

56 So Grolle.
57 Bericht vom 7. 1. 1842, fol. 59.
58 Ebd., fol. 66.
59 Ebd., fol. 67.

STEIN sollte hier nicht ganz falsch liegen. 1844 erschien eine deutsche Übersetzung des Gesamtwerks durch Ludwig BUHL, die nach Karl MARX besonders in Berlin „die Aufmerksamkeit gemütlicher Schulmeister auf sich gezogen" und ihnen eine Ahnung von der „Herrschaft der Bourgeoisie" vermittelt habe.[60]

Hauptgegenstand der STEINschen Aufmerksamkeit waren aber die deutschen Geheimverbindungen in der französischen Hauptstadt. „Die hiesigen Deutschen und ihre Verhältnisse", berichtete er nach Berlin, „haben nicht aufgehört, Gegenstand meiner fortwährenden Aufmerksamkeit zu sein".[61] Unter dem Julikönigtum war Paris zum Zentrum der europäischen Emigration geworden.[62] Die in den 30er Jahren sich verschärfenden Repressionsmaßnahmen des Deutschen Bundes ließen die bürgerliche Oppositionsbewegung sich außerhalb seiner Grenzen sammeln. Unter ihrer Führung kam es besonders in Paris zum Aufbau deutscher Handwerkerassoziationen. Der „Bund der Geächteten" und der 1837 von ihm abgespaltene „Bund der Gerechten" sind die bedeutendsten. Letzterer ist mit dem Namen Wilhelm WEITLINGS eng verknüpft. Vom Juli 1834 bis Januar 1836 erschien in Paris, von Jakob VENEDEY (1805–71) herausgegeben, ›Der Geächtete‹ als Journal des „Bundes der Geächteten".[63] VENEDEY, Sohn eines Kölner Rechtsanwalts und selbst Jurist, war, um den Demagogenverfolgungen nach dem Hambacher Fest zu entgehen, nach Paris geflohen. Vom April bis Oktober 1835 wurde er hier auf Betreiben der preußischen Regierung

---

[60] Vgl. L. Buhl, Geschichte der zehn Jahre 1830–1840 von Louis Blanc. Aus dem Französischen übersetzt, 5 Bde., Berlin 1844; K. Marx, Die deutsche Ideologie, in: Marx-Engels Gesamtausgabe, Erste Abteilung, Bd. 5, 178 f.

[61] Bericht vom 7. 1. 1842, fol. 68.

[62] W. Schieder, Anfänge der deutschen Arbeiterbewegung. Die Auslandsvereine im Jahrzehnt nach der Julirevolution von 1830, Stuttgart 1963, bes. 45–61.

[63] Vgl. W. Kowalski, Vom kleinbürgerlichen Demokratismus zum Kommunismus. Zeitschriften aus der Frühzeit der deutschen Arbeiterbewegung (1834–1847), Berlin 1967, bes. XIX–XXXIII.

ausgewiesen; in den Jahren 1837–39 folgte eine zweite Ausweisung.[64] VENEDEY war in dieser Zeit einer der schärfsten Kritiker Preußens. In seiner 1839 erschienenen Schrift ›Preußen und Preußentum‹ klagte er „mit der Ungerechtigkeit, aber auch mit der moralischen Unerbittlichkeit des Pamphletisten" „die ‚bevorzugte Minderheit' an, die er in Preußen die ‚Mehrzahl des Volkes' ausbeuten zu sehen glaubte".[65] Diesen, den preußischen Behörden äußerst mißliebigen Oppositionellen entdeckte STEIN Anfang der 40er Jahre wieder in Paris. Er berichtet, daß er „Venedey's Bekanntschaft" gemacht habe;

er ist still, verschlossen, und Beobachter. Vor keinem ist größere Vorsicht nöthig.[66]

Die Abkapselung der deutschen Geheimverbindungen verstärkte sich 1839, nachdem im Frühjahr dieses Jahres in Paris die geheime „Société des Saisons" unter der Führung von BARBÈS und BLANQUI gegen das herrschende Regime des Julikönigtums geputscht hatte.[67] Der Verdacht einer Beteiligung fiel auch auf deutsche Emigranten, die z. T. verhaftet und ausgewiesen wurden. Die Organisationen selbst dagegen konnten sich dem Zugriff der französischen Behörden entziehen. Anfang der 40er Jahre jedoch lähmten innere Spannungen, besonders die zwischen dem „Bund der Geächteten" und dem „Bund der Gerechten", die Aktivitäten, so daß die Gesamtbewegung an Attraktivität einbüßte.[68]

Lorenz VON STEIN beklagte den – als Reaktion auf den Putsch von 1839 – konspirativen Charakter des Verbindungswesens, der ihm die Informationsbeschaffung erschwere.

Es ist daher, ohne sich entschieden zu exponieren, kaum möglich, augenblicklich zu Resultaten über den gegenwärtigen Zustand zu gelangen, besonders wenn man nur so kurze Zeit hier ist wie ich.[69]

[64] Ebd., XXIV u. XXVII.
[65] Schieder, 193.
[66] Stein, Bericht vom 7. 1. 1842, fol. 69.
[67] Schieder, 54.
[68] Ebd., 55 f.
[69] Stein, Bericht vom 7. 1. 1842, fol. 68.

Dennoch gab er, gestützt auf Informationen, eine Einschätzung der Kooperationswahrscheinlichkeit zwischen deutschen und französischen Geheimverbindungen.

Was zuerst das Verhältnis der deutschen und französischen Verbindungen betrifft, so habe ich mich vielfach, als Unbetheiligter, darnach erkundigen können. Man gab mir, sowohl französischer als deutscherseits zur Antwort, daß man an eine Vereinigung, oder Verbindung nicht glaube. Ich bin weit entfernt zu behaupten, daß man sich hiermit beruhigen könne.[70]

Es dürfte für die preußische Regierung, die die erste gerichtliche Kenntnis über die Existenz des „Bundes der Geächteten" erst Ende 1838 erhalten und dann 1840 umfangreiche Verhaftungen von Verbindungsmitgliedern in Deutschland vorgenommen hatte, nicht unwichtig gewesen sein, eine Vorstellung über den Anklang zu gewinnen, den die Verbindungen außerhalb der politischen Emigrantenzirkel fanden.[71] Lorenz VON STEIN lieferte auch hier verwertbare Informationen; denn er war der Meinung,

daß weder die jüngeren wissenschaftlich gebildeten Leute, noch auch die bei den Handlungen als Commis etc. angestellten daran [an den geheimen Verbindungen; D. B.] Theil nehmen, wodurch sie sich entschieden von den französischen unterscheiden, in denen gerade jene Classen den Haupttheil bilden.[72]

Die Berichte Lorenz VON STEINS an die preußische Regierung müssen, gerade weil sie in die formative Anfangsphase seiner geistigen Entwicklung fallen, als ein wichtiger Schlüssel zu seiner wissenschaftlichen Biographie angesehen werden. Die hier eingenommenen Positionen scheinen auch beim späten STEIN noch durch, wenn auch ihre emotionale Aufladung zugunsten rationaler Argumentationsmuster abgebaut wurde.

STEINS affektiver Umgang mit französischer Gegenwart und Geschichte stand in einem merkwürdigen Kontrast zu seiner

---

[70] Ebd.
[71] Vgl. Kowalski, XXIII.
[72] Stein, Bericht vom 7. 1. 1842, fol. 68 f.

Mitarbeit an Publikationsorganen, die die Verbreitung ‚französischer Ideen' propagierten. Zwischen 1839 und 1844 veröffentlichte STEIN Arbeiten in Zeitschriften, die zu den wichtigsten Stimmen der bürgerlich-liberalen Opposition gehörten: den von Arnold RUGE und Theodor ECHTERMEYER herausgegebenen ›Hallischen Jahrbüchern für deutsche Wissenschaft und Kunst‹; deren Nachfolgeorgan, den ›Deutschen Jahrbüchern für Wissenschaft und Kunst‹; den seit 1843 in Tübingen erscheinenden ›Jahrbüchern der Gegenwart‹; und nicht zuletzt auch in der ›Rheinischen Zeitung für Politik, Handel und Gewerbe‹.[73] Diese Zeitschrift, deren erste Ausgabe am 1. Januar 1842 erschien, war vom rheinischen Bürgertum als ein überregionales, entschiedenes Oppositionsorgan gegründet worden. Sie konnte sich fast anderthalb Jahre halten, bis sie im März 1843 von der preußischen Zensur verboten wurde. Karl MARX hatte im Oktober 1842 die Redaktion übernommen und mit eigenen Beiträgen die antifeudale Stoßrichtung dieser bürgerlich-oppositionellen Publikationsgründung unterstrichen. Berühmt wegen der von ihm selbst hervorgehobenen Bedeutung für die weitere Entwicklung seines Denkens ist MARX' Kommentar zu den Debatten des sechsten rheinischen Landtags über den Entwurf eines neuen Holzdiebstahlgesetzes geworden, den er in der ›Rheinischen Zeitung‹ von Ende Oktober bis Anfang November 1842 abdruckte.[74] Die preußischen Behörden nahmen diese Artikelserie zum Anlaß, der ›Rheinischen Zeitung‹ Verfassungsverletzung anzulasten; ihr Ziel wäre es, „die Verfassung des preußischen Staates in ihrer Basis anzugreifen, ... einzelne Stände der Nation gegen die anderen aufzuwühlen, ... Theorien zu vertreten,

[73] Vgl. M. Hahn, Bürgerlicher Optimismus im Niedergang. Studien zu Lorenz Stein und Hegel, München 1969, 46–51.
[74] K. Marx, Debatten über das Holzdiebstahlgesetz, in: Marx-Engels Werke, Bd. 1, Berlin 1956, 109–47; vgl. Marx' Hinweis auf diese Arbeit in der ›Kritik der politischen Ökonomie‹; zur Rheinischen Zeitung vgl. H. Asmus, Die ›Rheinische Zeitung‹ und die Vereinigten Ständischen Ausschüsse in Preußen 1842, Zeitschrift für Geschichtswissenschaft 23 (1975), 1135–46.

welche auf die Erschütterung des monarchischen Prinzips und der ständischen Verfassung abzielen".[75] Schon vorher hatte der preußische Innenminister die Frage eines Weiterbestehens der ›Rheinischen Zeitung‹ geprüft. In einem behördeninternen Schreiben vom Mai 1842 hatte er den „Charakter" der ›Rheinischen Zeitung‹ als eines „Partei- und Oppositionsblattes" hervorgehoben. „Sie hat sich, wie sie in ihren Leitartikeln unverhohlen bekennt, die Aufgabe gestellt, französisch-liberale Ideen in Deutschland zu propagieren." Dadurch, daß sie „nicht müde wird, französische Staatstheorien und Institutionen der vaterländischen Verfassung und ihrer ständischen Grundlage gegenüber anzupreisen, [ist sie] von dem nachteiligsten und hemmendsten Einflusse".[76]

Lorenz VON STEIN kann, obwohl er in diesem Organ publiziert hat, nicht der von ihm vertretenen Richtung zugeschlagen werden. Im Gegenteil: in seinen Spitzelberichten verteidigte er gerade ‚Vaterländisches' gegen ‚Französisches'. Den „gegenwärtigen Zustand Frankreichs" gab er in ihnen – „richtig benutzt" – als „das einzige Mittel aus, eben diejenigen zur wahren Ansicht zurückzuführen, die für ihre republikanischen und revolutionären Ideen die Begründung ihres Wunsches mit der Anführung eines Beispiels ansetzen, sich selbst an Frankreich anklammern, und andere anregen möchten, sich mit ihnen an diese dem Deutschen so durchaus fremdartige Welt und seine Geschichte anzuschließen".[77] Gerade die französische Geschichte führte STEIN seinen Auftraggebern als Paradigma politischen, gesellschaftlichen und geistigen Verfalls vor. Er sprach sich entschieden gegen eine „Verehrung" des „französischen, auf Revolutionen gebauten Zustandes" aus; daß das, was man Freiheit nenne und das Glück der Nationen begründe, eine Revolution zu seiner

[75] Zensurminister an Kölner Regierungspräsident am 3. 11. 1842, zitiert nach Asmus, 1145.
[76] Votum des Ministers des Innern zur Frage des Weiterbestehens der Rheinischen Zeitung vom 18. 5. 1842, zitiert nach Asmus, 1136, Anmerkung 7.
[77] L. v. Stein, Bericht vom 7. 1. 1842, fol. 67.

Voraussetzung haben müsse, nannte er schlicht ein Produkt „französischer Propaganda". „Eingehende Studien haben mich", so schrieb er,

nun überzeugt, daß es sich ... historisch nachweisen läßt, daß eben jene Revolution selbst die Basis alles menschlichen Zustandes zerstört hat, daß an die Stelle eines nationalen Wohlstandes eine Zerrüttung aller Verhältnisse getreten ist, und daß die Revolution gerade das Gegentheil von dem bewirken muß, und hier bewirkt hat, was die Revolutionierenden erwarteten. Ich habe es mir daher zur Aufgabe gestellt, demjenigen, dem das nationale Gefühl und das innere Rechtsbewußtsein nicht hinreicht, um sich von Frankreich abzuwenden, und dem Wege zu folgen, den eine höhere Fügung uns führt, die innere Verkehrtheit einer jeden revolutionären Idee an dem Unsegen, mit dem der hiesige Zustand in jeder Beziehung behaftet ist, nachzuweisen, in einer Darstellung des französischen sozialen Lebens und seines Verhältnisses zur Revolution.[78]

Daß diese Ausführungen mehr als geflissentliche Verbeugungen waren, um eine Geldquelle nicht zum Versiegen zu bringen, zeigt der geistig-politische Grundriß des STEINschen Buches von 1842, der auch in den weiteren Auflagen bis zur ›Geschichte der sozialen Bewegung‹ nicht abgeändert wurde. An ihm stießen sich vor allem seine vermeintlichen junghegelianischen Weggenossen.

STEIN hatte persönliche Kontakte zu Arnold RUGE und Moses HESS. Wiederum begegnet, wie bei der Wahl seiner Publikationsorgane, eine gewisse Gespaltenheit, wenn STEIN in einem Brief an RUGE davon spricht, daß er dessen „Urteil" eine „entschiedene Verehrung" entgegenbringe:

Die Hälfte aller Fortschritte, die ich mache, verdanke ich dem Bewußtsein, daß ich vorwärts komme; und könnte ich Ihnen mein Inneres darlegen, so würden Sie sehen, welchen Anteil Sie an dieser Überzeugung haben.[79]

[78] Ebd.
[79] Briefe Steins an A. Ruge vom 23. 9. 1841 u. 10. 10. 1841, abgedruckt bei W. Schmidt, Lorenz von Stein. Ein Beitrag zur Biographie, zur Geschichte Schleswig-Holsteins und zur Geistesgeschichte des 19. Jahrhunderts, Eckernförde 1956, Zitate 146 u. 148.

Das Fortkommen STEINS war nun allerdings mehr ein Forteilen von junghegelianischen Positionen. RUGE brachte dies in einer Kritik des STEINschen Werkes unmißverständlich zum Ausdruck. In einem Aufsatz aus dem Jahre 1843 ›Über die intellektuelle Allianz der Deutschen und Franzosen‹ schrieb er, daß STEIN „alle Schwierigkeiten des Communismus und Socialismus durch die Rückkehr zur deutschen Ruhe und zur deutschen Weisheit" löse. „Frankreich" habe für ihn das „Fieber", „Deutschland" dagegen sei „in Ordnung". „Kann es für einen Deutschen und für einen Hegelschen Christen noch Probleme geben?", fragte RUGE bissig:

Nein. Und wenn es in Deutschland einen Pöbel, eine hoffnungslos unterdrückte Classe der Gesellschaft giebt, beunruhigt das den Deutschen und den Philosophen? Nein und abermals nein![80]

RUGE machte STEIN den Vorwurf, daß seine Ansichten denen der „norddeutschen Höfe" „conform" gingen; ihm erginge es wie vielen Deutschen aus der „großen Heerde trivialer Köpfe": sie seien „mit Allem fertig" und erklärten – ohne dies zu prüfen – „die Verfassung ihres Dorfes für die höchste Sittlichkeit und Freiheit".[81] Auch Moses HESS schrieb einen Verriß, von dem STEIN „ganz gedemüthigt" war.[82] HESS konzentrierte sich dabei nicht so sehr auf die ‚Konformität' der STEINschen Verfassungsaussagen, sondern auf deren sozioökonomische Implikationen. STEINS Denken habe zur Voraussetzung, daß es so etwa wie eine „endliche Versöhnung des Proletariats und der Bourgeoi-

---

[80] A. Ruge, Über die intellectuelle Allianz der Deutschen und Franzosen. Bei Gelegenheit von Louis Blancs Geschichte der zehn Jahre [geschrieben 1843], in: ders., Sämtliche Werke, Bd. 2, Mannheim 1847², 309 f.

[81] Ebd., 311.

[82] Moses Hess, Socialismus und Communismus, in: Georg Herwegh (Hrsg.), Einundzwanzig Bogen aus der Schweiz, Zürich 1843, 74–91, wieder abgedruckt in: M. Hess, Philosophische und sozialistische Schriften 1837–1850. Eine Auswahl, hrsg. von A. Cornu u. W. Mönke, Berlin 1961, 197–209; zur Bekanntschaft Hess-Stein vgl. ebd., 298 u. 468, Anmerkung 85.

sie" geben könne, eine „Aufhebung des Gegensatzes von Geldaristokratie und Pauperismus".[83] Doch gerade die Möglichkeit einer „Vermittlung der Gegensätze im Zustande der Gegensätzlichkeit" bestritt HESS. Er nannte STEIN einen „politischen Rationalisten" und traf mit dieser Formulierung sicherlich das Zentrum der STEINschen politischen Überzeugungen. Nun war es aber für HESS das Schicksal dieser Leute, „jeden Augenblick dem Mißgeschick ausgesetzt" zu sein, „in reaktionäre Tendenzen zu verfallen", weil sie dem „Phantom eines Rechtsstaates, dem ‚Vernunftstaate'" nachjagten, der jedoch nirgendwo anders als in ihrem eigenen Gehirn existiere – „so wie die ‚Vernunftreligion' nur eine Fiktion der religiösen Rationalisten ist". ‚Politische Rationalisten' wie STEIN unterschieden sich von ‚politischen Atheisten' dadurch, daß in ihren Köpfen noch immer die Idee einer ‚vernünftigen' Regierung spuke. Sie legten den Maßstab ihrer Kritik nicht an den Staat als solchen, sondern nur an diesen und jenen Staat, an diese und jene Regierungsform. Damit aber setzten sie die Abhängigkeit des Menschen in demselben Augenblick voraus, wo sie seine Selbständigkeit und seine Freiheit in Anspruch nähmen. „Ihre Liberalität", schrieb HESS, „ist eine Fiktion; sie sind nur in einer Sphäre liberal, die keine Wirklichkeit hat, keine Wirklichkeit haben kann".[84]

Durch Karl GRÜNS 1845 erschienenes Buch ›Die soziale Bewegung in Frankreich und Belgien. Briefe und Studien‹ wurde auch – so jedenfalls die bisherige Meinung – Karl MARX auf Lorenz VON STEIN aufmerksam. STEINS Werk von 1842 diente MARX als Beleg für seine These, daß GRÜNS Buch aus zweiter Hand gestrickt sei; so habe dieser etwa bei der Darstellung des SAINT-SIMONismus „nicht nur die Irrtümer Steins kopiert, sondern auch aus unbestimmt gehaltenen Stellen Steins neue fabriziert".[85] Insgesamt attestierte MARX STEIN, daß er – gegenüber

[83] Vgl. Hess, Schriften, 206.
[84] Ebd., 208 f.
[85] Karl Marx, Karl Grün: ›Die soziale Bewegung in Frankreich und Belgien‹ (Darmstadt 1845) oder: Die Geschichtsschreibung des

GRÜN – „wenigstens versuchte, den Zusammenhang der sozialistischen Literatur mit der wirklichen Entwicklung der französischen Gesellschaft darzustellen".
Es bedarf indes kaum einer Erwähnung, daß Herr Grün sowohl im vorliegenden Buche wie in den Neuen Anekdotis mit der größten Vornehmheit auf seinen Vorgänger herabsieht.[86]
Karl MARX spielte hier auf eine ebenfalls 1845 erschienene Rezension GRÜNS an. In ihr hatte dieser STEIN als einen „Philosophen" bezeichnet,

> der aus dem germanischen Stilleben plötzlich in das lebendige Frankreich versetzt, überrascht, verwirrt, überrumpelt wurde, als er die Égalité mit ihren brennenden Wünschen einmal in der Nähe erblickte, mit großen Augen hier zum ersten Mal historische Wahrheit sah, und sich erst spät Abends, chambre garni, wieder an sein Absolutes erinnerte, was dann doch sein Recht behalten müßte, pereat mundus![87]

MARX setzte sich mit Karl GRÜN auseinander und seine Gegnerschaft hier darf nicht als Parteinahme für STEIN interpretiert werden.[88] Doch ist ENGELS' pejoratives Urteil aus dem Jahre 1859, daß es sich nämlich bei Leuten wie STEIN um „klugtuende Spekulanten" handele, „die die ausländischen Sätze ins unverdaute Hegelsche übersetzten", ohne weiteres auf Karl MARX zu übertragen?[89] In einem Vergleich STEIN – MARX soll im folgenden versucht werden, HESS' Formel vom ‚politischen Rationalisten' auszuloten; dabei soll an STEIN eine Denkposition genauer erläutert werden, die das Grundmuster deutschen politischen Selbstverständnisses im 19. Jahrhundert abgab.

---

wahren Sozialismus, in: Marx-Engels Gesamtausgabe, Erste Abteilung, Bd. 5, 471–516, hier 482.
[86] Ebd., 478; vgl. Grüns Rezension des Steinschen Buches von 1842 in: Karl Grün (Hrsg.), Neue Anekdota, Darmstadt 1845, 260–82.
[87] Grün, ebd., 273.
[88] Vgl. M. Hahn, Zur Frage Stein-Marx, in: ders., Bürgerlicher Optimismus, 161–167.
[89] Fr. Engels, in: Marx-Engels Werke, Bd. 13, Berlin 1961, 469.

4. Das Verhältnis zu Karl Marx

Obwohl Lorenz VON STEIN für den Zeitkritiker MARX eine nur unwesentliche Bedeutung gehabt hat, gibt es eine mit polemischen Spitzen geführte ältere breite Debatte über den vermeintlichen Einfluß STEINS auf MARX.[90] Aus ihr lassen sich keine sicheren Ergebnisse gewinnen. Erst die in einer neueren Studie entwickelten Argumente lassen es lohnend erscheinen, die Frage nach dem Verhältnis MARX–STEIN im Kontext ihrer geistigen Biographien noch einmal aufzugreifen.[91] Im Vorwort zur ›Kritik der politischen Ökonomie‹ hatte MARX selbst seine Kommentare zu den ›Debatten über das Holzdiebstahlgesetz‹ als eine entscheidende Wegmarke seine Denkens interpretiert.[92] Der erste Artikel war von der ›Rheinischen Zeitung‹ am 25. Oktober 1842 abgedruckt worden. STEINS Buch über den ›Socialismus und Communismus des heutigen Frankreichs‹ war kurz vorher erschienen, nämlich am 14. September 1842.[93] MARX war seit dem 15. Oktober Chefredakteur bei der ›Rheinischen Zeitung‹, Lorenz VON STEIN einer ihrer Mitarbeiter. Es ist also durchaus möglich, daß Karl MARX schon relativ früh auf STEINS Buch aufmerksam geworden sein könnte. Die These, die in die-

[90] Vgl. Hahn, Zur Frage Stein-Marx.
[91] Vgl. R. Hörburger, Von Stein et la naissance de la science sociale, Cahiers internationaux de sociologie 55 (1973), 217–44.
[92] K. Marx, Vorwort zu ›Zur Kritik der politischen Ökonomie‹. Erstes Heft [1859], in: ders., Ökonomische Schriften, Bd. 3, hrsg. von H.-J. Lieber u. B. Kautsky, Darmstadt 1964, 837–42, hier 837 f.: „Im Jahre 1842/43, als Redakteur der ›Rheinischen Zeitung‹, kam ich zuerst in die Verlegenheit, über sogenannte materielle Interessen mitsprechen zu müssen. Die Verhandlungen des Rheinischen Landtags über Holzdiebstahl und Parzellierung des Grundeigentums, die amtliche Polemik, die Herr von Schaper, damals Oberpräsident der Rheinprovinz, mit der ›Rheinischen Zeitung‹ über die Zustände der Moselbauern eröffnete, Debatten endlich über Freihandel und Schutzzoll, gaben die ersten Anlässe zu meiner Beschäftigung mit ökonomischen Fragen."
[93] Hörburger, 242.

sem Zusammenhang aufgestellt wurde, lautet, daß MARX in seiner Arbeit über das Holzdiebstahlgesetz wesentliche Einsichten STEINS verarbeitet habe.

STEIN war in seinem Buch von 1842 im wesentlichen den Spuren Louis BLANCS gefolgt und hatte dessen dem Julikönigtum gegenüber kritische Perspektive geschickt mit der Sozialkritik des französischen Frühsozialismus kombiniert. Das Ergebnis war eine Bilanz des Einflusses gewesen, den die ‚besitzende Klasse' auf den Staat ausübte; er konkretisierte sich nicht zuletzt als Einfluß auf das Gesetzgebungsverfahren. Bis zu welchem Grade sich Depravationen in Gesetzgebungsakte einschleichen können, sofern diese privilegierten gesellschaftlichen Gruppen überantwortet werden, demonstrierte nun auch Karl MARX am Umgang des rheinischen Provinziallandtags mit dem Entwurf eines Holzdiebstahlgesetzes. Daß der Holzdiebstahl ein signifikantes Notdelikt in der gesellschaftlichen Krisen- und Umbruchzeit des Vormärz gewesen ist, in dem sich die soziale Situation ländlicher wie städtischer Unterschichten wie in einem Brennpunkt spiegelte, läßt sich mit modernen sozialgeschichtlichen Methoden nachweisen.[94] Es läßt sich auch das Versagen feudaler wie bürgerlicher Gruppierungen vor dieser Herausforderung zeigen. MARX thematisierte in seinen ›Kommentaren‹ den Konnex von Recht und Interesse. Die Landstände als Vertretungskörperschaft der breiten feudalen und schmalen bürgerlichen Oberschicht suchten den Holzdiebstahlsgesetzentwurf in einer Weise zu verändern, die das Prinzip der ‚öffentlichen Strafe' tangierte. Das Sachproblem war, inwieweit dem Waldeigentümer Entschädigungsansprüche nicht privat- sondern strafrechtlich garantiert werden sollten und wie hoch diese anzusetzen seien.[95] Ähnlich wie Lorenz VON STEIN die Kapitulation des Staates vor dominierenden gesellschaftlichen Interessen unter dem Julikönigtum beschrieb, analysierte MARX das – we-

---

[94] Vgl. D. Blasius, Bürgerliche Gesellschaft und Kriminalität. Zur Sozialgeschichte Preußens im Vormärz, Göttingen 1976.

[95] Dazu und auch zur Zusammensetzung und zum politischen Gewicht der preußischen Landstände vgl. ebd.

gen der mangelnden Gesetzgebungskompetenz der Landstände zwar entschärfte, sich für eine verfassungspolitische Zukunft aber um so dringender stellende – Problem, „daß das Privatinteresse den Staat zu den Mitteln des Privatinteresses, ..., daß eine Vertretung der Privatinteressen, der Stände, den Staat zu den Gedanken des Privatinteresses degradieren" könne.[96] Für MARX hatte der Landtag bei seiner Beratung des Holzdiebstahlgesetzes seine Rolle konsequent gespielt. „Das Recht der Menschen" war „vor dem Recht der jungen Bäume" gefallen; „die exekutive Gewalt, die administrativen Behörden, das Dasein des Angeklagten, die Staatsidee, das Verbrechen selbst und die Strafe" waren „zu materiellen Mitteln des Privatinteresses herabgewürdigt" worden.[97]

Eine Affinität zwischen STEIN und MARX scheint nun aber gerade nicht da, oder nicht primär da zu liegen, wo man sie hat sehen wollen:

Pour Stein, l'Etat français est un Etat de propriétaires qui exercent les pouvoirs législatif, judiciaire et exécutif dans leur propre intérêt. La Diète rhénane est présentée par Marx comme un Etat dont les trois pouvoirs émanent de la propriété.[98]

Im Unterschied zu dieser Interpretation insistierte MARX auf dem präkonstitutionellen Zustand des preußischen Verfassungslebens und hob ihn gegenüber einer ungewissen konstitutionellen Zukunft heraus.

Wir sind nur mit Widerstreben dieser langweiligen und geistlosen Debatte gefolgt, aber wir hielten es für unsere Pflicht, an einem Beispiel zu zeigen, was von einer Ständeversammlung der Sonderinteressen, würde sie einmal ernstlich zur Gesetzgebung berufen, zu erwarten sei.[99]

Der Einfluß STEINS auf MARX läßt sich mit direkten Zitaten nicht belegen, wohl aber lassen sich Argumente dafür sammeln, daß STEINS Staatsverehrung auf den „Kultus der Staatsidee"

[96] Marx, Debatten über das Holzdiebstahlsgesetz, 126.
[97] Ebd., 111 u. 143 f.
[98] Hörburger, 242 f.
[99] Marx, Debatten, 146.

(Gustav MAYER) in der „berühmten Kritik des Holzdiebstahlgesetzes" abgefärbt haben könnte.[100] Gegenüber der Rechtsanmaßung führender gesellschaftlicher Gruppen betonte MARX hier das ‚Recht des Staates gegen den Angeklagten'.

Unmittelbar folgt daher für ihn die Pflicht, als Staat und in der Weise des Staats sich zu dem Verbrecher zu verhalten. Der Staat hat nicht nur die Mittel, auf eine Weise zu agieren, die ebenso seiner Vernunft, seiner Allgemeinheit und Würde, wie dem Recht, dem Leben und Eigentum des inkriminierten Bürgers angemessen ist; es ist seine unbedingte Pflicht, diese Mittel zu haben und anzuwenden.[101]

MARX setzte auf den Staat bei der Abwehr pratikularer Interessenansprüche; sein Boden sei unterminiert, wenn das Unglück zu einem Verbrechen oder das Verbrechen zu einem Unglück werde: „Weit entfernt von diesem Gesichtspunkt, beobachtet der Landtag nicht einmal die ersten Regeln der Gesetzgebung".[102] In der Exilierung des Staates vom durch machtvolle Interessen beherrschten gesellschaftlichen Leben überschneiden sich STEINS Frankreich-Kritik und MARX' Polemik gegen einen dem ‚Privatinteresse' überantworteten Gesetzgesetzgebungsakt. Während STEIN für die Geschichte des Julikönigtums die politischen Kosten des Verlustes der staatlichen ‚Selbständigkeit' thematisierte, interessierten MARX im Zusammenhang mit der preußischen Holzdiebstahlgesetzgebung soziale Kosten. Er war der Meinung, daß der Staat auch im Holzfrevler einen Menschen zu sehen habe,

ein lebendiges Glied, in dem sein Herzblut rollt, einen Soldaten, der das Vaterland verteidigen, einen Zeugen, dessen Stimme vor Gericht gelten, ein Gemeindemitglied, das öffentliche Funktionen bekleiden soll, einen Familienvater, dessen Dasein geheiligt, vor allem einen Staatsbürger, und der Staat wird nicht leichtsinnig eins seiner Glieder von all diesen Bestimmungen ausschließen, denn der Staat amputiert sich selbst, so oft er aus einem Bürger einen Verbrecher macht.[103]

[100] Mayer, 179.
[101] Marx, Debatten, 125.
[102] Ebd., 120.
[103] Ebd., 121.

Marx' ‚Staatskult' wurde von dem weiteren Gang seiner geistigen Entwicklung überholt, – er blieb ephemer; bei Lorenz von Stein hingegen ist die ‚Unterscheidung' von Staat und Gesellschaft als eine Konstante seines politischen Denkens anzusehen.[104] Die Bedeutung von Karl Marx liegt darin, daß er den sozialen Antagonismus seiner Zeit – der Phase des Frühkapitalismus, als die Konfliktfront noch zwischen den identifizierbaren Funktionsgruppen der Proletarier und der Kapitalisten verlief – in die Frage nach den „Bewegungsgesetzen des Kapitals" ummünzte.[105] Dadurch konnte er den „kapitalistischen Grundwiderspruch" in fortschreitender Vergesellschaftung der Produktion bei gleichzeitiger profitorientierter Disposition über das Produktionsergebnis verankern und von der „Entwicklungslogik" des Kapitalismus her seinen zentralen Sprengsatz bestimmen: den die Kehrseite gesellschaftlichen Reichtums bildenden gesellschaftlichen Mangel.[106] Er war für Marx notwendig in der Ablaufstruktur kapitalistischer Prozesse angelegt – in der ungleichen Verfügung über Produktionsmittel und Arbeitskraft und ungleicher Aneignung der produzierten Werte.[107]

Auch Lorenz von Stein anerkannte die Berechtigung der Kapitalismuskritik, ihre Fundierung in der sozialökonomischen Entwicklung der Neuzeit. In seinem ›Lehrbuch der Finanzwissenschaft‹ schrieb er, daß es nahe liege,

[104] Zum Problemzusammenhang vgl. E.-W. Böckenförde, Die verfassungstheoretische Unterscheidung von Staat und Gesellschaft als Bedingung der individuellen Freiheit, Opladen 1973; K. Grimmel, Zur Dialektik von Staatsverfassung und Gesellschaftsordnung, Archiv für Rechts- und Sozialphilosophie 62 (1976), 1–26.
[105] Vgl. C. Offe, Spätkapitalismus – Versuch einer Begriffsbestimmung, in: ders., Strukturprobleme des kapitalistischen Staates. Aufsätze zur politischen Soziologie, Frankfurt 1973², 7–25, bes. 18 f.
[106] Vgl. W.-D. Narr u. C. Offe (Hrsg.), Wohlfahrtsstaat und Massenloyalität, Köln 1975, Einleitung, 9–46.
[107] Vgl. A. Lüdtke, Militärstaat und „Festungspraxis", in: V. R. Berghahn (Hrsg.), Militarismus, Köln 1975, 164–85, bes. 164 f.

daß in der staatsbürgerlichen Gesellschaft das Kapital die Gütererzeugung und einen großen Theil der Ertragsfähigkeit beherrscht, und daß die Arbeit – oft in höchst ernster Weise – unter dieser Herrschaft leidet. Es ist daher erklärlich, daß die Einseitigkeit der socialen Bewegung das Kapital einfach negiert. Die höchste und letzte Form, in der dies geschehen ist, besteht bekanntlich darin, daß das Kapital, der Überschuß der Arbeit, als ein Theil und mithin als ein Eigenthum der letztern erklärt, und damit der Zustand, in welchem das Kapital von der Arbeit getrennt, selbständig zum Herrscher über die eigene Erzeugerin geworden, als ein tiefer Widerspruch, als ein tödlicher Feind der menschlichen Entwicklung stigmatisiert wird.[108]

Das, was für STEIN „erklärlich" war, beinhaltete für ihn noch keine Zielperspektive. Er scheint das Werk von Karl MARX verfolgt, wenn auch nicht intensiv studiert zu haben. So nahm er in die Bibliographie zur zweiten Auflage seines ›Socialismus und Communismus‹ MARX' 1847 erschienene, gegen PROUDHON gerichtete Schrift ›Misère de la philosophie. Réponse à la philosophie de la misère de M. Proudhon‹ auf.[109] PROUDHON und MARX rückte STEIN auch in einem seiner Spätwerke eng zusammen. Beide würden, so heißt es hier, „den Unterschied zwischen Persönlichkeit an sich und selbständiger Individualität" verkennen und sich nicht die Frage stellen, „wie die Selbständigkeit dieser Individualität ohne Einzelkapital und Einzelrecht gedacht werden könne, während doch beide beständig von der Freiheit und Gleichheit als dem Ideale des persönlichen Lebens reden".[110] Indem sie das Privateigentum aufheben wollten, nähmen sie „damit jedem Einzelnen seine selbstgeborene Freiheit ..., um sie der Gemeinschaft zu übergeben". STEIN gestand „Arbeiten" wie denen „von Proudhon und Karl Marx" zwar „eine große historische, aber nur sehr geringe wissenschaftliche Bedeutung"

---

[108] L. v. Stein, Lehrbuch der Finanzwissenschaft, Leipzig 1875³, 325.
[109] Stein, Socialismus, 1848, Bd. 2, 588; vgl. K. Marx, Misère ..., in: Marx-Engels Gesamtausgabe, Erste Abteilung, Bd. 6, 117–228.
[110] L. v. Stein, Die Volkswirtschaftslehre, Wien 1878², 536.

zu. „Der Einfluß, den solche Werke haben, kann nicht länger als eben ein halbes Menschenalter dauern".[111]

Dieser Fehleinschätzung liegt eine von MARX unterschiedene Beurteilung der geschichtlichen Rolle des Eigentums zugrunde. Privateigentum blieb bei STEIN Attribut einer persönlichen Struktur, während es bei MARX als Ausdruck einer historisch eingerasteten ökonomischen Struktur gefaßt wurde, in der Gebrauchswerte nurmehr als Begleiterscheinungen von Tauschwerten auftreten. Im ›Kommunistischen Manifest‹ war schon der Vorwurf abgewehrt worden, „das persönlich erworbene, selbsterarbeitete Eigentum abschaffen" zu wollen: „das Eigentum, welches die Grundlage aller persönlichen Tätigkeit und Selbständigkeit bilde".[112] MARX zog hier zunächst einmal in Zweifel, daß es „erarbeitetes, erworbenes, selbstverdientes Eigentum" unter den herrschenden Produktionsverhältnissen überhaupt noch gebe.

Sprecht ihr von dem kleinbürgerlichen, kleinbäuerlichen Eigentum, welches dem bürgerlichen Eigentum vorherging? Wir brauchen es nicht abzuschaffen, die Entwicklung der Industrie hat es abgeschafft und schafft es täglich ab.[113]

Für Marx bewegte sich das „Eigentum in seiner heutigen Gestalt ... in dem Gegensatz von Kapital und Lohnarbeit". Somit sei nur „das Kapital selbständig und persönlich, während das tätige Individuum unselbständig und unpersönlich ist".[114]

Im Unterschied zu MARX hielt Lorenz VON STEIN an der „Persönlichkeit des Eigenthums" fest; die „Frage nach dem persönlichen Eigentum" stellte sich für ihn als „Frage nach der Berechtigung von Sozialismus und Kommunismus".[115] STEIN be-

[111] Ebd.
[112] K. Marx, Manifest der kommunistischen Partei, in: ders., Die Frühschriften, hrsg. von S. Landshut, Stuttgart 1953, 525–60, hier 540.
[113] Ebd.
[114] Ebd., 541.
[115] L. v. Stein, Der Begriff der Arbeit und die Principien des Arbeitslohnes in ihrem Verhältnisse zum Socialismus und Communismus, Zeitschrift für die gesamte Staatswissenschaft 3 (1846), 233–90,

hauptete die „innere Identität des freien Besitzes und der Freiheit der Persönlichkeit".[116] Der freie, selbsterworbene Besitz war für ihn die „wirklichste, faßbarste gegenwärtigste Bethätigung der freien und selbständigen Persönlichkeit überhaupt, und fast immer zugleich auch die der Individualität derselben". Im Privateigentum habe sich der „Mensch gleichsam selbst als unabhängige Existenz"; so empfing für STEIN auch „die Idee der Freiheit", „welche der Begriff der Persönlichkeit giebt", „ihre Wirklichkeit erst durch jene im Besitze gegebene Unabhängigkeit des materiellen Lebens".[117]

In STEINS Fixierung auf das Privateigentum vermischen sich frühsozialistische Ideen mit einer von HEGEL für das deutsche politische Denken aktualisierten Tradition der europäischen Aufklärungsphilosophie.[118] HEGEL hatte in der ›Rechtsphilosophie‹ eine Theorie des Eigentums entworfen, die sich als integraler Bestandteil einer bürgerlichen Rechtsordnung verstand.[119] „Eigenthum zu haben", schrieb HEGEL,

hier 250; vgl. Stein, Blicke, 13: „Dem wissenschaftlichen Princip nach aber ist der Communismus nichts, als eben die Negation der einzelnen Persönlichkeit, in der materiellen Welt erscheinend als Negation des Eigenthums."

[116] Stein, Socialismus, 1848, Bd. 1, 139.

[117] Ebd.

[118] Vgl. C. B. Macpherson, Die politische Theorie des Besitzindividualismus. Von Hobbes bis Locke, Frankfurt 1967; H. Medick, Naturzustand und Naturgeschichte der bürgerlichen Gesellschaft. Die Ursprünge der bürgerlichen Sozialtheorie als Geschichtsphilosophie und Sozialwissenschaft bei Samuel Pufendorf, John Locke und Adam Smith, Göttingen 1973; B. Taylor Wilkins, Hegel's Philosophy of History, Ithaca 1974; M. Riedel, Bürgerliche Gesellschaft und Staat. Grundproblem und Struktur der Hegelschen Rechtsphilosophie, Neuwied 1970; J. Ritter, Person und Eigentum. Zu Hegels ›Grundlinien der Philosophie des Rechts‹, §§ 34–81, in: Marxismus-Studien 4 (1962), 196–218; E. Kamenka u. R. S. Neale (Hrsg.), Feudalism, Capitalism and Beyond, London 1975.

[119] Vgl. H. Marcuse, Vernunft und Revolution. Hegel und die Entstehung der Gesellschaftstheorie [1941], Neuwied 1970³, bes. 154–99.

erscheint in Rücksicht auf das Bedürfniß, indem diese zum Ersten gemacht wird, als Mittel; die wahrhafte Stellung aber ist, daß vom Standpunkte der Freiheit aus das Eigenthum als das erste Daseyn derselben, wesentlicher Zweck für sich ist.[120]

Eigentum als das „erste Dasein der Freiheit" bedeutete, daß erst mit ihm die Freiheit der Person wirklich werden konnte. So sprach HEGEL auch vom „Eigenthum als dem Daseyn der Persönlichkeit" – oder davon, „daß die Persönlichkeit Daseyn im Eigenthum haben müsse".[121] Die von ihm gesetzte Identität von menschlicher Freiheit und Eigentum ließ ihn die „Lehre von der Nothwendigkeit des Privateigenthums" als eine „wichtige" bezeichnen:

Da ich meinem Willen Daseyn durch das Eigenthum gebe, so muß das Eigenthum auch die Bestimmung haben, das Diese, das Meine zu seyn.[122]

Lorenz VON STEINS Verteidigungslinie war schon bei HEGEL vorgezeichnet; als guter Kenner der ›Rechtsphilosophie‹ konnte er mit deren Verwerfung des „gemeinschaftlichen Eigentums" als einer „Sache der Willkür" gegen die sozialistische und kommunistische Destruktion des Eigentums argumentieren.[123] Denn auch schon für HEGEL konnte sich „die Vorstellung von einer frommen oder freundschaftlichen und selbst erzwungenen Verbrüderung der Menschen mit Gemeinschaft der Güter und der Verbannung des privateigenthümlichen Princips" nur *der* Gesinnung „leicht darbieten, welche die Natur der Freiheit des Geistes und des Rechts verkennt und sie nicht in ihren bestimmten Momenten erfaßt".[124]

[120] G. W. F. Hegel, Grundlinien der Philosophie des Rechts oder Naturrecht und Staatswissenschaft im Grundrisse. Mit einem Vorwort von Eduard Gans, in: Hegel, Sämtliche Werke, hrsg. von H. Glockner, Bd. 7, Stuttgart 1952, § 45, S. 99.
[121] Ebd., §§ 50 u. 51, S. 104.
[122] Ebd., § 46 Zusatz, S. 100.
[123] Zu Steins Hegelkenntnis vgl. Hahn, Bürgerlicher Optimismus.
[124] Hegel, § 46, S. 100.

Im ‚privateigentümlichen' Argumentationsmuster ist die Hegelnähe STEINS am größten. Doch entglitt ihm hiermit nicht die spezifische Struktur seiner Gegenwart, rekurrierte er nicht auf einen geschichtlichen Zustand, der nach MARX geschichtlich überholt war? Im vierundzwanzigsten Kapitel des ›Kapitals‹ hatte MARX, das „Geheimnis der ursprünglichen Akkumulation" offenlegend, die „geschichtliche Tendenz der kapitalistischen Akkumulation" prognostiziert.[125] Er knüpfte dabei an die schon 1848 formulierten Einsichten in die geschichtlich abgelebte Rolle des Eigentums an.

Das selbsterarbeitete, sozusagen auf Verwachsung des einzelnen, unabhängigen Arbeitsindividuums mit seinen Arbeitsbedingungen beruhende Privateigentum wird verdrängt durch das kapitalistische Privateigentum, welches auf Exploitation fremder, aber formell freier Arbeit beruht.[126]

MARX verschärfte das Veränderungsargument, indem er „die aus der kapitalistischen Produktionsweise hervorgehende kapitalistische Aneignungsweise, daher das kapitalistische Privateigentum" als „die erste Negation des individuellen, auf eigene Arbeit gegründeten Privateigentums" bezeichnete.[127] Hatte die Bemerkung aus dem ›Kommunistischen Manifest‹, daß das Privateigentum nur gerade dadurch noch existiere, „daß es für neun Zehntel der Gesellschaftsmitglieder nicht existiert", nicht eine hohe sozialgeschichtliche Treffsicherheit für sich? Lorenz VON STEIN würde diesen Fragen vielleicht mit einem Satz begegnet sein, wie ihn Herbert MARCUSE in bezug auf die FREUDsche Psychoanalyse formuliert hat: „Was veraltet ist, ist deswegen nicht falsch."[128] Es würde die Substanz der politischen

---

[125] K. Marx, Ökonomische Schriften, Bd. 1, Darmstadt 1962, 864–927 [24. Kapitel des ›Kapitals‹: Die sogenannte ursprüngliche Akkumulation].

[126] Ebd., 925 f.

[127] Ebd., 927.

[128] H. Marcuse, Das Verhalten der Psychoanalyse, in: ders., Kultur und Gesellschaft 2, Frankfurt 1965, 85–106, hier 105.

Theorie STEINS verfehlen, wollte man aus ihrer Apologie des Privateigentums auf eine Absegnung geschichtlich bestehender Klassenstrukturen schließen. STEIN suchte vielmehr von der Kategorie des Eigentums her eine neue gesellschaftliche Zukunft zu gewinnen. Für Karl MARX bestand diese nach dem Abtreten „der alten bürgerlichen Gesellschaft mit ihren Klassen und Klassengegensätzen" in einer „Assoziation, worin die freie Entwicklung eines jeden die Bedingung für die freie Entwicklung aller ist", und die Methode ihrer Erringung sollte die ‚soziale Revolution' sein.[129] STEIN verwarf diesen Weg; er konnte ihn weder als „Fortschritt" noch als „Bedingung des Fortschritts" ansehen; die soziale Revolution blieb für ihn auf dem Hintergrund seiner ‚französischen' Erfahrungen ein „Unglück und in ihren Tendenzen eine reine Unmöglichkeit".[130] STEIN formulierte die „sociale Frage" als die „große Frage der Gegenwart" zu einer „Frage nach den Bedingungen" um, „unter denen die nichtbesitzende Klasse zur Basis aller persönlichen Entwickelung und aller öffentlichen Geltung, zum Besitz eines Kapitals gelangen kann".[131] Der Klassenkampf als Antwort auf die Klassengesellschaft wird bei ihm durch einen „socialen Prozeß der aufsteigenden Klassenbewegung" substituiert, den der Staat zu verantworten hat.[132] Man kann diese ‚Neutralisierung' des kapitalistischen Grundwiderspruches mit MARX als „Bourgeoissozialismus" abtun, der zwar auf Abbau von „sozialen Mißständen" aus sei, aber nur, „um den Bestand der bürgerlichen Gesellschaft zu sichern".[133] Deren Probleme – wenn sie sich auch verlagert haben und nicht kleiner geworden sind – liegen sicher-

---

[129] Vgl. Marx, Kommunistisches Manifest, 548; ders., Der achtzehnte Brumaire, 117.
[130] Stein, Geschichte, Bd. 1, 127.
[131] Stein, Lehrbuch der Finanzwissenschaft, 321 f.
[132] Ebd., 322.
[133] Marx, Kommunistisches Manifest, 555; vgl. Marcuse, Vernunft und Revolution, 327–39: Die Überführung der Dialektik in Soziologie: Lorenz von Stein.

lich auch heute noch primär im Kapitalverhältnis begründet; geschichtlich aber hat der ‚Bourgeoissozialismus' eine Zerfaserung des MARXschen Klassenbegriffs bewirkt. Lorenz VON STEINS Gedanke der „aufsteigenden Klassenbewegung" korrespondierte der – wenn auch vielfach blockierten – Aufstiegsmobilität in der Phase der sich durchsetzenden kapitalistischen Gesellschaft; wo soziale und geographische Mobilität einsetzen, wurden Klassenstrukturen spürbar aufgelöst.[134]

STEIN verstand es, aus seiner Beschäftigung mit der ›Geschichte der sozialen Bewegung in Frankreich‹ eine politische Programmatik zu entwickeln; dies ging sicherlich zu Lasten sozialgeschichtlicher Trennschärfe. Daß STEIN dabei zeitweise aus den von ihm angesteuerten ideologischen Kurven getragen wurde, gehört mit in sein frühes Bild. Die Einlösung seiner Vorstellungen erwartete STEIN von Deutschland resp. Preußen – anfangs mit ungebrochener Überzeugung, bis sich bei ihm dann verstärkt Zweifel einschlichen, ob die Geschichte der sozialen Bewegung in Deutschland im Prinzip wirklich unterschieden sei von der in Frankreich.

---

[134] Vgl. Heft 1 des 1. Jahrgangs (1975) von ›Geschichte und Gesellschaft‹ mit dem Titel ›Soziale Schichtung und Mobilität in Deutschland im 19. und 20. Jahrhundert‹, mit folgenden Beiträgen: 1. J. Kocka, Theorien in der Sozial- und Gesellschaftsgeschichte. Vorschläge zur historischen Schichtungsanalyse, 9–42; 2. F. D. Marquardt, Sozialer Aufstieg, sozialer Abstieg und die Entstehung der Berliner Arbeiterklasse, 1806–1848, 43–77; 3. D. Crew, Regionale Mobilität und Arbeiterklasse. Das Beispiel Bochum 1880–1901, 99–120; 4. H. Kaelble, Chancenungleichheit und akademische Ausbildung in Deutschland 1910–1960, 121–49; vgl. ebenfalls, H.-U. Wehler, Die Sozialgeschichte zwischen Wirtschaftsgeschichte und Politikgeschichte, in: Sozialgeschichte und Strukturgeschichte in der Schule, Schriftenreihe der Bundeszentrale für politische Bildung, H. 102, Bonn 1975, 13–25, hier 23 f.; E. R. Wiehn u. K. U. Mayer, Soziale Schichtung und soziale Mobilität, München 1975.

II. DIE GESCHICHTE DER SOZIALEN BEWEGUNG IN DEUTSCHLAND

1. Sozialstruktur und soziale Restauration: die Bedeutung des Jahres 1848

Das Hauptkennzeichen der deutschen Gesellschaftsgeschichte im 19. Jahrhundert ist die Paralysierung der bürgerlichen Emanzipationsbewegung durch die Emanzipationsansprüche der entstehenden Arbeiterschaft gewesen.[135] Die alten agrargesellschaftlichen Führungseliten verstanden es, dieses Dilemma für sich zu nutzen. So hatte der Emanzipationskampf des Bürgertums in Deutschland keine Entwertungsschübe feudaler Machtpositionen zur Folge. Das gebrochene Verhältnis der bürgerlichen Bewegung zur eigenen Emanzipation war für Lorenz VON STEIN der Einstieg, um die spezifische Struktur der gesellschaftlichen Bewegung in Deutschland freizulegen. Deutlich sichtbar wurde sie für ihn in den Voraussetzungen, im Ablauf und im Ergebnis der Revolution von 1848. Für STEIN überschnitten sich in ihr zwei „Bewegungen": die auf einen nationalen Einheitsstaat zielende bürgerlich-liberale und die soziale, die das „Bedürfnis einer freiheitlichen gesellschaftlichen Entwicklung" artikulierte.[136] Im Versagen der ‚nationalen' Richtung

---

[135] Vgl. Blasius, Bürgerliche Gesellschaft und Kriminalität, Kap. II: Gesellschaftlicher Wandel und soziale Frage in Preußen bis zur 48er Revolution.

[136] Stein, Geschichte, Bd. 1, 143 f.; vgl. P. N. Stearns, The Revolutions of 1848, London 1974; G. Wollstein, 1848 – Streit um das Erbe, Neue Politische Literatur 20 (1975), 491–507 u. 21, 1976, 89–106; M. Stürmer, 1848 in der deutschen Geschichte, in: H.-U. Wehler (Hrsg.), Sozialgeschichte Heute, Festschrift für Hans Rosenberg zum 70. Geburtstag, Göttingen 1974, 228–42; W. Schieder, Die Rolle der

gegenüber der ‚sozialen' Herausforderung sah STEIN das Scheitern der 48er Revolution begründet. Es kam für ihn nicht zufällig. Schon im Vormärz hatte er den Liberalismus seiner Blindheit gegenüber der aufkeimenden sozialen Frage geziehen. Der „Gedanke der Gleichheit" wuchs sich für STEIN immer mehr zum „ächten Probierstein des Goldes in dem gegenwärtigen Liberalismus" aus; er werde auch ihm die Frage aufzwingen,

ob nicht die höchste und absoluteste Aufgabe unserer Zeit eben die Erhebung der niederen Classen zu einer sittlich und materiell verbesserten Lage ist.[137]

STEIN hatte berechtigte Zweifel in die Einsichtsfähigkeit der liberalen Bewegung. Ihr Klassencharakter zeigte sich für ihn darin, daß sie „gegenwärtig" nur darauf sinne, „die schon hoch Stehenden noch höher hinauf zu stellen".[138] STEIN entwickelte aus seiner Kenntnis der französischen Bourgeoisie eine besondere Sensibilität für die Gefahr, die in seinen Augen in einer Ausgrenzung der sozialen Problematik lag. „Ist unser gegenwärtiger Liberalismus", fragte er 1842, „wirklich verschieden von dem, der in Frankreich seinem Ende entgegengeht?" Unterschiede er sich nicht von ihm, enthielte er „dieselbe Unvollendung, und würde, zur Erscheinung kommend, notwendig die-

---

deutschen Arbeiter in der Revolution von 1848/49, in: W. Klötzer u. a. (Hrsg.), Ideen und Strukturen der deutschen Revolution 1848, Frankfurt 1974, 43–56; Th. Nipperdey, Kritik oder Objektivität? Zur Beurteilung der Revolution von 1848, in: ebd., 143–62; G. Becker, Zur Rolle der preußischen Bourgeoisie nach der Märzrevolution 1848, Zeitschrift für Geschichtswissenschaft 24 (1976), 168–89.

[137] Stein, Socialismus, 1842, 445 f.; vgl. L. Gall, Liberalismus und „bürgerliche Gesellschaft", Historische Zeitschrift 220 (1975), 324–56; K.-G. Faber, Strukturprobleme des deutschen Liberalismus im 19. Jahrhundert, Der Staat 14 (1975), 201–27; K. Holl u. a. (Hrsg.), Liberalismus und imperialistischer Staat, Göttingen 1975; L. Gall (Hrsg.), Liberalismus, Köln 1976.

[138] Stein, ebd.

selben Schritte wieder zurück machen müssen, die in Frankreich geschehen sind und geschehen".[139]

Nun gilt es, besonders für den Vormärz, den unterschiedlichen Reifegrad der bürgerlichen Gesellschaft in Deutschland und Frankreich zu veranschlagen. Er bedingte ein unterschiedliches soziales und politisches Profil der französischen und deutschen Bourgeoisie. Die Rückständigkeit der letzteren – gemessen am europäischen Kontext – hatte auch Karl MARX im Auge, wenn er von der „Ohnmacht, Gedrücktheit und Misère der deutschen Bürger" sprach, deren „kleinliche Interessen" für ihn unfähig waren, „sich zu gemeinschaftlichen, nationalen Interessen einer Klasse zu entwickeln, und die deshalb fortwährend von den Bourgeois aller andern Nationen exploitiert wurden".[140] Die deutsche bürgerliche Gesellschaft hatte in der ersten Hälfte des 19. Jahrhunderts noch eine primär parochiale Gestalt. Aber mit dem Zusammenwachsen industrieller Entwicklungsinseln gewann die bürgerliche Bewegung an sozialer Kohäsion. Nach MARX drückten

die immer heftiger werdende Konkurrenz des Auslandes und der Weltverkehr, dem sich Deutschland immer weniger entziehen konnte, die deutschen zersplitterten Lokalinteressen zu einer gewissen Gemeinsamkeit zusammen. Die deutschen Bürger begannen, namentlich seit 1840, auf die Sicherstellung dieser gemeinsamen Interessen zu denken; sie wurden national und liberal und verlangten Schutzzölle und Konstitutionen. Sie sind also jetzt beinahe so weit, wie die französischen Bourgeois 1789.[141]

MARX verwies auch darauf, wie „liberale Redensarten" immer mehr zum „Ausdruck der realen Interessen der Bourgeoisie" würden. In die gleiche Richtung zielten STEINS Argumente. Die auch in Deutschland anlaufenden Prozesse ökonomischer Innovation wurden in seinen Augen nicht begleitet von einem ge-

[139] Ebd., 446.
[140] Marx, Deutsche Ideologie, 175.
[141] Ebd., 178 f.

schärften sozialen Wahrnehmungsvermögen ihrer Träger.[142] Die Industrialisierungsfortschritte besonders in den preußischen Westprovinzen waren für Stein die Keimzelle einer ‚sozialen Bewegung', deren zunehmendes Gewicht sich auf die antifeudale Stoßrichtung des bürgerlich-liberalen Programms auszuwirken begann. STEIN war der Meinung, daß schon in den 40er Jahren die Vorgänge in Frankreich nicht mehr „als ein Fremdes mit neugieriger Ruhe" betrachtet werden konnten.[143] Denn zu dieser Zeit habe der Kampf der Gesellschaft „die große Völkerbrücke zwischen Osten und Westen, die flachen, industriereichen Ebenen der Rheinmündung betreten".[144] Im Rheinland begegneten „ausbeutende Conkurrenz der Unternehmer" ebenso wie ein „Bodensatz von socialistischen Forderungen und Hoffnungen" auf seiten der ‚Arbeiter'.[145] STEIN überschätzte für die „industrielle Welt des Rheins" zweifellos die Intensität sozialer Spannungen; gerade hier zeigten Unternehmer am frühesten sozialpolitisches Verantwortungsbewußtsein, und auch zeichnete sich hier sehr früh schon jene „dauerhafte Überlebenschance" ab, die die Industrialisierung sozialen Unterschichten eröffnete.[146] STEIN ging es bei seinen Überlegungen vor allem

[142] Zu den wirtschaftsgeschichtlichen Zusammenhängen vgl. K. Borchardt, Die Industrielle Revolution in Deutschland, München 1972, 38–63: Die Anlaufperiode; F.-W. Henning, Die Industrialisierung in Deutschland 1800 bis 1914, Paderborn 1973, 35–202.

[143] Stein, Socialismus, 1848, Bd. 1, 11 f.

[144] Ebd., vgl. W. Zorn, Die wirtschaftliche Struktur der Rheinprovinz um 1820, Vierteljahrsschrift für Sozial- und Wirtschaftsgeschichte 46 (1967), 289–324; W. Köllmann, Rheinland und Westfalen an der Schwelle des Industriezeitalters, in: ders., Bevölkerung in der industriellen Revolution, Göttingen 1974, 208–28.

[145] L. v. Stein, Der Socialismus in Deutschland, Die Gegenwart 7 (1852), 517–63, hier 539 f.

[146] Vgl. L. Puppke, Sozialpolitik und soziale Anschauungen frühindustrieller Unternehmer in Rheinland-Westfalen, Köln 1966; W. Fischer, Soziale Unterschichten im Zeitalter der Frühindustrialisierung, in: ders., Wirtschaft und Gesellschaft im Zeitalter der Industrialisierung, Göttingen 1972, 242–57, hier 256 f.

um das Zitieren eines deutschen Beispiels für eine fortgeschrittenere ökonomische Struktur; denn diese bereitete für ihn notwendig „einen fruchtbaren Boden" für die „Reflexe der französischen socialen Bewegung".[147] Dabei verkannte er keineswegs, daß Deutschland insgesamt – im Unterschied zu Frankreich – wesentlich noch ein „ackerbauendes Land" war, in dem die „Industrie" nur eine „sekundäre" Rolle spiele.[148] Hieraus leitete er auch die spezifischen sozialen Schichtungsverhältnisse in Deutschland ab. Im Unterschied zur französischen Gesellschaft gebe es in der deutschen „drei Klassen zugleich", die „durch die Grundherrlichkeit, das große Capital und die capitallose Arbeit" gebildet würden.[149] In dieser Fraktionierung der Klassenverhältnisse lag für STEIN der Kern der ›Geschichte der sozialen Bewegung in Deutschland‹ und auch das, wodurch sie sich von der in Frankreich unterschied. Während hier die Bourgeoisie durch die „capitallose Arbeit" in ihrem politischen Führungsanspruch in Frage gestellt wurde, opferte die deutsche bürgerlich-liberale Bewegung diesen Führungsanspruch freiwillig, um seiner Infragestellung durch die soziale Bewegung zuvorzukommen.[150]

In welchem Maße vorindustrielle Führungsschichten die Nutznießer dieses bürgerlichen Wegrutschens von den eigenen politischen Glaubenssätzen waren, analysierte STEIN im Zusammen-

---

[147] Stein, ebd., 543.

[148] Stein, Blicke auf den Socialismus in Deutschland, 1844, 42.

[149] L. v. Stein, Die Bedeutung der Wahl oder Nichtwahl zum Reichstag in Erfurt, Deutsche Vierteljahrs Schrift 49 (1850), 358.

[150] Vgl. J. Kuczynski, Darstellung der Lage der Arbeiter in Deutschland von 1789 bis 1849, Berlin 1961; dazu J. Kocka, Eine Auseinandersetzung mit dem Werk von Jürgen Kuczynski: ›Die Geschichte der Lage der Arbeiter unter dem Kapitalismus‹, Archiv für Sozialgeschichte 14 (1974), 471–78; ders., Zur jüngeren marxistischen Sozialgeschichte, in: P. C. Ludz (Hrsg.), Soziologie und Sozialgeschichte, Opladen 1973, 491–514; ders., Preußischer Staat und Modernisierung im Vormärz: Marxistisch-leninistische Interpretationen und ihre Probleme, in: Wehler (Hrsg.), Sozialgeschichte Heute, 211–27.

hang mit der Revolution von 1848. Die „Geschichte dieser merkwürdigen Zeit" lief für ihn in einem Punkt zusammen: dem Versagen des liberalen Bürgertums; ihm lag eine Indifferenz gegenüber sozialen Problemen der Zeit und eine mangelnde Einsicht in den grundlegenden Zusammenhang zwischen Politischem und Sozialem unter den Bedingungen der neuzeitlichen Gesellschaft zugrunde. Für STEIN hatte die ‚nationale Richtung', die Deutschlands Einheit wollte, „die vorhandene soziale Bewegung als das Untergeordnete betrachtet, und einen Teil ihrer besten Kraft verbraucht, um sich ihrer zu erwehren".

Die soziale Richtung hat die politische zum Teil verachtet, zum Teil verkannt, und sich von ihr getrennt. Dadurch sind beide in ihrer besten Kraft gebrochen; und in diesem Verhalten liegt der wahre Kern der Geschichte des deutschen Parlaments in Frankfurt. Denn die nationale, politische Richtung ist von der Reaktion gerade durch ihre Abneigung gegen die soziale erst geschwächt, dann zersplittert und dann überwunden.[151]

1850 blickte STEIN resignierend auf die vertane Chance der bürgerlichen ‚Klasse' zurück: ihre Mächtigkeit sei groß, ihre Macht aber klein, ihre Widerstandskraft gewaltig, ihre Tatkraft aber nichtig gewesen.[152] Der Liberalismus hatte sich für ihn 1848 selbst in eine Situation hineinmanövriert, die Handlungsalternativen von vornherein ausschloß und ihn zum Spielball feudalen Kalküls werden ließ.

Entweder muß sie [die besitzende Klasse; D. B.] ihre politische Herrschaft oder ihre sociale Grundlage gefährden; sie fürchtet im ersten Falle die Reaktion, im anderen die Revolution. Sie kann nicht zu einem Entschlusse kommen; denn die politische Herrschaft ist das nothwendige Bedürfniß ihres Besitzes; aber die Sicherung desselben vor den Angriffen der socialen Demokratie ist ein eben so nothwendiges Bedürfniß desselben.[153]

---

[151] Stein, Geschichte, Bd. 1, 144.
[152] Stein, Die Bedeutung der Wahl oder Nichtwahl zum Reichstag in Erfurt, 364.
[153] Ebd.

So reduzierte sich für STEIN die Logik der sozialen Bewegung in Deutschland darauf, daß hier die „Feindschaft der Arbeit gegen das Capital" einen „Boden" bereite, „auf dem die Unfreiheit als Concession der Besitzenden gegen das Vorrecht zuerst aufkeimt und als Absolutismus zur Reife kommt".[154]

2. Der Stellenwert der 48er Revolution in Steins wissenschaftlicher Biographie

Aus seiner Analyse der 48er Revolution hat STEIN als politischer Denker Konsequenzen gezogen.[155] Sie betreffen einmal seine Verfassungsvorstellungen. Das Versagen der liberalen Bewegung in Deutschland, ihre Unfähigkeit, die aufkeimende soziale Frage politisch zu verarbeiten, festigte bei ihm jene Überzeugung, die er aus der Beschäftigung mit der französischen Geschichte gewonnen hatte: daß die „Idee einer allgemein republikanischen, auf der Verwirklichung der Volkssouveränität gebauten positiven Verfassung" eine „unpraktische und körperlose Abstraktion" sei.[156] STEIN verfocht demgegenüber einen Verfassungszustand, in dem das Recht der Gesellschaft auf Teilhabe an der Formulierung des Staatswillens zwar grundsätzlich garantiert war, der Verlängerung des gesellschaftlichen Machtkampfes in die autonome Sphäre des Staates aber vorgebeugt sein sollte. Nur die konstitutionelle Monarchie schien ihm ein verfassungsrechtliches Gehäuse bereitzustellen, in dem sich der Ausgleich sozialer Interessengegensätze vollziehen konnte; nur ihr traute er zu, gesellschaftliche Bruchlinien kitten und ganz

---

[154] Ebd., 366.
[155] Vgl. F. Gilbert, Lorenz von Stein und die Revolution von 1848. Ein Beitrag zur Entwicklung Steins und zur Entstehung der deutschen Gesellschaftswissenschaft, Mitteilungen des österreichischen Instituts für Geschichtsforschung 50 (1936), 369–87; A. Scharff, Lorenz von Stein und die schleswig-holsteinische Bewegung, in: Lorenz von Stein, Neumünster 1966, 11–23.
[156] Vgl. Stein, Geschichte, Bd. 3, 192 f. u. 146.

allgemein Kontinuität und Ordnung des staatlich-gesellschaftlichen Lebens garantieren zu können. Er begriff in diesem Zusammenhang das „konstitutionelle Königtum" als „die natürliche Verfassung der germanischen Staaten in der Epoche ihrer industriellen Gesellschaft".[157]

Besonders der preußisch-deutsche Verfassungskompromiß gewann für STEIN eine paradigmatische Bedeutung. Er verhinderte – so schien es dem Verfassungstheoretiker STEIN – die Ausuferung der Gesetzgebung zur ‚Parteigesetzgebung'; er garantierte jene Trennung der Regierung von der Volksvertretung, die es jener ermögliche, „das Bewußtsein von der inneren Berechtigung und Bestimmung *jedes* großen sozialen Elementes zu vertreten".[158] In Deutschland hatte sich verfassungsrechtlich die soziale Bewegung in einer für STEIN optimalen Mitte eingependelt. In bezug auf die Rechtsstellung des Königtums sprach er davon, daß es vielleicht keinen Punkt im öffentlichen Recht gebe, der Deutschlands Stellung und eigentliche Mission so bestimmt charakterisiere. Auch für das „wahre Verhältnis zwischen Regierung und Volksvertretung" sei Deutschland „das beste Vorbild". Es habe den persönlichen Staat und die Regierung ausgebildet und die gesellschaftlichen Ordnungen denselben unterworfen, ohne sie jedoch zu vernichten. Ihm sei es gelungen, die Teilnahme der Gesellschaft an der Gesetzgebung so zu organisieren, daß sie ermöglicht, zugleich aber auch beschränkt werde. In Deutschland war für STEIN ein „Prozeß" zum Abschluß gekommen, „der langsam, aber sicher das organische Bewußtsein von dem wahren Verhältnis zwischen Gesetz und Verordnung, Regierung und Volksvertretung ausgebildet ... hat".[159]

In seinem Spätwerk, der ›Verwaltungslehre‹, sah STEIN Verfassungsprobleme unter dem Aspekt ihrer Verwaltungswertigkeit. Verfassung und Verwaltung seien nicht etwa zwei „beson-

[157] Ebd., 103.
[158] L. v. Stein, Die Verwaltungslehre, Erster Teil: Die vollziehende Gewalt, Stuttgart 1869², 136 u. 199.
[159] Alle Zitate ebd., 159, 204, 39, 116.

dere Rechtsgebiete", sondern „auf allen Punkten" miteinander verzahnt. Wer die Verfassung bloß um der Verfassung willen vertrete, stehe nicht mehr auf der Höhe der Zeit.[160] Die enorme Bedeutung, die die Verwaltung durch den grundlegenden Strukturwandel des gesellschaftlichen Lebens erlangt hatte, ließ STEIN den „Wert aller Verfassungen an ihrem Verhältnis zur Verwaltung" bemessen.[161] So lobte er die „treffliche, hoch ausgebildete Verfassung" des Deutschen Reiches, kritisierte aber seine „noch gar nicht vorhandene Verwaltung".[162] Nicht nur föderalistische Widerlager, auf die in diesem Zusammenhang das Argument zielt, konnten aber die ‚Trefflichkeit' des deutschen Verfassungslebens blockieren; als ebenso hemmend erwiesen sich auch die feudalen Bleigewichte, die vom Ancien Régime ins 19. Jahrhundert mitgeschleppt wurden: sie waren geeignet, gesellschaftlich unmöglich zu machen, was Rechts- und Verfassungsnormen gesellschaftlich zu ermöglichen schienen.

Man kann die starke Prägung des STEINschen politischen Denkens durch den preußischen Reformabsolutismus nachweisen.[163] Doch ein Ergebnis der Verarbeitung der 48er Revolution war es auch, daß sich STEINS Blick für die gesellschaftliche Basis des preußischen Staates schärfte. Zwar ist auch der späte STEIN noch der Meinung, daß „Preußens Charakter ... überhaupt eine

[160] L. von Stein, Handbuch der Verwaltungslehre, Erster Teil: Der Begriff der Verwaltung und das System der positiven Staatswissenschaften, Stuttgart 1887³, 8.

[161] L. v. Stein, Die Verwaltungslehre, Zweiter Teil: Die Lehre von der Innern Verwaltung, Stuttgart 1866, 49.

[162] L. v. Stein, Das Kaiserlich Deutsche Gesundheitsamt, Anhang zu: Die Verwaltungslehre, Dritter Teil: Das Gesundheitswesen, Stuttgart 1882², 423–56, hier 425.

[163] Zu Preußen vgl. R. Koselleck, Preußen zwischen Reform und Revolution. Allgemeines Landrecht, Verwaltung und soziale Bewegung von 1791 bis 1848, Stuttgart 1975²; ders., Staat und Gesellschaft in Preußen 1815–1848, in: H.-U. Wehler (Hrsg.), Moderne deutsche Sozialgeschichte, Köln 1966, 55–84; ders., Geschichtliche Prognose in Lorenz v. Steins Schrift zur preußischen Verfassung, Der Staat 4 (1965), 469–81.

außerordentliche administrative Tüchtigkeit" sei, aber – so heißt es jetzt – „verbunden mit einer viel zu großen Hochachtung vor den ständischen und großherrlichen Vorrechten, an der auch die besten Dinge nur zu oft scheitern".[164] Die Preußen-Verehrung und -Verklärung des jungen STEIN wurde in dem Maße abgebaut, in dem bei ihm die Verfassung gegenüber der Verwaltung in den Hintergrund trat. Die gedankliche Mitte und Prämisse der ›Verwaltungslehre‹: daß sich die entscheidenden gesellschaftlichen Prozesse auf der Verwaltungsebene abspielten, ließ STEIN den Verlauf der preußisch-deutschen Geschichte in einem neuen Licht sehen. Die Einsichten, die seine ›Geschichte der sozialen Bewegung in Deutschland‹ einer problemorientierten historischen Strukturanalyse vermitteln kann, sind ebenso hoch, wenn nicht höher anzusetzen als jene, die in der ›Geschichte der sozialen Bewegung in Frankreich‹ formuliert sind. Geißelte STEIN in ihr die fatale Rolle der Bourgeoisie, so legte er für Deutschland schonungslos den ruinösen Einfluß des Adels frei.

STEINS Zugriff auf die sozialgeschichtliche Tiefendimension der deutschen Geschichte stand im Zusammenhang mit einer gewissen Kehre seiner gesellschaftswissenschaftlichen Anschauungen.[165] Das Werk, das einerseits den Verlust der historischen Komponente seines Gesellschaftsbegriffs signalisierte – die ›Gesellschaftslehre‹ von 1856 – brachte andererseits, als im Grunde systemfremden Appendix, eine Neueinholung der historischen Dimension.[166] STEIN leugnete nicht die Klassenstruktur der ‚industriellen' – oder, wie er sie an anderer Stelle

---

[164] Stein, Lehrbuch der Finanzwissenschaft, 363.

[165] Vgl. H. Nitzschke, Die Geschichtsphilosophie Lorenz von Steins. Ein Beitrag zur Geistesgeschichte des neunzehnten Jahrhunderts, München 1932, 130.

[166] L. v. Stein, Die Gesellschaftslehre [1856], Neudruck Osnabrück 1964; vgl. das Schlußkapitel dieses Werkes ›Die wirkliche Klassenordnung‹, 423–31. Die ›Gesellschaftslehre‹ erschien als zweiter Band des ›Systems der Staatswissenschaft‹; Bd. 1: System der Statistik, der Populationistik und der Volkswirtschaftslehre, Stuttgart 1852.

nennt – ‚gewerblichen Gesellschaft'; doch er bezeichnete es jetzt als „falsch, zu glauben, es bestehe *nur* diese eine Gesellschaftsordnung mit den ihr eigentümlichen Klassenverhältnissen".[167] Ein „erster Blick" auf die „umgebende Welt" lasse erkennen, daß die Geschlechter- und die ständische Ordnung mit der gewerblichen Ordnung mit ihren Klassen *zugleich* vorhanden sind, und daß mithin in der Wirklichkeit das volle Leben der menschlichen Gesellschaft erst in der beständigen Berührung und Kreuzung aller Klassen aus allen drei Gesellschaftsformen besteht.[168]

STEIN hat diesen Gedanken in seiner ›Verwaltungslehre‹ wiederholt aufgegriffen; er bildete die Voraussetzung seiner Kritik an den „Sackgassen der feudalen Gesellschaft" (Karl MARX) in der industriellen resp. staatsbürgerlichen Gesellschaftsordnung.

STEIN erschloß sich der „wahre Inhalt der inneren Geschichte aller Zeiten und Völker" erst in einem „doppelten Kampf": das sei einmal der „Kampf der einen Gesellschaftsordnung mit der andern, der Geschlechterwelt mit der ständischen, der ständischen mit der staatsbürgerlichen, und der letzteren wieder mit den ersteren"; zum anderen aber finde ein Kampf der „Classen innerhalb jeder dieser Ordnungen unter einander und mit den Classen der andern Ordnung" statt.[169] „In diesem gleichzeitigen Bestehen, in diesem sich gegenseitig Durchdringen" lag für STEIN das Kennzeichen der „germanischen Welt", durch das sie sich von der „innerlich öden und geschichtslosen" der indischen und chinesischen unterschiede.[170] STEIN war sich der Tatsache bewußt, daß die „staatsbürgerliche Gesellschaft" seiner Zeit „noch nicht zur vollen Geltung ihrer Grundsätze gelangt" sei, „obgleich ihr Sieg über die Rechtssysteme der frühern Gesellschaftsordnungen ohne allen Zweifel ein entschiedener ist".[171] Aus der Gleichzeitigkeit von rechtlicher Freigabe der bürgerlichen Gesellschaft und ihrer Konterkarierung durch vor-

---

[167] Ebd., 427.
[168] Ebd.
[169] Stein, Die Lehre von der Innern Verwaltung, 185.
[170] Stein, Die Entwährung, 78.
[171] Ebd., 79.

bürgerliche gesellschaftliche Gruppierungen ergab sich für ihn das Verlaufsmuster der ›Geschichte der sozialen Bewegung in Deutschland‹.

3. Stein als Kritiker der Gesellschaftsordnung des preußischen Staates

a) Agrarreform und feudale Machteliten

Ähnlich wie für Karl MARX wurde auch für Lorenz VON STEIN die fehlende Tradition einer gesellschaftlichen Revolution in Deutschland zum Schlüssel des deutschen geschichtlichen Lebens. MARX hatte 1843/44 das „jetzige deutsche Regime" als einen „Anachronismus", einen „flagranten Widerspruch gegen allgemein anerkannte Axiome", die „zur Weltschau ausgestellte Nichtigkeit des ancien régime" gewertet.[172] Den „status quo des deutschen Staatswesens" betrachtete er als den „Pfahl im Fleische des modernen Staats". Von dieser Stagnation sei Deutschland befallen worden, weil es „die Restauration der modernen Völker geteilt" habe, „ohne ihre Revolutionen zu teilen":

Wir wurden restauriert, erstens, weil andere Völker eine Revolution wagten, und zweitens, weil andere Völker eine Konterrevolution litten, das eine Mal, weil unsere Herren Furcht hatten, und das andere Mal, weil unsere Herren keine Furcht hatten. Wir, unsere Hirten an der Spitze, befanden uns immer nur einmal in der Gesellschaft der Freiheit, am Tag ihrer Beerdigung.[173]

Als Zeitgenosse des jungen MARX blieben STEIN diese Einsichten verschlossen, doch in seiner ›Verwaltungslehre‹ knüpfte er an sie an. „Deutschland", heißt es jetzt in einer bemerkenswerten Nähe zur MARXschen Perspektive, „hat durch keine gewaltsame

[172] K. Marx, Zur Kritik der Hegelschen Rechtsphilosophie (1843/44), in: ders., Die Frühschriften, hrsg. von S. Landshut, Stuttgart 1953, 216 u. 212.
[173] Ebd., 209.

gesellschaftliche Revolution mit der Vergangenheit seiner Staatsbildung gebrochen".[174] Für STEIN ergab sich daraus eine Gemengelage, in der sich Sozialstrukturen des 18. Jahrhunderts mit Rechtsprinzipien vermischten, die, durch die Französische Revolution ins geschichtliche Leben eingebracht, dem 19. Jahrhundert seine gesellschaftliche Bauform vorzeichneten.[175] In den feudalen Traditionsüberhängen sah STEIN das retardierende Element der deutschen Gesellschaftsgeschichte liegen, das ihr den Durchbruch zu einer an den Prinzipien des ‚Staatsbürgertums' orientierten gesellschaftlichen Zukunft verstellte. So unterstrich er auch sehr stark die überragende Rolle des Feudaladels. Dieser habe nach dem Dreißigjährigen Krieg durch die Unterwerfung des ‚Bauernstandes' seine soziale Position festigen und ausbauen können; seit dieser Zeit sei es ihm gelungen, „die Herrschaft des Sonderinteresses der herrschenden Gesellschaftsklasse rücksichtslos in den Vordergrund" zu stellen.[176]

STEIN zeichnete in seinen Anmerkungen zur ›Geschichte der sozialen Bewegung in Deutschland‹ präzise die Handlungsstrategien nach, mit denen vorindustrielle Machteliten den Konsequenzen zu begegnen suchten, die das Fußfassen der bürgerlichen Gesellschaft auch in Deutschland für sie mit sich brachte. Die Frage, die das 18. Jahrhundert aufgeworfen hatte, war für STEIN „die Frage nach dem Recht des Staats, die beherrschte Klasse durch Beschränkung des Rechts der herrschenden zu heben".[177] Sozialgeschichtlich stellte sich diese Frage als Umwandlung der ‚Agrarverfassung', als Freisetzung der Bauern aus Rechtsverhältnissen, in denen ihre Unfreiheit die Exploitationsfreiheit des adligen Gutsherren gewesen war. STEIN erkannte, ohne selbst in seiner ›Verwaltungslehre‹ Historiker sein zu wollen, die zentrale Bedeutung der Agrargeschichte für eine „Historiographie des 19. Jahrhunderts"; sie alleine könne das „wahre und dauernde Ergebnis" dieses Jahrhunderts bewußt machen.

[174] Stein, Die Lehre von der Innern Verwaltung, 91.
[175] Vgl. Böckenförde, Lorenz von Stein als Theoretiker.
[176] Stein, Die Entwährung, 191.
[177] Ebd., 201.

Die Geschichtsschreibung seiner Zeit, verhaftet ihrem „bisherigen Standpunkt der geistreichen Beobachtung", war ihm nicht dazu „angetan", in diesen „höheren Geschichtskreis" vorzustoßen.[178]

STEIN knüpfte bei seinen Geschichtsbetrachtungen an das Generalthema der ›Verwaltungslehre‹ an, die Gewichtsverlagerung zwischen Verfassung und Verwaltung. Den historischen Ausgangspunkt dieses Prozesses markierte für ihn die ‚Bauernbefreiung' zu Beginn des 19. Jahrhunderts. STEIN sah sie als Wegscheide für die deutsche Gesellschaftsgeschichte an. Hier zeigte sich, wie säkulare Verfassungsprinzipien durch eine Verwaltungspraxis desavouiert werden konnten, die in feudaler Hand lag. Die Verfassungsfrage der ersten Hälfte des 19. Jahrhunderts wurde von STEIN nur als „formelle Hauptsache" gewertet; interessanter war für ihn „ihre Verwirklichung für den Bauern": „die Grundentlastung".[179] Im Taktieren der herrschenden Feudalklasse, in ihren Versuchen, „die Befreiung der Beherrschten zurückzuhalten, die Grundentlastung zu verschieben oder unvollständig zu machen", in ihren Pressionen gegenüber den Regierungen, „die noch allenthalben unter dem Druck dieser herrschenden Klasse stehen", sah STEIN den Wurzelboden des sich im Vormärz verschärfenden sozialen Konfliktpotentials. Die „Geschlechter, die Grundherren vom mediatisierten Reichsstand bis zum kleinsten Gutsherren" hätten sehr wohl die ihnen drohende „Gefahr" erkannt:

Sie erheben sich zum Kampfe gegen ihren gefährlichsten Feind. Der ist *nicht* in den Städten, nicht in der Wissenschaft, nicht in der Presse. Er ist in der Forderung des Bauernstandes nach Gleichheit der socialen Stellung.[180]

STEIN fällte die Agrarfrage als Kernelement der ›Geschichte der sozialen Bewegung in Deutschland‹ aus; von ihr her ließ sich für ihn das gesellschaftliche Macht- und Einflußgefälle am

[178] Ebd., 204.
[179] Ebd., 203.
[180] Ebd., 203 u. 216.

besten gewichten und die Rückbindung staatlichen Handelns an dominierende gesellschaftliche Interessen aufweisen. STEIN formulierte in seiner Kritik der ‚Bauernbefreiung' Einsichten, die geradezu als Muster einer sozialgeschichtlich ausgewiesenen Ideologiekritik gelten können. Er analysierte die Rolle des vormärzlichen Staats unter dem Aspekt des „Doppellebens", das zu „entwickeln" seine feudale Basis ihn nötigte.

Die höhere, reine Staatsidee tritt auf in den Gesetzen. Die Gesetze wollen und befehlen die Aufhebung der Leibeigenschaft, die Ablösung der Grundlasten. Allein die herrschenden Elemente der Gesellschaft besitzen und dirigieren die vollziehende Gewalt, theils in den Ämtern, theils in der Erbgerichtsbarkeit. Diese sind nun zwar unvermögend, das Gesetz zu beseitigen; aber sie vermögen seine Verwirklichung zu hindern. So stockt alles, weil das, was die Deutschen ihre Verfassung nannten, nur die Ordnung der gesetzgebenden und nicht die der vollziehenden Gewalt ist.[181]

STEINS Schlußfolgerungen bezüglich der politischen und gesellschaftlichen Strukturen, in die die Frage der Bauernbefreiung eingelassen war, sind das Ergebnis seiner genauen Beschäftigung mit deren Verlaufsgeschichte. Er arbeitete sehr klar heraus, wie „der große Gedanke Steins" in „eine volkswirtschaftliche Aufgabe der Verwaltung" aufgelöst wurde.[182] Für die Regierungen

---

[181] Ebd., 216.
[182] Ebd., 204; zu den preußischen Agrarreformen vgl. E. Klein, Von der Reform zur Restauration. Finanzpolitik und Reformgesetzgebung des preußischen Staatskanzlers Karl August von Hardenberg, Berlin 1965; ders., Geschichte der deutschen Landwirtschaft im Industriezeitalter, Wiesbaden 1973; F. Lütge, Geschichte der deutschen Agrarverfassung vom frühen Mittelalter bis zum 19. Jahrhundert, Stuttgart 1967²; ders., Deutsche Sozial- und Wirtschaftsgeschichte. Ein Überblick, Berlin 1966²; ders., Über die Auswirkungen der Bauernbefreiung in Deutschland, in: ders., Gesammelte Abhandlungen, Stuttgart 1963, 174–222; H. Mottek, Wirtschaftsgeschichte Deutschlands. Ein Grundriß, Bd. 2, Berlin 1972; H. Bleiber, Zur Problematik des preußischen Weges der Entwicklung des Kapitalismus in der Landwirtschaft, Zeitschrift für Geschichtswissenschaft 13 (1965), 57–73;

sei es nicht darauf angekommen, „den Stand der Bauern, sondern nur die *Produktivkraft seines Besitzes* zu befreien".

Die Grundentlastung ist keine eigentliche Befreiung des Bauern, sondern nur eine Hebung seiner wirthschaftlichen Verhältnisse. Der Kampf der Regierungen geht daher auch nicht gegen das, wodurch die erste, sondern wesentlich nur gegen das, wodurch die zweite beschränkt wird. Gewaltsame Bewegungen ändern das an mehreren Orten, allein nur in unvollkommener Weise; der beschränkte Charakter des Ganzen bleibt allenthalben.[183]

Für STEIN war Preußen allen anderen deutschen Staaten „mit dem großartigen Princip seiner Gesetze von 1807 und 1811" vorangegangen. Das „Edikt, die Regulierung der gutsherrlichen und bäuerlichen Verhältnisse betreffend" vom 14. September 1811 nennt STEIN einen „trefflichen Anfang"; doch gerade Preußen blieb für ihn in der Ausführung seiner Befreiungsgesetze so sehr zurück, „daß es selbst nach 1848 keineswegs seine Grundentlastung zu einer völligen Befreiung von der Geschlechterherrschaft erhoben hat".[184]

Zwei Gründe waren es, die besonders auch in Preußen eine umfassende Befreiung der Bauern verhinderten. Das war einmal

G. Ipsen, Die preußische Bauernbefreiung als Landesausbau, in: W. Köllmann u. P. Marschalck (Hrsg.), Bevölkerungsgeschichte, Köln 1972, 154–89; D. Saalfeld, Zur Frage des bäuerlichen Landverlustes im Zusammenhang mit den preußischen Agrarreformen, Zeitschrift für Agrargeschichte und Agrarsoziologie 11 (1963), 163–71; W. Abel, Der Pauperismus in Deutschland. Eine Nachlese zu Literaturberichten, in: Wirtschaft, Geschichte und Wirtschaftsgeschichte, Festschrift für F. Lütge, Stuttgart 1966, 284–98; H. Rosenberg, Deutsche Agrargeschichte in alter und neuer Sicht, in: ders., Probleme der deutschen Sozialgeschichte, Frankfurt 1969, 81–147.

[183] Stein, ebd., 204 f.

[184] Ebd., 208 f.; vgl. 1. Edikt, den erleichterten Besitz des Grundeigentums, sowie die persönlichen Verhältnisse der Land-Bewohner betreffend. Vom 9. Oktober 1807; 2. Edikt, die Regulierung der gutsherrlichen und bäuerlichen Verhältnisse betreffend. Vom 14. September 1811; 3. Edikt zur Beförderung der Land-Cultur. Vom 14. September 1811.

das Fortbestehen der Patrimonialgerichtsbarkeit bis zur Revolution von 1848.[185] Nach STEIN war dieses „Gerichtssystem" „von größtem Interesse" für die Agrarverfassung des Vormärz.[186] Die Patrimonialgerichtsbarkeit war unter einem sozialpsychologischen Gesichtspunkt eine der zentralen Identifikationsbasen des Adels. Sie brachte für STEIN zum Ausdruck, was sich in keine volkswirtschaftliche Berechnung aufnehmen ließ: „Welchen Werth für den Herrschenden die Herrschaft als solche hat." [187] „Was sind sie, die Herren", fragte STEIN,

wenn sie keine Dienste, keine Hörigen, keine Reallasten, keine Patrimonialgerichtsbarkeit haben? Sie sind nichts als Großgrundbesitzer. Der qualitative, der gesellschaftliche Unterschied ist hin, der wirthschaftliche bleibt allein.[188]

Die Patrimonialgerichtsbarkeit diente im Vormärz der Aufrechterhaltung von beiden. Der Staat eröffnete zwar — wenn sich die Bedingungen auch gegenüber den Reformgesetzen verschärften — die Möglichkeit von Regulierungen, überantwortete diese aber als Rechtsgeschäft den Patrimonialgerichten und damit nach STEIN einem „Organ", das das „größte Interesse" daran hatte, „sie hinauszuschieben oder geradezu zu verhindern". Für STEIN war es das „Beachtenswertheste",

daß die Hälfte aller Männer der Wissenschaft in ernsthaftester Weise über die Grundentlastung schreiben und sprechen konnte, ohne auch nur zu ahnen, daß sie ein ewig Unmögliches bleiben müsse, so lange der alte Grundherr noch Erbgerichtsherr blieb.[189]

[185] Vgl. Blasius, Bürgerliche Gesellschaft und Kriminalität; Koselleck, Preußen; H. Bleiber, Zwischen Reform und Revolution. Lage und Kämpfe der schlesischen Bauern und Landarbeiter im Vormärz 1840–1847, Berlin 1966; allgemein zur Entmythologisierung der preußischen Reformen E. Kehr, Zur Genesis der preußischen Bürokratie und des Rechtsstaats. Ein Beitrag zum Diktaturproblem, in: ders., Der Primat der Innenpolitik, hrsg. von H.-U. Wehler, Berlin 1970², 31–52.
[186] Stein, Die Entwährung, 195.
[187] Ebd., 207.
[188] Ebd., 216.
[189] Ebd., 206.

Die institutionellen und gesellschaftlichen Blockierungen der Bauernbefreiung verzahnten sich mit Schwierigkeiten, die sie als ökonomisches Problem aufwarf. Die Reformgesetze hatten Entschädigungsansprüche der Gutsherren festgeschrieben, jedoch ungeklärt gelassen, wie die Entschädigungsleistungen durch die Bauern aufzubringen waren. Nur durch eine extrem hohe Verschuldung konnten diese das erforderliche ‚Ablösungskapital' aufbringen. In Zeiten der Agrardepression – wie in den 20er Jahren, als die Getreidepreise stark fielen – standen daher viele Bauern vor dem Ruin; ihre Höfe wurden versteigert und sie selbst sanken in die breite Schicht der ländlichen Tagelöhnerschaft ab.[190] Diesen Mangel der Reformgesetzgebung veranschlagte Lorenz VON STEIN mit Recht sehr hoch; sie hätte „zwar die Ablösung gestattet, jedoch ohne jede Staatshülfe. Daher blieb der ganze Fortschritt in Preußen ein halber; der Adel behielt fast ganz seine frühere Stellung".[191] Für die Geschichte der Bauernbefreiung sah STEIN eine scharfe Zäsur zwischen „vor- und nachmärzlicher Zeit". Der eigentliche ‚Inhalt' der Revolution von 1848 schien ihm nicht im historischen Durchbruch des bürgerlichen Liberalismus zu liegen, sondern in der „Herstellung des vollen staatsbürgerlichen Eigenthums an Grund und Boden".[192] STEIN zentrierte die „Bewegungen des Jahres 1848" auf das Problem der Agrarverfassung. In dieser Perspektive mußte die Abschaffung der Patrimonialgerichtsbarkeit in der Tat einen „prinzipiellen Bruch mit der früheren Epoche"

---

[190] Vgl. W. Abel, Agrarkrise und Agrarkonjunktur. Eine Geschichte der Land- und Ernährungswirtschaft Mitteleuropas seit dem hohen Mittelalter, Hamburg 1966², 205–25; ders., Massenarmut und Hungerkrisen im vorindustriellen Europa. Versuch einer Synopsis, Hamburg 1974; F.-W. Henning, Kapitalbildungsmöglichkeiten der bäuerlichen Bevölkerung in Deutschland am Anfang des 19. Jahrhunderts, in: W. Fischer (Hrsg.), Beiträge zu Wirtschaftswachstum und Wirtschaftsstruktur im 16. und 19. Jahrhundert, Berlin 1971, 57–81.
[191] Stein, Die Entwährung, 209 f.
[192] Ebd., 217.

bedeuten.[193] Wenn STEIN 1848 als den „letzten Akt in der historischen Bewältigung der alten Geschlechterordnung" wertete, dann vor allem deshalb, weil wichtige Rechtsprivilegien des Feudaladels gefallen waren.

Die Geschlechter sind damit seit 1848 das, was sie sein sollen, große historische sociale Thatsachen im gesellschaftlichen und staatlichen Leben, aber nicht mehr gesellschaftliche Rechtskörper.[194]

Auch für das ökonomische Problem der Bauernbefreiung wurde eine Lösung gefunden, die die Halbheiten der vormärzlichen Zeit hinter sich zu lassen schien. Der Staat erkannte

die Nothwendigkeit der Entlastung wesentlich dadurch an, daß er den Verpflichteten die nöthigen Kapitalien in irgend einer Form darleiht, so daß dieselbe nicht mehr, wie meistens vor 1848, von dem Kapitalbesitze der meist unvermögenden Bauern abhängt, sondern ein auf der gesteigerten Produktivkraft basirtes Kreditsystem hergestellt wird, das ... die Entschädigungssumme zu einer öffentlichen Schuld macht, aber die Verzinsung und Rückzahlung dieser Schuld auf die entlasteten Grundstücke legt.[195]

Für Preußen führten 1850 zwei Gesetze diese Neuregelung ein: 1. das Gesetz, betreffend die Ablösung der Reallasten und die Regulierung der gutsherrlichen und bäuerlichen Verhältnisse; 2. das Gesetz über die Errichtung von Rentenbanken.[196] Im Regulierungsgesetz suchte man den alten Fehler zu vermeiden, die Entschädigungssumme so hoch anzusetzen, daß sie den befreiten Bauern wirtschaftlich überforderte. Der Stellenbesitzer sollte berechtigt sein zu fordern, „daß ihm bei Feststellung der

---

[193] Vgl. Verordnung über die Aufhebung der Privatgerichtsbarkeit und des eximirten Gerichtsstandes, sowie über die anderweitige Organisation der Gerichte. Vom 2. Januar 1849, in: Preußische Gesetzsamlung 1849, 1 ff.
[194] Stein, Die Entwährung, 217 f.
[195] Ebd., 219 f.
[196] Beide Gesetze vom 2. März 1850; im folgenden zitiert nach: Gesetz-Sammlung für die königlichen Preußischen Staaten. 1806 bis 1874, Chronologische Zusammenstellung, Bd. 2, 1841–54, Berlin 1875[5], 261–75.

zu leistenden Abfindung ein Drittel des Reinertrages der Stelle verbleibe und daß mithin, soweit es hierzu erforderlich, die Abfindung des Berechtigten vermindert werde" (§ 85). Festgesetzt wurde die Abfindung durch „Auseinandersetzungsbehörden". Das Rentenbankgesetz sollte die Aufbringung der erforderlichen Gelder ermöglichen. Die Rentenbanken standen unter staatlicher „Oberaufsicht". Der entscheidende Punkt des Ganzen war, daß die „Ablösung durch Baarzahlung" durch eine Ablösung in Form einer „festen Geldrente" substituiert werden konnte (§ 64). Die Rentenbanken fanden „den Berechtigten gegen Überlassung der Geldrente für das zu deren Ablösung erforderliche Kapital durch zinstragende allmälig zu amortisierende Schuldverschreibungen (Rentenbriefe)" ab und erhielten von dem Verpflichteten die Rente so lange, „als dies zur Zahlung der Zinsen und zur allmäligen Amortisation der Rentenbriefe erforderlich ist".

Sobald diese Amortisation vollendet ist, hört die Verbindlichkeit der Belasteten zur Entrichtung der Rente ganz auf. Der Staat garantiert die Erfüllung der ... den Rentenbanken auferlegten Verpflichtungen und wird diese Banken mit dem erforderlichen Betriebsfonds versehen (§§ 2 u. 3 des Rentenbankgesetzes).

Lorenz VON STEIN erkannte die ‚entscheidende' Bedeutung dieser Gesetzgebung für die Gesellschaftsverfassung des preußischen Staates.[197] Doch er brachte sie in Zusammenhang mit jener in den 50er Jahren einsetzenden feudalen Ausplünderung der feudale Interessen ohnehin nur marginal tangierenden revidierten Verfassung von 1850. Vor allem im Bereich der Selbstverwaltung schien sich ihm eine Rückwärtsrevision von Verfassungsgrundsätzen anzubahnen, die den Fortschritt der

---

[197] Erst nach 1848 lief die Ablösung der alten feudalrechtlichen Verpflichtungen im größerem Umfang an. Hatten sich von 1811 bis 1848 rund 70 000 preußische Bauern durch Landabtretung und rund 170 000 durch Geldzahlungen befreit, so waren es allein von 1850 bis 1865 rund 640 000, die sich von 6,3 Millionen Spanndienst- und 23,4 Millionen Handdiensttagen loskauften; vgl. H.-U. Wehler, Das Deutsche Kaiserreich 1871–1918, Göttingen 1973, 23.

Agrargesetzgebung mehr als kompensierte. Die Tätigkeit der Rentenbanken kam nicht nur den Bauern zugute; die Banken vermehrten auch das mobile Kapital in den Händen der Großgrundbesitzer. Ihre ökonomische Stärke wuchs, und sie wußten diese politisch zu nutzen. So mangelte nach STEIN der „ganzen Bewegung" nach 1848 „jene großartige Sicherheit, welche Willen und Ausführung als ein unzweifelhaftes Ganzes erscheinen läßt; den Eindruck, daß hier die Herrschaft der Geschlechter endgültig beseitigt sei, hat man *nicht*".[198] Preußen erschien STEIN, obwohl auch hier neue Ablösungsgesetze eingeführt worden waren, gegenüber den anderen deutschen Staaten „in einem etwas anderen Lichte".

Es ist fast, als ob mit der großen Bewegung im Anfange unseres Jahrhunderts das, was wir die sociale Kraft dieses Staates nennen, erschöpft worden sei, und als habe die Regierung, die den Muth hatte, mit Napoleon den Kampf auf Leben und Tod zu eröffnen, nicht den gehabt, ihr eignes Volk ganz frei zu machen.[199]

In der sich nach 1848 verstärkenden feudalen Rückbindung der preußischen Politik, die die traditionelle Prägkraft des Adels gegenüber dem politischen Leben in Preußen erneut unterstrich, sah STEIN eine der wichtigsten Schneisen zum Verständnis der deutschen Geschichte. Er stieß auf sie beim Nachzeichnen jenes Prozesses, „dessen Inhalt die Auflösung der Geschlechterherrschaft und die Begründung der staatsbürgerlichen Gesellschaft ist".[200] Dieser Prozeß konkretisierte sich für ihn in der Geschichte der Agrarverfassung. STEIN wertete sie als einen „unendlich wichtigen Theil" . . . „der Geschichte der socialen Bewegung in Deutschland", die als ganze „tief verschieden" sei „von der socialen Bewegung Frankreichs und Englands in allem,

---

[198] Stein, Die Entwährung, 230; vgl. G. Grünthal, Konstitutionalismus und konservative Politik. Ein verfassungspolitischer Beitrag zur Ära Manteuffel, in: G. A. Ritter (Hrsg.), Gesellschaft, Parlament und Regierung. Zur Geschichte des Parlamentarismus in Deutschland, Düsseldorf 1974, 145–64.
[199] Stein, ebd., 229.
[200] Ebd., 233.

was äußere Gestalt, gesetzliche Form, Thätigkeit des Staats und Vertheilung der Zeitepochen betrifft".[201] Am Beispiel der Selbstverwaltung illustrierte er diesen Unterschied, – er zeigte, wie besonders in Preußen Verfassungsprinzipien gesellschaftlich unterlaufen und um ihre Progressivität gebracht werden konnten.

b) Gemeindereform und feudale Machteliten

Für STEIN spiegelte das „bestehende Gemeindewesen" wie kein anderer Teil des staatlichen Lebens eingerastete gesellschaftliche Strukturen wider. Es bot „nicht etwa bloß eine Reihe von geltenden Rechtsnormen" dar, sondern verwies darüber hinaus auf die „herrschenden Faktoren in Staat und Gesellschaft".[202] Die wechselvolle Geschichte des preußischen Gemeinderechts nach der Revolution von 1848 war für STEIN der beste Indikator für den gleichbleibenden Einfluß des Adels, – dafür, wie wenig die ‚Geschlechterordnung' revolutionär bewältigt worden war. Die Kritik STEINS konzentrierte sich auf die Landgemeindeordnung, da besonders unter diesem Rechtsdach die massiven „Reste der Geschlechter- und ständischen Ordnung" in der staatsbürgerlichen Gesellschaft weiterlebten.[203] Der Artikel 105 der revidierten Verfassung von 1850 hatte den „Gemeinden, Kreis-, Bezirks- und Provinzialverbänden" Selbstverwaltungsorgane „aus gewählten Vertretern" in Aussicht gestellt und außerdem bestimmt, daß die „Vorsteher der Provinzen, Bezirke und Kreise" „von dem Könige ernannt" werden sollten.[204] Zusammen mit Artikel 42, der u. a. „die gutsherrliche

---

[201] Ebd.
[202] L. v. Stein, Die Verwaltungslehre, Erster Teil: Die vollziehende Gewalt, Zweite Abteilung: Die Selbstverwaltung und ihr Rechtssystem, Stuttgart 1869², 274.
[203] Ebd., 268.
[204] Verfassungsurkunde für den preußischen Staat vom 31. Januar 1850, zitiert nach: E. R. Huber (Hrsg.), Dokumente zur deutschen Verfassungsgeschichte, Bd. 1, Stuttgart 1961, 401–14; vgl. L. v. Rönne,

Polizei und obrigkeitliche Gewalt" abschaffte, bedeuteten diese Verfassungsgrundsätze einen erheblichen Machtverlust des Adels. Sie schränkten seinen Einfluß da ein, wo er traditionell am stärksten gewesen war und sich am besten zur Verfolgung eigener Interessen hatte nutzen lassen: auf der örtlichen Verwaltungsebene. Eine neue Gemeinde- und Kreisordnung suchte im März 1850 die Normvorgaben der revidierten Verfassung auszufüllen.[205] Diese Gesetze wurden begleitet durch ein weiteres über die Neuordnung der Polizeiverwaltung.[206] Gemäß den Vorschriften der neuen Gemeindeordnung sollte die „örtliche Polizeiverwaltung" von den „dazu bestimmten Beamten (Bürgermeistern, Kreis-Amtmännern, Oberschulzen) im Namen des Königs geführt" werden (§ 1). Das weitere Schicksal dieses ganzen Gesetzgebungsbündels war für Lorenz VON STEIN Anlaß genug, „uns vor Optimismus zu bewahren".[207]

Die Einführung der Gemeindeordnung fand nur in der Rheinprovinz und in der Provinz Westfalen statt; vor allem die Landgemeinden der sechs östlichen preußischen Provinzen behielten ihre alte Verfassung bei. Nachdem schon 1852 die weitere Einführung der Gemeindeordnung gestoppt worden war, brachten zwei Gesetze vom Mai 1853 den von der Verfassung freigegebenen Anlauf des Jahres 1850 völlig zum Erliegen.[208]

Das Staats-Recht der Preußischen Monarchie, Bd. 1: Das Verfassungsrecht, Leipzig 1856, 221–39 (Von der Polizeigewalt), 586–611 (Die Kreis-Stände); ders., Bd. 2: Das Verwaltungsrecht, Leipzig 1863, 205–10 (Die Kreis-Landräthe), 389–95 (Die Landgemeinde-Verfassungen in den sechs östlichen Provinzen); allgemein zur Geschichte der preußischen Gemeindereform vgl. E. R. Huber, Deutsche Verfassungsgeschichte seit 1789, Bd. III, 126–28; Bd. IV, 351–63, Stuttgart 1963 und 1969.

[205] Vgl. Rönne, Bd. 1, 230.

[206] Ebd., 231; vgl. Gesetz über die Polizeiverwaltung vom 11. März 1850, zitiert nach Gesetz-Sammlung, Chronologische Zusammenstellung, 284–85.

[207] Stein, Selbstverwaltung, 274.

[208] 1. Gesetz vom 24. Mai 1853, betreffend die Aufhebung des Art. 105 der Verfassungs-Urkunde vom 31. Januar 1850; 2. Gesetz

Der Artikel 105 der Verfassungsurkunde wurde aufgehoben und mit ihm die ihn zur Grundlage habenden Gemeinde-, Kreis-, Bezirks- und Provinzialordnungen. Ausdrücklich wurde der frühere Rechtszustand in den östlichen Landgemeinden wieder hergestellt.

Die früheren Gesetze und Verordnungen über die Landgemeinde-Verfassungen in den sechs östlichen Provinzen, über die Städte-Verfassungen in Neu-Vorpommern und Rügen, sowie über die Kreis- und Provinzial-Verfassungen in sämmtlichen Provinzen der Monarchie, werden ... wieder in Kraft gesetzt (Art. 2).

Dies bedeutete auch, daß der Adel sein wichtigstes Repressionsinstrument wieder in die Hand bekam: die gutsherrliche Polizei. Die Polizeiverwaltung war zwar faktisch niemals von ‚ernannten' Beamten ausgeübt worden, jetzt aber wurde ihre ‚private' Handhabung gesetzlich erneut garantiert.[209] Die Landgemeindeverfassungen für die östlichen Provinzen von 1856 unterstrichen das später noch einmal.[210]

Hinter der Aushöhlung von Verfassungsgrundsätzen in der Reaktionszeit verbarg sich für Lorenz VON STEIN die soziale Struktur des preußischen Staates. Dieser Staat war für ihn aus der ‚Eroberung' entstanden und hatte „ursprünglich nur ein sehr dünn bevölkertes Territorium besessen".

Aus dem ersten Element ergibt sich das streng centralistische, militärisch-bureaukratische Element für das Ganze desselben, aus dem zweiten die Herrschaft des erobernden Grundherrn, des Adels, für die örtliche Verwaltung. Diesen Charakter hat Preußen bis auf die neueste Zeit nicht zu bewältigen gewußt, und sein gegenwärtiges Selbstverwaltungsrecht ist eigentlich die systematisch ausgearbeitete Formulierung jenes allgemeinen Charakters für sein ganzes inneres Leben. Und zwar in der Weise, daß die Selbstverwaltung zwar der Form nach

---

vom 24. Mai 1853, betreffend die Aufhebung der Gemeindeordnung vom 11. März 1850, sowie der Kreis-, Bezirks- und Provinzial-Ordnung vom 11. März 1850; zitiert nach: Gesetz-Sammlung, Chronologische Zusammenstellung, 371.

[209] Vgl. Rönne, Bd. 1, 232 f.
[210] Vgl. Rönne, Bd. 2, 389 ff.

besteht, in der Wirklichkeit ihres Rechts aber vernichtet ist; denn die wahre Selbstverwaltung ist unvereinbar mit jenen Elementen des preußischen Staats.[211]

Für STEIN brachte die in feudaler Hand liegende ‚örtliche' Verwaltung auch einen Verfassungstyp um die in ihm liegenden Möglichkeiten, den er selbst als optimal ansah: die konstitutionelle Monarchie. Er bezeichnete es als den

größten Irrthum der preußischen Staatsmänner und Volksvertreter, zu glauben, daß die Freiheit durch die Rechte des Abgeordnetenhauses oder durch die des Individuums und seiner persönlichen Rechtssphäre gesichert und erweitert werden könne.

Preußen liefere ähnlich wie das napoleonische Frankreich den Beweis, „daß die wahre freiheitliche Entwicklung ohne Selbstverwaltung eine leere Form bleibt".[212]

Stand die preußische Gemeindeverfassung für STEIN schon „im tiefen Widerspruch mit der heutigen Gesittung", so wollte er über die Kreisordnung „kein weiteres Wort verlieren".[213] Auch hier war der alte Zustand nicht geändert worden. Der Landrat wurde nicht vom König ernannt, sondern von Kreisversammlungen gewählt, in denen die „Rittergutsbesitzer unbedingt die entscheidende Majorität" hatten.[214] Jeder Besitzer eines landtagsfähigen Rittergutes besaß auf dem Kreistag eine Virilstimme, wogegen Städte und Landgemeinden nur durch Deputierte vertreten werden konnten. Die Kompetenzen der preußischen Landräte waren sehr umfangreich – entsprechend groß war die Machtfülle in ihren Händen. Sie waren für alle ‚Administrativ-Angelegenheiten' eines Kreises zuständig und zugleich als ‚Aufsichtsbeamte' tätig. Sie hatten „die Verpflichtung zur fortgesetzten Sorgfalt für die Beobachtung aller das öffentliche Interesse betreffenden Gesetze und für alles, was dem Staate überhaupt und dem Kreise insbesondere zuträglich

---

[211] Stein, Selbstverwaltung, 301.
[212] Ebd.
[213] Ebd., 304 f.
[214] Vgl. Rönne, Bd. 1, 591 ff.

sein kann".[215] Auch übten sie „sowohl die verwaltende, als auch die executive Polizei aus, insoweit solche nicht durch die städtischen und Gutsobrigkeiten verwaltet wird". Dieses ‚System' bedachte Lorenz VON STEIN mit der schlichten Frage:

Kann man sich die Herrschaft des adligen Grundherrn über den Bauernstand besser organisiert denken? [216]

Das ‚Gemeindewesen' Preußens war für ihn eine „Verhöhnung des Princips der Gemeindeverfassung und der Selbstverwaltung"; er votierte für eine „gründliche Umgestaltung", „welche freilich selbst nur durch die Beseitigung bevorrechteter, gesellschaftlicher Stellungen und Besitzrechte zu erzielen ist".[217]

Lorenz VON STEINS Erörterungen zur ›Geschichte der sozialen Bewegung in Deutschland‹ zeichnen sich durch eine Blickschärfe für sozialgeschichtlich relevante Zusammenhänge aus, die sie seiner ›Geschichte der sozialen Bewegung in Frankreich‹ an die Seite stellen läßt. Freilich verweisen sie auch noch auf etwas anderes: sie mahnen zur Skepsis gegenüber einem Ordnungsmodell, das den Staat aus der gesellschaftlichen Sphäre herauszulösen sucht, um seine Handlungsmöglichkeiten freizusetzen; denn gerade dem späten STEIN wurde immer deutlicher, wie schwer es für den geschichtlichen Staat war, als Sozialstaat glaubhaft zu werden.

---

[215] Rönne, Bd. 2, 208 f.
[216] Stein, Selbstverwaltung, 305.
[217] Ebd.

III. GESCHICHTLICHES INTERESSE AN LORENZ VON STEIN

Die Beschäftigung mit Lorenz von Stein ist für den Historiker in mehrfacher Hinsicht lohnend. Ein verfassungsgeschichtlich ausgerichtetes historisches Interesse wird im Denken Steins den in der politischen Ideengeschichte des 19. Jahrhunderts einzigartig dastehenden Versuch entdecken können, sozialökonomische Modernisierungsschübe auf der Verfassungsebene zu verarbeiten. Unter den Verfassungstheoretikern seiner Zeit ist Stein der einzige, der die Kompromißstruktur der konstitutionellen Monarchie soziologisch zu rechtfertigen suchte.[218] Daher ist er gerade für Carl Schmitt *nicht* zitierfähig gewesen: als „Kronzeuge" für den „mißlungenen Kompromiß von preußischem Soldaten- und bürgerlichem Verfassungsstaat", in dem dieser den „Zusammenbruch des Zweiten Reiches" angelegt sah.[219] Das Kernelement des Steinschen Verfassungsdenkens war die Entbindung von sozialstaatlichen Handlungsstrategien, die seiner Meinung nach nur der monarchisch verfaßte, aber konstitutionell offene Staat zu entwickeln fähig war. Doch die

---

[218] Vgl. E.-W. Böckenförde, Der deutsche Typ der konstitutionellen Monarchie im 19. Jahrhundert, in: W. Conze (Hrsg.), Beiträge zur deutschen und belgischen Verfassungsgeschichte im 19. Jahrhundert, Stuttgart 1967, 70–92; H. Gangl, Der deutsche Weg zum Verfassungsstaat im 19. Jahrhundert. Eine Problemskizze, in: E.-W. Böckenförde (Hrsg.), Probleme des Konstitutionalismus im 19. Jahrhundert, Berlin 1975, 23–58.

[219] Vgl. C. Schmitt, Nachwort zu L. v. Stein, ›Zur preußischen Verfassungsfrage‹ [1852], Berlin 1941, 61–70, hier 69 f.; zum preußischen Verfassungskonflikt vgl. R. Wahl, Der preußische Verfassungskonflikt und das konstitutionelle System des Kaiserreichs, in: E.-W. Böckenförde (Hrsg.), Moderne deutsche Verfassungsgeschichte, Köln 1972, 171–94.

geschichtliche Wirklichkeit stand konträr zu STEINS Vorstellungen. Gerade in Deutschland, an dessen verfassungsmäßiger Ordnung STEIN trotz der auch ihm nicht verborgen gebliebenen gesellschaftlichen Struktur festhielt, kam es zu einer „engen Verflechtung" des „sich überparteilich gebenden, nach der Verfassung von parlamentarischen Mehrheiten unabhängigen Staatsapparates mit privilegierten gesellschaftlichen Machtträgern".[220] Man hat das an der Rolle nachgewiesen, die die „großen Interessenverbände der Besitzenden", der Bund der Landwirte und der Centralverband der deutschen Industriellen, im Kaiserreich spielten – aber auch an den Einflußmöglichkeiten, die die ‚Verkammerung' mittelständischen Gruppierungen eröffnete.[221] Die konstitutionelle Monarchie sicherte in Deutschland nicht jene von Stein geforderte Klassen- und Interessenneutralität des Staates. Sein Interventionismus war mehr Ausdruck der ‚innenpolitischen Rückversicherung' traditioneller Machtträger, als daß er in der Lage gewesen wäre, über eine Fortschreibung bestehender gesellschaftlicher Strukturen hinauszugreifen. Die Unzulänglichkeiten des konkreten Verfassungslebens werden im Spiegel des STEINschen Verfassungsdenkens besonders deutlich sichtbar. Für den Historiker gleich lohnend dürfte der Einstieg in eine andere Schicht seines Werkes sein.

STEIN beschrieb in seiner ›Verwaltungslehre‹ die großen Tätigkeitsfelder moderner staatlicher Bürokratie als ein „System

---

[220] Vgl. H. A. Winkler, Pluralismus oder Protektionismus. Verfassungspolitische Probleme des Verbandswesens im Deutschen Kaiserreich, Wiesbaden 1972, 35.
[221] Vgl. ebd.; dazu: H. A. Winkler, Der rückversicherte Mittelstand: Die Interessenverbände von Handwerk und Kleinhandel im deutschen Kaiserreich, in: W. Ruegg u. O. Neuloh (Hrsg.), Zur soziologischen Theorie und Analyse des 19. Jahrhunderts, Göttingen 1971, 163–79; H.-J. Puhle, Der Bund der Landwirte im Wilhelminischen Reich. Struktur, Ideologie und politische Wirksamkeit eines Interessenverbandes in der konstitutionellen Monarchie (1893–1914), in: ebd., 145–62; H. Kaelble, Industrielle Interessenverbände vor 1914, in: ebd., 180–92.

sozialer Verwaltung", das "den für seine gesellschaftliche Entwicklung arbeitenden Staat" zu seiner Mitte habe.[222] Verwaltung wird hier stringent bezogen auf die Herausforderungen, die sich für staatliches Handeln aus dem Entstehen der neuzeitlichen Klassengesellschaft ergaben. Ob im Städte- oder Wohnungswesen, im Armen- oder Nahrungswesen, im Versicherungs- oder Ver- und Entsorgungswesen, überall suchte STEIN staatliches Verwaltungshandeln vom ‚sozialen Prinzip' her zu organisieren.[223] Seine Grundüberzeugung war es, daß der Staat nur auf diese Weise die von der kapitalistischen Produktionsweise aufgeworfenen Probleme auffangen, für den einzelnen unschädlich machen und somit seiner Befriedungsaufgabe gerecht werden könne. Lorenz VON STEIN ist neben MARX der Denker, der am intensivsten die ‚Legitimitätsbedrohungen' des kapitalistischen Staates reflektiert hat.

Am Beispiel der Gesundheitsfrage läßt sich verdeutlichen, in welche Perspektive STEIN die sozialen Kosten soziöökonomischer Wandlungsprozesse rückte.[224] Er knüpfte beim „Kampf der Gesundheit der Arbeit mit den Interessen des Kapitals" an und zeichnete der Verwaltung einen Weg vor, der an dem „immer tiefer greifenden sozialen Element im ganzen hygienischen Bewußtsein" orientiert war.[225] STEIN strebte eine „Classenhygiene" an, da es für ihn außer Zweifel stand, „daß wenigstens practisch die Hygiene der Armen eine andere ist als die der Besitzenden".[226] Die Priorität wies Stein der „Krankheit der Nichtbesitzenden" zu; sie gefährde die Produktivität der

---

[222] L. v. Stein, Handbuch der Verwaltungslehre, Dritter Teil: Die Verwaltung und das gesellschaftliche Leben, Stuttgart 1888³, 255 f.

[223] Vgl. E. R. Huber, Vorsorge für das Dasein. Ein Grundbegriff der Staatslehre Hegels und Lorenz v. Steins, in: ders., Bewahrung und Wandlung. Studien zur deutschen Staatstheorie und Verfassungsgeschichte, Berlin 1975, 319–42, bes. 320 f.

[224] Vgl. L. v. Stein, Die Verwaltungslehre, Dritter Teil: Das Gesundheitswesen, Stuttgart 1882².

[225] Ebd., 127 f.

[226] Ebd., 415 f.

nichtbesitzenden Klasse, während die „Krankheit der Besitzenden" nur deren Vermögen bedrohe.

Die Lehre von der Gesundheit und ihren Bedingungen geht damit über auf die Lehre von den hygienischen Bedingungen der Heilung der Krankheiten der Nichtbesitzenden, und zwar von den hygienischen Anforderungen an das Hospital auf die hygienischen Anforderungen an Wohnung und Nahrung des Armenkranken.[227]

Die realgeschichtliche Korrespondenz zu diesen Vorstellungen entdeckte Stein wiederum in Deutschland. „Namentlich durch die deutsche Gesetzgebung" sei der „Begriff des eigentlichen socialen Versicherungswesens" inhaltlich gefüllt worden.[228] Die Versicherungsgesetzgebung der Bismarckzeit hielt STEIN für einen „fast unbemeßbaren Fortschritt".[229] Man kann zeigen, wie groß die Folgewirkungen der Versicherungsgesetze gerade im Gesundheitsbereich waren, wie durch sie die Krankenhausentwicklung oder auch eine so typische Proletarierkrankheit wie die Lungentuberkulose beeinflußt wurden.[230]

Die historische Forschung könnte gewinnbringend die Bemerkung STEINS aufgreifen, daß das „gegenwärtige Jahrhundert ... für die Idee und für die Verwirklichung der socialen Verwaltung den Beginn einer neuen Epoche bedeutet"; denn für ihn erwies die „vorurtheilsfreie Betrachtung der Geschichte", „daß für die Hebung der nichtbesitzenden Classe in allen früheren Jahrhunderten zusammengenommen nicht soviel gethan und angestrebt worden ist, als in dem unsrigen allein".[231] Es ginge

---

[227] Ebd., 416; zum Aufgreifen etwa der Wohnungs- oder Krankheitsfrage durch die moderne sozialgeschichtliche Forschung vgl. L. Niethammer, unter Mitarbeit von F. Brüggemeier, Wie wohnten Arbeiter im Kaiserreich? Archiv für Sozialgeschichte 16 (1976), 61–134; D. Blasius, Geschichte und Krankheit. Sozialgeschichtliche Perspektiven der Medizingeschichte, Geschichte und Gesellschaft 2 (1976), 386–415.
[228] Stein, Die Verwaltung und das gesellschaftliche Leben, 241 u. 252.
[229] Ebd., 249.
[230] Vgl. Blasius, Geschichte und Krankheit.
[231] Stein, ebd., 22 f. u. 45.

bei einer solchen Fragerichtung nicht um platte Apologie, sondern um die Erarbeitung eines Erklärungsmusters für jenes Maß an Loyalität, das sich etwa das Herrschaftssystem des Kaiserreichs trotz seiner Privilegienstruktur sichern konnte.[232] Die Art, wie die Verwaltung gesellschaftlichen Mißständen begegnete, das heißt ihre ‚Leistungen' als ‚soziale Verwaltung' sind hier sicherlich hoch zu veranschlagen. Die enormen Wandlungen im Gesundheitsbereich sind ein Indikator für die Stabilisierungswirkung, die von den Versicherungsgesetzen sicherlich ausgegangen ist. Beim Durchkämmen der STEINschen ›Verwaltungslehre‹ könnten jene ‚Auffangmechanismen' ausgefällt werden, die dem feudal verharschten System des Kaiserreichs den notwendigen Überlebensspielraum erschlossen. Die Fragen, die Claus OFFE für eine Strukturanalyse des Spätkapitalismus entwickelt hat, lassen sich historisch wenden. Zum einen: wo liegen die Möglichkeiten eines Systems, seine Grenzen selbstadaptiv hinauszuschieben – und andererseits: wo die Grenzen und systematischen Unzulänglichkeiten selbstkorrektiver Mechanismen?[233] Gerade das Aufgreifen der letzten Frage sollte den Historiker vor einer allzu ‚moderaten' Leistungsbilanz warnen.[234]

---

[232] Vgl. Th. Nipperdey, Wehlers „Kaiserreich". Eine kritische Auseinandersetzung, Geschichte und Gesellschaft 1 (1975), 539–60; H.-G. Zmarzlik, Das Kaiserreich in neuer Sicht, Historische Zeitschrift 222 (1976), 105–26.
[233] Offe, Spätkapitalismus, 25.
[234] Dies gegen Nipperdey in seiner im übrigen wenig ‚moderaten' Auseinandersetzung mit Hans-Ulrich Wehler (›Treitschke redivivus‹!).

ECKART PANKOKE

LORENZ VON STEINS
STAATS- UND GESELLSCHAFTSWISSENSCHAFTLICHE
ORIENTIERUNGEN

I. PROBLEMGESCHICHTLICHE PERSPEKTIVEN

Die problemgeschichtliche Vergegenwärtigung überkommener geschichts- und gesellschaftstheoretischer Selbstverständnisse versucht, klassische Problemformeln und Lösungsmuster gewissermaßen als Vorgriff auf aktuelle Strukturfragen neu ins Gespräch zu bringen und die komplexeren Integrations- und Legitimationsprobleme der entwickelten Industriegesellschaft jeweils im Rückgriff auf ein „klassisches" Paradigma zugleich zu verfremden und zu erhellen.[1]

Der Rückbezug moderner Sozialwissenschaft auf die eigene Genese kann sich dabei von unterschiedlichen Erkenntnisinteressen leiten lassen. Einerseits können dogmengeschichtliche Retrospektiven von der Erwartung ausgehen, daß sich klassische Texte dann einem aktuellen Verständnis erschließen, wenn man über die perspektivische Brechung durch ein teils komplexer, teils abstrakter gefaßtes system- und evolutionstheoretisches Problembewußtsein Aufklärung nachträglich abklärt.[2] Andererseits kann die Rückbesinnung auf die eigene Begründung in sozial- und geschichtsphilosophischer Aufklärung noch uneingelöste Erkenntnisinteressen und Praxisintentionen des klassischen Paradigmas als kritisches Korrektiv und programmatischen Impuls neu zur Geltung bringen.[3]

---

[1] Zur sozialhistorischen Problematisierung der Geschichte von Begriffen und Modellen, vgl. R. Koselleck, Einleitung, in: O. Brunner u. a. (Hrsg.), Geschichtliche Grundbegriffe. Historisches Lexikon der politisch sozialen Sprache in Deutschland, Bd. 1, Stuttgart 1972, XIII–XXVII.

[2] Zur problemgeschichtlichen Aufarbeitung gesellschaftswissenschaftlicher Aufklärung, vgl. N. Luhmann, Soziologische Aufklärung, Soziale Welt 18 (1967), 9–123 (auch in: ders., Soziologische Aufklärung, Köln/Opladen 1970, 66–91).

[3] Zum Erkenntnisinteresse einer Rekonstruktion klassischer Theorie-

Bei Versuchen, über den Rekurs auf Klassiker grundlegende erkenntnisleitende Perspektiven zu identifizieren und zu reflektieren, verspricht gerade die dogmenhistorische Distanz eine theoretische Prägnanz der Problemsicht. Diese sich in der Auseinandersetzung mit den großen Systematikern und Dialektikern des europäischen Revolutionszeitalters bewährende dogmengeschichtliche Rekonstruktion scheint jedoch ins Leere zu stoßen, wenn sie sich Theoretikern zuwendet, bei denen sich in der Ambivalenz ihrer Aussage die dogmatische Entsicherung von Umbruchsituationen spiegelt. Solche heute zumeist vergessenen Zeugen des Übergangs lassen sich zunächst dadurch identifizieren, daß sie aus dem Traditionszusammenhang schulmäßig etablierter Systembildung herausfielen und sich ihre vielschichtigen und vieldeutigen „Gleichzeitigkeiten des Ungleichzeitigen" der richtungweisenden Rekonstruktion zu entziehen scheinen.

Auch die Frage nach der Aktualität Lorenz von Steins sieht sich schon bald durch erste Bestätigungen jener Vorurteile belastet, daß sich Steins Werk als widerspruchsvoller Komplex aus historischem Kolorit, Eklektik, Polemik und Apologetik präsentiere und sich kaum auf einheitliche Nenner theoretischer Systembildung und programmatischer Linienführung bringen lasse.[4] Zudem war die Stein-Rezeption weitgehend weniger durch die Rekonstruktion seines wissenschaftlichen Erkenntnisinteresses bestimmt als durch ideologiekritische Verkürzungen seiner Thesen auf eindeutig erscheinende Tendenzaussagen zu den Richtungskämpfen zwischen Fortschritt und Reaktion, Liberalismus und Sozialismus. Hier wurde die Auseinandersetzung mit einer prominenten wie provokanten Stellungnahme jeweils gesucht, um den eigenen Standpunkt zu Wertfragen der

programme, vgl. J. Habermas, Zur Rekonstruktion des Historischen Materialismus, Frankfurt 1976, 144–199.

[4] Vgl. hierzu bereits: G. Schmoller, Lorenz von Stein, Preußische Jahrbücher 19 (1867), 245–257.

Gesellschaftsentwicklung durch dogmatische Identifikation bzw. Konfrontation zu profilieren.[5]

Je nach Perspektive wechselnde Kompromißformeln, wie „konservativer Sozialist", „sozialer Demokrat", „bürgerlicher Revolutionär" spiegeln nachträglich die Ambivalenz der möglichen Beurteilungen STEINS, welcher sich der nahezu beliebigen ideologischen Vereinnahmung anbietet. So ist die STEIN-Diskussion zerfahren in sehr kontroverse Schablonen, wobei STEIN einerseits als Programmatiker der sozialen Reform gewürdigt,[6] andererseits als opportunistischer Apologet der durch die industrielle Klassengesellschaft stabilisierten Errungenschaften von Bildung und Besitz kritisiert wird.[7] Beide Positionen lassen sich jeweils aus dem Kontext des STEINschen Werkes durch einschlägige Zitate belegen.

Der schillernde Eindruck, den STEINS Werk hinterläßt, mag geschichtlich auf die Wechselfälle der lebensgeschichtlichen Umstände, wirkungsgeschichtlich auf die aus späteren Konstellationen erklärbaren Anbiederungs- und Anfeindungsversuche zurückgeführt werden. Verhängnisvoll kommt hinzu, daß die Wirkungsgeschichte STEINS durchlaufende Linien einer schulmäßig disziplinierten Erbfolge vermissen ließ, seine Gedanken

---

[5] Hierbei schwankt das Urteil zwischen den Rezeptionsperspektiven staatstheoretischer Apologie und gesellschaftskritischer Distanzierung. Vgl. als konträre Positionen: E. R. Huber, Die deutsche Staatswissenschaft, Zeitschrift für die gesamte Staatswissenschaft 95 (1935), 1–65; H. Marcuse, Vernunft und Revolution. Hegel und die Entstehung der Gesellschaftstheorie, Neuwied/Berlin 1962, insbesondere das Kapitel: Die Überführung der Dialektik in Soziologie: Lorenz von Stein, 327–339.

[6] E. W. Böckenförde, Lorenz von Stein als Theoretiker der Bewegung von Staat und Gesellschaft zum Sozialstaat, in: Alteuropa und die moderne Gesellschaft, Festschrift für Otto Brunner, Göttingen 1963, 248–277.

[7] Vgl. H. Pross, Bürgerlich-konservative Kritik an der kapitalistischen Gesellschaft. Zur Theorie Lorenz von Steins, Kölner Zeitschrift für Soziologie und Sozialpsychologie 18 (1966), 131–138.

somit ungeschützt den jeweils opportunen Zugriffen und Angriffen ausgesetzt waren.

So bleibt zu fragen, ob die offensichtlichen Schwierigkeiten der Aktualisierung STEINS ihren Grund darin haben, daß STEIN die neuen Strukturfragen industriekapitalistischer Vergesellschaftung sprachlich in scheinbar inadäquaten Vorstellungsfiguren der alteuropäischen Tradition, insbesondere mit personalistischen und organizistischen Bildern zu fassen suchte. Andererseits konnte STEIN deutlich machen, daß der Problemdruck einer dynamischen wie komplexen Gesellschaftsentwicklung in dem Kategoriensystem einer konstitutionalistisch orientierten Staatswissenschaft und einer liberalistisch orientierten Gesellschaftswissenschaft weder abgebildet noch aufgearbeitet werden konnte. Hierbei ist zu fragen, welche damals akuten Strukturfragen Lorenz VON STEINS wissenschaftliches Interesse in jene Perspektive brachten, deren Aspektstruktur „nicht mehr" durch das überkommene Staatsdenken der bürgerlichen Gesellschaft getragen war, die sich andererseits aber auch „noch nicht" dem späteren Selbstklärungsprozeß soziologischer Aufklärung einpassen ließen.

Ließen sich die begrifflichen und theoretischen Unstimmigkeiten des STEINschen Denkens werkgeschichtlich daraus erklären, daß seine Fragestellungen den vorgegebenen Interpretationsrahmen der bürgerlichen Trennung von „Staat" und „Gesellschaft" sprengten, so finden spätere wirkungsgeschichtliche Verzerrungen ihren Grund auch darin, daß sich das bürgerliche Trennungsdenken auch wissenschaftsgeschichtlich in fachlichen Abgrenzungen fortsetzte: zwischen einer juristisch gereinigten Staatswissenschaft und einer vom Druck sozialpolitisch engagierter Wertung „befreiten" Soziologie zerfiel der Kontext, in dem sich STEINS politische Theorie der sozialen Bewegung und seine gesellschaftswissenschaftliche Orientierung der sozialen Verwaltung überhaupt abbilden konnte.[8]

[8] Auf den Bruch zwischen Steins Denkfiguren und rechtswissenschaftlichem Positivismus und sozialwissenschaftlichem Funktionalismus verweist, unter Bezug auf Steins Verwaltungslehre, N. Luhmann,

Eine aktuelle Weiterführung der Fragestellungen Lorenz von Steins verstellt sich allerdings auch dadurch, daß Stein selbst die von ihm entwickelten Probleme durch eilige Lösungsformeln zuschüttete, welche – den „realpolitischen" Opportunitäten seiner Zeit gehorchend – dem etablierten Rahmen konstitutioneller Monarchie angepaßt blieben. Hier war Stein lebensgeschichtlich allzu eng in die Verhältnisse seiner Zeit verwickelt – im Vormärz als preußischer „Geheimagent" in Paris,[9] während der 48-Revolution als Parteigänger eines demokratischen Nationalismus und in der Phase des Aufbaus des modernen Industriestaates in etablierter Position wissenschaftlicher Politikberatung in der österreichischen Hauptstadt.[10] Seine idealistisch-organizistischen Sprachspiele vom ‚persönlichen Staat' boten gewiß Gelegenheit, von damaligen Interpreten im Sinne der Restauration des „monarchischen Prinzips" bzw. im Sinne des „aristokratischen" Führungsanspruchs der neuen Eliten in Wirtschaft und Verwaltung genutzt zu werden. Stein hielt es zumindest kaum für opportun, solchen kurzschlüssigen Mißverständnissen gegenzusteuern. Der Preis dafür, daß Stein die Probleme der entwickelten Industriegesellschaft noch in der Sprache des 19. Jahrhunderts zu formulieren suchte, war begriffliche Unschärfe, welche ihm Mißverständnisse und Fehlinterpretationen, falsche Freunde und feindliche Vorurteile brachte.

Gerade weil Stein von den Befangenheiten opportunistischer Perspektivik nicht ganz freizusprechen ist, wird er als ein früher ‚Kronzeuge' des staatlich organisierten Kapitalismus heute erneut das Interesse des Historikers finden. Wenn darüber hinausgehend sich auch die moderne Staats- und Sozialwissenschaft für Stein interessiert, kann sich dieses weniger auf die im Laufe

Theorie der Verwaltungswissenschaft. Bestandsaufnahme und Entwurf, Köln/Berlin 1966, 9 ff.

[9] J. Grolle, Lorenz Stein als preußischer Geheimagent, Archiv für Kulturgeschichte 50 (1968), 82–96.

[10] Zur Biographie vgl. W. Schmidt, Lorenz von Stein. Ein Beitrag zur Geschichte Schleswig-Holsteins und zur Geistesgeschichte des 19. Jahrhunderts, Eckernförde 1956.

der Zeit hinfällig gewordene politische Programmatik des „Königtums der sozialen Reform", der „Republik des gegenseitigen Interesses" als auf die strukturelle Problematik beziehen, deren Auflösung STEIN mit diesen zeitverhafteten Formeln programmierte.

Die wissenschaftliche Rezeption von Lorenz VON STEINS Theorieansätzen gesellschaftswissenschaftlicher Orientierung wird allerdings dadurch erschwert, daß in STEINS Fragestellungen und Gedankenführung aufgrund ihrer dunklen, die Kategorien und Koordinaten häufig wechselnden Sprache auch nachträglich kaum „System" zu bringen ist. Hier muß über eine Rekonstruktion der Aspektstrukturen der STEINschen Gesellschaftslehre gefragt werden, ob sich in seinen theoretischen Ambivalenzen nicht die strukturellen Widersprüche seiner Epoche spiegeln. Wurde die seinerzeit beobachtete „Verwirrung der Sprache" [11] als Symptom einer aus den Fugen geratenen Epoche bewußt, so kann gerade auch ein vielfacher Perspektivenwechsel der STEINschen Gedankenführung auf das von ihm zeitgeschichtlich analysierte und gesellschaftswissenschaftlich systematisierte „Labyrinth der Bewegung" zurückverweisen:

Theoretisch suchte STEIN nach Auswegen aus dem Dilemma, daß die seinerzeit herrschenden Schulmeinungen bürgerlichen Staatsdenkens die Struktur- und Entwicklungsprobleme der industriellen Gesellschaft weiterhin auf der Folie des staatsbürgerlichen Trennungsdenkens abzubilden suchten, während die praktische Politik bereits dadurch bestimmt war, daß soziale Fragen als öffentlicher Problemdruck politisch virulent geworden waren.[12] Entsprechend hatte sich öffentliches Handeln von

[11] Vgl. als zeitgenössischen Beleg: W. Meinhold, Die babylonische Sprachen- und Ideen-Verwirrung der modernen Presse, Leipzig 1848.
[12] Zum Problemzusammenhang von sozialer Frage und sozialpolitischer Konzeption im Vormärz vgl. E. Angermann, Zwei Typen des Ausgleichs gesellschaftlicher Interessen durch die Staatsgewalt. Ein Vergleich der Lehren Lorenz Steins und Robert Mohls, in: W. Conze (Hrsg.), Staat und Gesellschaft im deutschen Vormärz 1815–1848, Stuttgart 1962, 173–205.

den einfachen Mechanismen der legislativen Setzung und exekutiven Durchsetzung allgemeiner Regeln auf komplexe Aktionsformen einer sozialen Politik der je besonderen Rücksichtnahme besonderer Problemlagen und Entwicklungspotentiale verlagert.

Die Suche nach theoretischen Alternativen zum bürgerlichen Dual von staatlicher Allgemeinheit und gesellschaftlicher Besonderheit zielte praktisch auf die Begründung einer Reform der programmatischen und organisatorischen Prämissen gesellschaftspolitischer Steuerung. STEINS Versuch, der Dynamik gesellschaftlicher Entwicklungen und der Komplexität politischer Verantwortung gerecht zu werden, indem er die perspektivischen Begrenzungen des rationalistischen Trennungsdenkens aufhob und die kategorial festgestellten Definitionen durch bewegungswissenschaftliche Problemformeln auflöste, führte zum Bruch mit den zünftigen Schulen des staats-, rechts- und wirtschaftstheoretischen Systemdenkens.

STEIN selbst jedoch konnte, obwohl er über eine langjährige und unbestritten wirkungsvolle Lehrtätigkeit in Wien die administrative Führungsschicht der Donaumonarchie zu seinen Schülern zählen konnte, wissenschaftlich keine Schule bilden; vielmehr entwickelten sich auf dem zeitgeschichtlichen Hintergrund der politischen und gesellschaftlichen Konsolidierung in Mitteleuropa die herrschenden staats- und gesellschaftswissenschaftlichen Lehrmeinungen an seiner Position einer ‚bewegungswissenschaftlichen' Orientierung öffentlichen Handelns vorbei. So konnte sich der altliberale Dualismus von Staat und Gesellschaft durch neue Schulbildungen eines streng juristischen Staatsdenkens und einer eng ‚soziologischen' Gesellschaftswissenschaft neu zementieren, wobei die von STEIN thematisierten fachübergreifenden Probleme der Spannungen und Vermittlungen zwischen Staat, Wirtschaft und Gesellschaft systematisch ausgeklammert blieben.

Diese Auffächerung des Problemkomplexes industriegesellschaftlicher Entwicklung an fachspezifisch geschulte Bezugssysteme bedeutete gewiß eine Vereinfachung der Komplexität.

STEIN dagegen wollte sich dieser Komplexität theoretisch stellen, indem er eine Sprache wählte, welche die Dynamisierung fester Verhältnisse, die Vermittlungen struktureller Spannungen und die Wechselwirkungen zwischen institutionalisierten Bezugsebenen („Staat" – „Gesellschaft", „Politik" – Verwaltung", „Wissenschaft" – „Wertung") problematisierbar machte.

Vermittlungsprobleme werden heute auf einem höheren wissenschaftlichen Abstraktionsniveau von Systemtheorie und Evolutionstheorie verhandelt, welches der Komplexität gesellschaftlicher Wirkungszusammenhänge eher gerecht wird als STEINS Formeln von der „Wesensverwirklichung" des „persönlichen Staates" durch „Arbeit". Von hier aus erschließt sich jedoch auch ein neues Interesse an Lorenz VON STEINS Gedankenwelt – weniger an den seinerzeit realpolitisch opportunen Lösungsangeboten, die sich auch bei STEIN belegen lassen, als an den Fragestellungen, die STEIN gerade dadurch fassen konnte, daß er das Paradigma der bürgerlichen Trennung von ‚Staat' und ‚Gesellschaft' zur Diskussion stellte. Unabhängig davon, ob Lorenz VON STEIN die sich ihm in der Zeitgeschichte der sozialen Bewegung manifestierenden Krisentendenzen realistisch einschätzte oder ob er sie in polemischer oder didaktischer Absicht konsequent idealtypisch überzeichnete, wurden ihm die gesellschaftsgeschichtlichen Krisensymptome und die daraus abgeleiteten Reformperspektiven zum Anstoß, ein von der liberalen Staatsdoktrin abweichendes Konzept öffentlichen Handelns zu entwickeln. Bevor wir die von STEIN gesellschaftswissenschaftlich fundierten Programme einer Neufassung der Bedingungen öffentlichen Handelns rekonstruieren, soll versucht werden, die Strukturfragen des frühen Kapitalismus, wie sie sich STEIN darstellten bzw. wie er sie seinem Publikum provokativ präsentierte, nachzuvollziehen. Hierbei interessieren STEINS gesellschaftswissenschaftliche Interpretationsperspektiven, in denen die zeitgeschichtliche Gegenwart als „Krise" dargestellt und in der die Zukunft sich im Sinne des prognostischen Vorgriffs auf mögliche Tendenzen der Verschärfung oder der Lösung dieser Krisen praktisch verfügbar werden sollte.

II. GESELLSCHAFTSLEHRE ALS KRISENWISSENSCHAFT

Lorenz von Steins ›Beitrag zur Zeitgeschichte‹ der ›socialen Bewegung in Frankreich‹ reflektiert den Problemzusammenhang zwischen einer durch die Ideen sozialer Bewegungen ideologisch radikalisierten und politisierten Systemkritik und der durch die Wissenschaft der Gesellschaft problematisierten Systemkrise bürgerlich-kapitalistischer Vergesellschaftung. Der Bezug gesellschaftswissenschaftlicher Theoriebildung auf die Ideen und Interessen der aktuellen Sozialkritik legt es dem Interpreten nahe, Steins Theorie- und Kritikansätze nach dem dogmenhistorischen Selbstverständnis einer „Soziologie als Krisenwissenschaft" zu rekonstruieren.[13] Mit dem Verständnis der Zeitkritik als „Krisenwissenschaft" stellt sich zugleich die Frage nach der Ausrichtung der intendierten Krisenbewältigung – eine Frage, die sich zumeist auf die prinzipielle Tendenzentscheidung zwischen progressiver Oppositionswissenschaft und konservativer Stabilisationswissenschaft zuzuspitzen scheint.

Ein solches dichotomisches Unterscheidungsraster nach den geschichtspolitischen Parteiungen des Fortschritts und des Bewahrens orientierte sich an genuin vorrevolutionären Konstellationen von „Kritik" und „Krise", da bürgerliche Vernunftaufklärung die progressiv entwickelten Ideen des Fortschritts den kritisch verworfenen Rückständen überlebter Herrschaft entgegenzusetzen suchte und im Gegenzug konservativer Widerstand das Eigengewicht gewachsener und gelebter Ordnung gegenüber der Dynamik ideologischer „Entfesselung" und „Ent-

---

[13] Zum krisenwissenschaftlichen Selbstverständnis moderner Soziologie vgl. J. Habermas, Kritische und konservative Aufgaben der Soziologie, in: ders., Theorie und Praxis. Sozialphilosophische Studien, Neuwied 1963, 215–230.

sicherung" zu halten bestrebt war. So klar sich im aufgeklärten Vorfeld der bürgerlichen Revolution die Kontroverse zwischen „progressiver" und „konservativer" Krisenwissenschaft abzuzeichnen schien,[14] so problematisch wurde es, jene einfachen Entgegensetzungen von absoluter Vernunft und desolater Geschichte, progressiver Opposition und konservativer Stabilisation unvermittelt auf die komplexen Folgeprobleme des industriellen und konstitutionellen Ausbaus bürgerlicher Errungenschaften und Besitzstände zu übertragen. In dem Maße, in dem die Theorien selbst Geschichte zu machen begannen, versagte das moderne ‚Trennungsdenken' mit seinen Gegenüberstellungen von Ratio und Realität, von Vernunft und Herrschaft die Orientierung. Progressive Gegenwartskritik hatte sich nun mit den institutionellen Festsetzungen eines strukturell begrenzten und verkürzten Fortschritts auseinanderzusetzen und zu versuchen, die eigenen Erkenntnisinteressen und Praxisintentionen gerade durch eine kritische Konservierung der bislang verfehlten Ziele des programmatischen Aufbruchs zu re-aktivieren.

Die konservativen Kritiker des Fortschritts dagegen mußten sich nun bewußt machen, daß mit der Erhebung von Legitimität zum „Prinzip" und mit der Dogmatisierung des Tradierten als „-ismus" die Selbstverständlichkeiten der alten Welt gerade auch durch die konservative Reflexion des zu Bewahrenden ideologisiert und dynamisiert wurden und daß eine Bewahrung des Bewährten gleichfalls die Umgestaltung des Gegebenen voraussetzen mußte. Auf beiden Standpunkten im nachrevolutionären „Labyrinth der Bewegung"[15] war die einfache Ent-

---

[14] Zur wissenssoziologischen und ideologiekritischen Analyse „konservativen" und „progressiven" Krisenbewußtseins, vgl. K. Mannheim, Das konservative Denken. Soziologische Beiträge zum Werden des politisch-historischen Denkens in Deutschland, Archiv für Sozialwissenschaft und Sozialpolitik 57 (1927) (auch in: ders., Wissenssoziologie, Neuwied 1964, 408–508).

[15] Stein, Geschichte, Bd. 1, 65; vgl. dazu E. Pankoke, „Sociale Bewegung" – „Sociale Frage" – „Sociale Politik". Grundprobleme der deutschen „Socialwissenschaft" im 19. Jahrhundert, Stuttgart 1970, 42.

gegensetzung zwischen einer Vernünftigkeit des Fortschritts und
der Beständigkeit des Bewährten in eine neue Dialektik von
materialisierten Idealen und idealisierten Interessen zu überführen. In beiden Perspektiven krisenwissenschaftlicher Orientierung sollte die Krise der Gesellschaft über die Kritik ihrer
Ideologien theoretisch und praktisch verfügbar werden.

Die entsprechende Argumentationsform der Polemik gegen
die schlechte Verdinglichung geschichtsbewegender Ideen war die
materialistische Kritik dieser Ideen als „Ideologie". So formulierte der junge MARX das Profil der eigenen Kritik, wie
die Perspektive einer praktischen Überwindung der Krise in
ideologiekritischer Auseinandersetzung mit dem bürgerlichen
Selbstverständnis. Die Pointe seiner „Kritik" des HEGELschen
Staatsrechts und der bürgerlichen Nationalökonomie lag darin,
daß hier revolutionäre Ansprüche gegenüber einer Klasse einzuklagen waren, die für sich beanspruchte, die revolutionären
„Ideen von 1789" mit der Einrichtung bürgerlicher Verhältnisse tendenziell einzulösen, mit der Gleichsetzung von liberalen
Idealen und Kapitalinteresse jedoch die weitertreibende Dynamik des Emanzipationsprozesses blockierte.[16]

Eine andere Perspektive der Auflösung jener Dialektik zwischen geschichtsbewegenden Ideen und gesellschaftsbildenden Interessen eröffnet sich mit den zeitgeschichtlichen Analysen und
gesellschaftstheoretischen Entwürfen des jungen Lorenz VON
STEIN: Denunzierte MARX die bürgerlichen Ideologien des Liberalismus und des Konstitutionalismus durch Aufdeckung ihrer
klassenspezifischen Befangenheit in den Interessen des Kapitals,
so relativierte STEIN die Fortschritte der „bürgerlichen" Gesellschaft durch die gesellschaftswissenschaftliche Aufbereitung der
sozialkritischen Bewegungsmomente des Sozialismus und des
Kommunismus. Auch hier wurde Ideologiekritik zum Medium

[16] Zum Verhältnis von Ideologiekritik und Geschichtskritik bei
Marx und Stein, vgl. Pankoke, Sociale Bewegung, 30 ff.; allgemein
zum Verhältnis Marx–Stein vgl. A. Winkler, Die Entstehung des
›Kommunistischen Manifestes‹. Eine Untersuchung, Kritik und Klärung, Wien 1936.

geschichtstheoretischer Orientierung, insofern die Dynamik geschichtlicher Bewegung aus der kritischen Spanne zwischen Ideen und Interessen abgeleitet wurde.

Bei aller Kontroverse in der Tendenz, in der MARX und STEIN jene Spannung zwischen Kritik und Krise jeweils aufgelöst sehen wollten, ist der ideologiekritische Zugriff vergleichbar, insofern beide Theoretiker die geschichtstheoretische Ortsbestimmung ihrer Gegenwart über ideologiekritische Dialektik und nicht mehr über die starre Linienführung einer utopischen Projektion dogmatisierter Zielbilder bzw. einer affirmativen Extrapolation etablierter Interessenbindungen zu markieren suchten. Gemeinsam ist beiden Ansätzen der Krisenanalyse auch der Anspruch, die aktuelle Erfahrung der „Geschichte von Klassenkämpfen" bzw. der „Zeitgeschichte sozialer Bewegung" durch „wissenschaftliche" Theoriebildung zu überhöhen. Der Erkenntnisanspruch des „wissenschaftlichen Sozialismus" bei MARX wie der „Wissenschaft der Gesellschaft" bei STEIN, theoretisch jeweils „über" den sich historisch manifestierenden Ideologien zu stehen, war zugleich Ausdruck eines geschichtspraktischen Interesses, die Agonie gesellschaftlicher Interessengegensätze durch die Überführung des Problems auf eine neue institutionelle Ebene der Souveränität des Politischen (STEIN) oder der Totalität des Gesellschaftlichen (MARX) zu überwinden.

Im Spannungsfeld der sich durchkreuzenden Ideen und Interessen von politischen Emanzipationsbestrebungen des Bürgertums und sozialen Bewegungen des sich der eigenen Klassenlage bewußt werdenden industriellen Proletariats versuchte Lorenz VON STEIN, in seiner Analyse des ›Socialismus und Communismus des heutigen Frankreichs‹ (1842) [17] eine geschichtstheoretische Ortung der krisenhaft in Bewegung geratenen bürgerlichen Gesellschaft. Dieser ›Beitrag zu Zeitgeschichte‹ gewann zugleich programmatischen Stellenwert, insofern STEIN aus den Erfahrungen des evolutionären Vorsprungs der Gesellschaftsentwick-

[17] L. v. Stein, Der Socialismus und Communismus des heutigen Frankreichs. Ein Beitrag zur Zeitgeschichte, Leipzig 1842.

lung in Frankreich Konsequenzen für die Initiierung und Stabilisierung der gesellschaftlichen und politischen Entwicklung in Deutschland zu ziehen suchte.

Der Dialektiker Lorenz von STEIN, der in den Entwicklungskrisen der französischen Gesellschaft die „Ideen von 1789" als treibende Kräfte geschichtlich wirksam sah, verstand seine zeitgeschichtlichen Berichte aus der französischen Metropole nicht nur als Reportage einer historischen Sensation, sondern als wissenschaftliche Aufklärung über Bewegungskräfte und Bewegungsrichtungen im „Labyrinth der Bewegung" gesellschaftlicher Modernisierung. Der geschichtspraktische Anspruch solcher gesellschaftswissenschaftlichen Diagnose bezog sich allerdings weniger auf die französische Zeitgeschichte als auf die gegenüber der französischen Gesellschaftsentwicklung noch im Verzug verhaltene deutsche Zukunft, für welche die wissenschaftliche Bewältigung der Pariser Erfahrungen prognostische und damit auch prophylaktische Orientierungen bieten wollte: „An die Zukunft denken wir, wenn wir von dieser Gegenwart reden." [18]

So sehr die von STEIN eingebrachten Informationen und Dokumentationen über die gesellschafts- und ideengeschichtlichen Entwicklungen in Westeuropa auch von seinen ideologischen Gegnern als kompetenter Beitrag zur konkreten zeitgeschichtlichen Fundierung der Rezeption und der Diskussion sozialistischer Bewegung anzuerkennen waren, so umstritten war dabei der wissenschaftliche und politische Anspruch seines ›Beitrags zur Zeitgeschichte‹,[19] mehr bieten zu können als nur Chronik, Protokoll oder Reportage: STEIN wollte sein deutsches Publikum durch die literarische Rezeption der französischen Sozialkritik auf die der deutschen Gesellschaft noch bevorstehenden

[18] L. v. Stein, Blicke auf den Socialismus und Communismus in Deutschland und ihre Zukunft, Deutsche Vierteljahrs Schrift 1844, 1–61, 4 [Nachdruck Darmstadt 1974].
[19] Vgl. die zeitgenössische Rezension von Steins Sozialismusbuch von K. Grün, Die philosophische Bewegungspartei und der Sozialismus, in: K. Grün (Hrsg.), Neue Anekdota, Bd. 1, Darmstadt 1845, 207 ff.; dazu Pankoke, Sociale Bewegung, 78.

Krisenlagen intellektuell vorbereiten und in der wissenschaftlichen Aufbereitung des Sozialismus zukunftweisende Perspektiven der gesellschaftspolitischen Orientierung anbieten.

Als theoretische und programmatische Grundlage einer „deutschen" Alternative zu dem in Frankreich gescheiterten Experiment der Entfesselung sozialer Interessen sollte eine neue „Wissenschaft der Gesellschaft" entwickelt werden, welche eine Relationierung der gesellschaftlichen Bewegungsideologien auf soziale Interessenlagen leisten und zugleich das Problem der integrativen Aufhebung der gesellschaftswissenschaftlich relativierten Interessenlagen und Wertstandpunkte formulieren könnte. Entsprechend erwartete STEINS Gesellschaftswissenschaft ihre praktische Relevanz von einem Staat, der sich in seinem Verwaltungshandeln an gesellschaftswissenschaftlicher Aufklärung über die interessenmäßigen Bindungen und ideellen Ausrichtungen der gesellschaftlichen Bewegungskräfte orientieren könnte.

STEINS Konstrukt einer wissenschaftlichen wie politischen Vermittlung des ideologischen Antagonismus der auf die Interessenlagen von Proletariat und Bourgeoisie hin relationierten Bewegungsperspektiven von Liberalismus und Sozialismus bleibt jedoch ambivalent zu beurteilen: Die durch Übermittlung der französischen Gesellschaftskritik vorzeitig für Deutschland provozierte Auseinandersetzung mit den hier noch als Zukunftsproblem anstehenden sozialen Fragen einer industriekapitalistischen Mobilisierung wollte die deutsche Öffentlichkeit ideologisch immunisieren und so verhindern, daß die sozialen Bewegungen aus Frankreich nach Deutschland überschlugen. Andererseits sollte der Transfer eines sozialkritischen Problembewußtseins die wirtschaftsliberale Verabsolutierung des Freiheitsprinzips noch vor der Konsolidierung des industriellen Ausbaus in Frage stellen. Die sozialistischen und kommunistischen Ideen der sozialen Bewegung sollten somit als kritischer Vorbehalt gegenüber dem sich auch für Deutschland abzeichnenden Führungsanspruch des Besitzbürgertums aktualisiert werden.

So sehr STEIN von seinem gesellschaftspolitischen Standpunkt eines bürgerlichen Personalismus vor einem Umschlag der bürgerlichen Emanzipationskrise in die Totalisierung eines radikalisierten Gleichheitspostulats zu warnen suchte, so war er doch bereit, die antiliberalen Bewegungen des Sozialismus und Kommunismus als Anstöße einer kritischen Auseinandersetzung mit den bürgerlichen Errungenschaften zu würdigen. Für STEIN signalisierten diese Bewegungen, daß die bürgerlich-privatistische Version einer Einlösung der Ideen von Freiheit und Gleichheit unter den Bedingungen der industriekapitalistischen Arbeitsteilung fragwürdig geworden war. Gegenüber der besitzbürgerlichen Ideologie versuchte STEIN, mit dem Hinweis auf den gesellschaftlichen Hintergrund der sozialistischen und kommunistischen Bewegungen zu verdeutlichen, daß bei einer Einlösung der emanzipativen Leitbilder bürgerlicher Persönlichkeitsentfaltung unter den Bedingungen des industriekapitalistischen Ausbaus die im bürgerlichen Selbstverständnis postulierte Gleichheit der Chancen strukturell verzerrt war.

Die programmatischen Leitmotive des europäischen Revolutionszeitalters, wie STEIN sie aus den sozialrevolutionären Radikalisierungen von Sozialismus und Kommunismus in sein reformstrategisches Konzept einer gesellschaftspolitischen Selbstkorrektur der bürgerlichen Gesellschaft zurückzuholen versuchte, waren für ihn die mit den „Ideen von 1789" aufgegebenen Perspektiven eines Fortschrittes im Sinne von Freiheit und Gleichheit. Sein deutsches Publikum wollte er dazu bewegen, es als politische Herausforderung anzunehmen, daß der Sozialismus das durch die industriekapitalistische Arbeitsteilung strukturell gefährdete Gleichheitsprinzip neu aktualisieren konnte und es kritisch gegen die etablierten bürgerlichen Verhältnisse richtete.

Auf der Suche nach Alternativen zu den sozialrevolutionären Ideen des Sozialismus und des Kommunismus im Sinne einer sozialpolitischen Bewältigung der sozialen Fragen wurde für STEIN die radikale Kritik, wie er sie durch Sozialismus und Kommunismus repräsentiert fand, zum Kriterium der Neubesinnung auf die durch industriekapitalistisches Wachstum gefährdeten Ziele gesellschaftlichen Fortschritts. Er griff den Sozialismus als kritisches Korrektiv auf, um dem für ihn allzu etablierten und allzu borniertem besitzbürgerlichen Liberalismus die Grenzen zu weisen und jenseits der ideologisch festgefahrenen Konfrontationen von Sozialismus und Liberalismus seine eigene sozialpolitische Position zu etablieren.

Als Medium solcher durch Krisenlagen herausgeforderten theoretischen Neuorientierung konzeptralisierte STEIN die „Wissenschaft der Gesellschaft", als Medium praktischer Vermittlung proklamierte er die Verwaltung der gesellschaftlichen Reform.

III. ZEITGESCHICHTE UND VORAUSSICHT

STEIN verstand seine „Beiträge zur Zeitgeschichte" als Paradigmen gesellschaftswissenschaftlichen Lernens. Was aus der akuten Krise der gesellschaftlichen Mobilisierung und Modernisierung in Frankreich für die deutsche Situation zu lernen war, war das kritische Bewußtsein, daß die krisenhaften Verläufe der französischen Zeitgeschichte eben nicht als unabwendbares Verhängnis auf die sich industriell entwickelnde deutsche Gesellschaft zukommen müßten, sondern daß die akuten Gefahren einer Polarisierung der gesellschaftlichen Interessen und Ideen noch rechtzeitig markiert werden könnten. Im Medium gesellschaftswissenschaftlich aufgeklärter Vorsicht sollte dann auch die Praxis gesellschaftspolitischer Gegensteuerung programmiert werden. Die in der wissenschaftlichen Auseinandersetzung mit Krisenerfahrungen erlernbare Kompetenz der Vorausschau sollte sich darin erweisen, daß der Blick auf die Zukunft von den Wiederholungszwängen eines mechanistisch-deterministischen Geschichtserlebens frei werden könnte.[20]

Gerade bei der von STEIN vorausgesetzten Offenheit der gesellschaftlichen Entwicklung in Deutschland für Alternativen zu den zeitgeschichtlichen Krisenerfahrungen in Frankreich sollten wissenschaftliche Kompetenzen prognostischer Umsicht praktisch folgenreich werden. Für STEIN waren die durch den ideologischen Überbau vermittelten neuen gesellschaftlichen Bedürfnisse und Interessen die entscheidenden Bewegungsmomente, die bei einer institutionellen Bewältigung einer noch offenen Zukunft der Industrialisierung in Deutschland einzuplanen waren. In STEINS Geschichtsbild erschien das in seiner sozialen Moderni-

---

[20] Vgl. R. Koselleck, Geschichtliche Prognose in Lorenz v. Steins Schrift zur preußischen Verfassung, Der Staat 4 (1965), 469–481.

sierung fortgeschrittenere Frankreich als Experimentierfeld der Geschichte. Dort waren mit den ideologisch und politisch formierten „socialen Bewegungen" bereits jene gesellschaftlichen Aporien der industriellen Revolution freigelegt, die bei den industriell unterentwickelten deutschen Zuständen noch kaum zur Entfaltung gekommen waren, aber schon als latente Strukturkrise bedrohliche Schatten auf die Zukunft warfen. STEINS „gesellschaftswissenschaftlicher" Versuch, aus der französischen Zeitgeschichte Prognosen für Deutschland zu entwickeln, war von dem praktischen Interesse getragen, durch eine wissenschaftlich fundierte Zukunftsorientierung jene Modernisierungskrisen, in welche die französische Gesellschaftsentwicklung bereits hineingetrieben war, planvoll abzufangen. Hierbei wurden für ihn die kritischen Verlaufsformen der sozialen Bewegung und ihrer Ideen zum zeitgeschichtlichen Paradigma für seine These, daß die Verhältnisse der Gesellschaft nicht nur in ihrer ökonomischen Basis einer industriellen „Bewegung der Produktion", sondern auch durch die emanzipatorischen und revolutionären Ideen im ideologischen Überbau bewegt würden.

Wenn STEIN aus der Zeitgeschichte der sozialen Bewegungen in Frankreich und aus der kritischen Rezeption der die französische Gesellschaft bewegenden Ideen für die deutsche Zukunft Konsequenzen zu ziehen versuchte, kann allerdings nicht mehr im vorrevolutionären Verständnis des klassischen Topos „Historia magistra vitae" verstanden werden – jener alteuropäischen Verfahrensweise, sich der Zukunft zu vergewissern, indem man aus dem Schatz historischer Erfahrung sich der bleibenden Natur der Dinge versicherte.[21] Die Sicherheit, durch historische Erinnerung für Kommendes „klug" zu werden, war an die quasi-naturale Konstanz der sozialen Lebenswelt gebunden. Mit der Erfahrung der geschichtlichen Dynamik des Revolutionszeitalters war das Vertrauen verlorengegangen, die Zukunft in

[21] Vgl. zum folgenden: R. Koselleck, Historia magistra vitae. Über die Auflösung des Topos im Horizont neuzeitlich bewegter Geschichte, in: Festschrift für K. Löwith, Stuttgart 1968, 196–219.

einem durch die „Natur der Dinge" gegebenen Kontinuum zu erwarten.

Die Zukunftsprobleme der industriellen Gesellschaft, die über eine gesellschaftswissenschaftliche Politikberatung gemeistert werden sollten, waren in der vorrevolutionären und vorindustriellen Vergangenheit ohne Beispiel. Die auch in Deutschland ihre Schatten vorauswerfenden Ereignisse der industriellen und sozialen Revolution mußten den durch die bisherige Geschichtserfahrung gegebenen Erwartungshorizont sprengen. Erst der Verlust der Sicherheit, aus der Vergangenheit für die Zukunft lernen zu können, eröffnete den Zugang zur nun nicht mehr traditionsbesetzten Zukunft: Nur eine Zukunft, die nicht mehr allein durch Überkommenes determiniert erschien, konnte dem geschichtsplanenden und geschichtsgestaltenden Zugriff verfügbar erscheinen. Auch die progressive Verfahrensweise, sozialphilosophische Postulate zu abstrakten Systemen auszubauen und diese Konstrukte den Prognosen und Planungen als geschichtstheoretische Fluchtpunkte vorzugeben, erschien den unbestimmbaren Verläufen nicht mehr angemessen. Die Inkongruenz zwischen den projektierten und den effektiven Bewegungen der Geschichte wurde insbesondere dann deutlich, wenn infolge fortschreitender Modernisierung überraschend Krisen entstanden. So konnte STEIN deutlich machen, wie die Eigendynamik der „Bewegung der Produktion" zu Entgleisungen führen mußte, die den erhofften Fortschritt blockierten; zugleich zeigte er auf, wie die industrielle Dynamik zu einer krisenhaften Polarisierung der gesellschaftlichen Interessenbewegungen geführt hatte, wobei für STEIN aus dem widersprüchlichen Interessengefüge der industriellen Klassengesellschaft im Sinne der einseitigen Verabsolutierung und Radikalisierung entweder des liberalistischen Freiheitsdenkens oder des sozialistischen Gleichheitspostulats keine tragfähige gemeinsame Basis zukünftiger Entwicklungen mehr abgeleitet werden konnte.

Wo die Zukunft weder durch bleibende Konventionen und Traditionen gebunden noch durch gradlinige Zielentwürfe rationalisierbar schien, mußten die Bedingungen, den Fortschritt wissenschaftlich und institutionell unter Kontrolle halten, zum Problem werden. Der neuartigen Offenheit der Zukunft wollte STEIN neue Methoden der Umsicht und Voraussicht entgegenhalten. Dem praktischen Interesse an einer planmäßigen Kontrolle geschichtlicher Bewegungen entsprach ein theoretisches Interesse an neuen Verfahrensweisen der prognostischen Bewertung sozialer Daten und Indikatoren.[22] So versuchte STEIN – im Rahmen seines ›Systems der Staatswissenschaft‹ [23] – die Statistik, die vor der Revolution noch als „stillstehende Geschichte" (SCHLÖZER) definiert werden konnte, aus einer „Zustandswissenschaft" in eine „Bewegungswissenschaft" weiterzuentwickeln. Hierbei waren die Bewegungen der Geschichte in unterschiedlichen Schichten gesellschaftlicher Wirklichkeit wissenschaftlich aufzuklären. Für die materiellen „Bewegungen der Produktion" konnte sich die Darstellung der gesellschaftlichen Dynamik an den Bewegungsgesetzen der modernen Nationalökonomie orientieren. Methodologisch problematischer war es, auch das geschichtliche Potential ideologischer, sozialer und politischer Bewegungen staatswissenschaftlich zu erfassen. Lorenz VON STEIN hat versucht, den prognostischen Erkenntniswert statistischer Trendanalysen für die Planung und Steuerung zukünftiger Bewegungen herauszustellen [24] und hierbei gerade auch die Bewegungsimpulse gesellschaftlicher Interessenverfolgung, politischer Willensbildung und ideeller Sinnorientierung

[22] Zum dogmengeschichtlichen Stellenwert von Sozialstatistik vgl. das Kapitel ›Vom Positivismus zum Empirismus‹ in: F. Jonas, Geschichte der Soziologie, II: Sozialismus – Positivismus – Historismus, Reinbek 1968.

[23] L. v. Stein, System der Staatswissenschaft, Bd. 1: System der Statistik, der Populationistik und der Volkswirtschaftslehre, Stuttgart/Tübingen 1852.

[24] Die Würdigung der Statistik als geschichtspraktische Orientierungshilfe findet sich auch in Steins späteren Arbeiten zur Verwaltungslehre, vgl. Stein, Handbuch der Verwaltungslehre, Erster Teil: Der Begriff der Verwaltung und das System der positiven Staatswissenschaften, Stuttgart 1887³, 186 ff.

zu berücksichtigen. Dabei wurde die „klassische Statistik der Zustände" durch eine „Statistik des Wechsels der Zustände und Tatsachen" ergänzt, welche im Nachvollzug der bisherigen Entwicklungen die Intensität und die Intention der gegenwärtig wirksam und für die Zukunft relevanten Bewegungen zu ermitteln hatte. Eine rein deskriptive „Statistik der Veränderung" sollte dann durch eine projektive „Statistik der Zwecke" überhöht werden, welche die empirisch faßbaren Trends geschichtlicher Bewegungen auf den Bedingungsrahmen von Zielorientierungen beziehen sollte.[25] Das idealistische Pathos, mit dem STEIN hier den perspektivischen Wechsel von sozialstatistischer Prognostik zu geschichtlicher Planung vollzieht, markiert gewiß methodologische Brüche und Ambivalenzen in seinem Wissenschaftsverständnis. Indem die Zukunft als ein für neue Zustände offenes Feld geschichtlicher Praxis freigegeben wird, zeichnet sich jedoch bereits die Wende des Übergangs von Geschichtstheorie zu einer verwaltungswissenschaftlichen Pragmatik politischer Planung ab.[26]

[25] „Die Statistik der Zwecke ist diejenige, welche die gegebenen Zustände und Thatsachen als die Bedingungen neuer, durch menschliche Thätigkeit zu erzeugender Zustände – der Zwecke dieser Thätigkeit – betrachtet. ... Die Statistik der Zwecke muß daher zunächst den bestimmten Zweck feststellen, für den der gegebene Zustand als Grundlage dienen soll. Sie muß ferner die Kräfte bestimmen, deren Anstrengung in dem gegebenen Zustand den neuen hervorbringen soll. Sie muß endlich die Bewegung oder das Verfahren der Thätigkeit bemessen, durch welche die Kräfte die Thatsachen dem Zwecke unterworfen werden. Ist ein Zweck der Art, daß er bestimmte neue Zustände zur Voraussetzung seiner Verwirklichung hat, so muß sie jede dieser Voraussetzungen wieder als selbständigen Zweck betrachten." Stein, System der Statistik, 75.
[26] Vgl. E. Pankoke, Sozialer Fortschritt und soziale Verwaltung. Planungstheoretische Ansätze in der deutschen Staats- und Gesellschaftswissenschaft des 19. Jahrhunderts, Die Verwaltung 2 (1969), 425–443. Zur wissenschaftslogischen und wissenssoziologischen Verortung der Praxisinteressen sozialwissenschaftlicher Voraussicht vgl. Arthur Kühn, Das Problem der Prognose in der Soziologie, Berlin 1970.

Die in STEINS methodologischen Verknüpfungen von „Statistik der Veränderung" und „Statistik der Zwecke", „Chronologie" und „Geschichte" zum Ausdruck kommende These, daß gesellschaftlicher Wandel geschichtliches Handeln herausfordere und freisetze, konnte er unterschiedlichen Paradigmen der Modernisierung herausarbeiten. Insofern STEIN bei der Voraussicht auf Ursachen und Wirkungen künftiger Veränderung die Orientierungs- und Aktionsformen persönlichen Handelns zu berücksichtigen suchte, „ging die Statistik in die Wissenschaft des Lebens hinüber".[27] Im Rahmen der nach der Wahrscheinlichkeit ihrer Möglichkeit berechenbaren strukturellen Bedingungen wurde die Zukunft nicht mehr als verlängerte Gegenwart, sondern als „Geschichte" interpretiert:

Diejenige Wissenschaft nun, welche die Zustände und die Zeitfolge als Entwicklungsstufen der Idee der Persönlichkeit, als Durchgangspunkte ihrer endlichen Bestimmung erkennt und von diesem Gesetz aus alles Gegebene und Wechselnde als ein Werden begreift, diese Wissenschaft, und nicht bloß die historische Untersuchung vergangener und die chronologische Darstellung sich folgender Tatsachen, ist die Geschichte ... diese machtvollste und tiefste aller Wissenschaften des wirklichen Lebens.[28]

---

[27] Stein, System der Statistik, 81.
[28] Stein, System der Statistik, 83 f.

IV. INSTITUTIONELLE FOLGEN GESELLSCHAFTLICHER MOBILISIERUNG

Die Entwicklungsperspektiven des gesellschaftlichen und politischen Strukturaufbaus industrieller Vergesellschaftung versuchte STEIN aus seiner zunächst negativ gerichteten Bilanz des Strukturabbaus der Orientierungsmuster bürgerlicher Selbstverständnisse und Sozialverhältnisse prognostisch herauszuarbeiten. Die analytisch erfaßten strukturgeschichtlichen Tendenzen einer Industrialisierung der Arbeit, einer Mobilisierung der sozialräumlichen Verbundenheit und einer Politisierung gesellschaftlicher Interessenlagen erschienen hierbei zugleich als Krise der überkommenen sozialen und politischen Systeme wie als Chance der Verwirklichung evolutionärer Bestimmungen gesellschaftlicher Modernisierung.

– Sozialökonomische Perspektiven ergaben sich daraus, daß der junge STEIN in Analysen des industriellen Arbeitsverhältnisses nachzuweisen suchte, wie die wirtschaftsbürgerliche Ideologie, daß gesellschaftliche Arbeit ein Medium chancengleicher Freiheit sei, mit den Proletarisierungstendenzen des industriellen Kapitalismus fraglich geworden war. Zugleich versuchte STEIN, die Entwicklungstendenzen der Industrialisierung als strukturelle Bedingungen gesellschaftspolitischer Projekte einer ‚Organisation der Arbeit' zu diskutieren.

– Sozialökologische Perspektiven ergaben sich aus STEINS Analyse des Verstädterungsprozesses insofern, als das stadtbürgerliche Konzept einer kommunalen Selbstverwaltung unter den Bedingungen weiträumiger Mobilität außer Kraft gesetzt schien. Zugleich erkannte STEIN neue Chancen einer öffentlich verantwortbaren gesellschaftlichen Entwicklungssteuerung gerade darin, daß lokale Politikorientierungen in die weiteren Horizonte politischer „nation-building" überführt wurden.

- Sozialpolitische Perspektiven ergaben sich aus STEINS zeitgeschichtlichen Hinweisen auf die Polarisierung gesellschaftlicher Interessenlagen und die politische Radikalisierung der Ideen sozialer Bewegung.

STEIN wollte mit diesen Krisenanalysen vor Entwicklungen warnen, welche die Institutionen öffentlicher Macht und öffentlichen Handelns dem Druck gesellschaftlicher Kräfte aussetzen und in einen aufreibenden Wechsel zwischen Revolution und Gegenreaktion hineinreißen müßten. Auf der anderen Seite orientierte sich STEINS Projektion der gesellschaftlichen Reform gerade daran, daß sich über die Politisierung der gesellschaftlichen Interessen die staatsbürgerliche Begrenzung der Politik auf der Ebene rechtsstaatlicher Generalisierung nicht mehr halten ließ und im Sinne einer sozialpolitischen Verantwortung aufzuheben war.

Lorenz VON STEINS Versuch, über eine gesellschaftswissenschaftliche Kritik der Konstrukte wirtschaftsbürgerlicher Allgemeinheit die Strukturkrisen der bürgerlichen Gesellschaft prognostisch vorwegzunehmen und damit zugleich die Perspektiven reformpolitischer Entwicklungssteuerung freizulegen, soll im folgenden an seinen Orientierungsansätzen zu aktuellen Tendenzen der Industrialisierung, der Mobilisierung und der Politisierung nachgezeichnet werden:

1. Industrialisierung gesellschaftlicher Arbeit

Die Krise der wirtschaftsbürgerlichen Sozialordnung unter den Bedingungen industriekapitalistischen Ausbaus versuchte STEIN an der Bedeutungsverschiebung des Begriffs der „gesellschaftlichen Arbeit" zu verdeutlichen.[29]

[29] L. v. Stein, Der Begriff der Arbeit und die Principien des Arbeitslohnes in ihrem Verhältnis zum Socialismus und Communismus,

Während der possessive Individualismus der bürgerlichen Erwerbsgesellschaft die Arbeit als das Feld freier Entfaltung individueller Kräfte liberalisiert hatte, konnte STEIN von der Gesellschaftskritik der sozialistischen Bewegung die These übernehmen, daß „Arbeit" ein gesellschaftliches Verhältnis sei, in welchem über die Organisationsformen industriekapitalistischer Arbeitsteilung sich strukturelle Ungleichheiten der gesellschaftlichen Chancen im Sinne einer Polarisierung der gesellschaftlichen Interessenlagen tendenziell verschärfen müßten.

STEIN hatte somit von den sozialistischen Gesellschaftslehren den Begriff der Arbeit als „gesellschaftswissenschaftliche" Kategorie übernommen. Die soziale Dimension des Arbeitsbegriffes versuchte er jedoch mit der liberalen Tradition dadurch zu vermitteln, daß er die Arbeit nicht nur unter dem Aspekt der Gleichheit von Vergesellschaftung, sondern auch als Bedingung der Freisetzung individueller Möglichkeiten gewürdigt wissen wollte. Gerade deshalb war er auch bereit, die sozialistische Systemkritik in ihrem kritischen Einwand ernstzunehmen, daß die proletarische Arbeitssituation an der Maschinerie kapitalistischer Produktion dem Arbeiter keine Chance der Entfaltung bürgerlicher Freiheit mehr gewähren würde.

Im Zusammenhang seiner gesellschaftswissenschaftlichen Relationierung sozialer Ideen auf gesellschaftliche Interessen machte STEIN zugleich deutlich, daß zur Definition der Krise auch das gesellschaftliche Krisenbewußtsein der Betroffenen zu veranschlagen war. Die objektivierbare Misere der materiellen Verelendung wurde für ihn erst über die ideologische Vermittlung der sozialen Ideen zum Impuls sozialer Bewegung. So verwies er darauf, daß mit der Anhebung des gesellschaftlichen Bildungsniveaus dem Arbeiter erst der gesellschaftliche „Wert" seiner Arbeitsleistung bewußt werden und als Anspruch

Zeitschrift für die gesamte Staatswissenschaft 3 (1846), 233–290. Zur Begriffsgeschichte „Arbeit" vgl. W. Conze, „Arbeit", in: O. Brunner, Geschichtliche Grundbegriffe. Historisches Lexikon der politisch-sozialen Sprache in Deutschland, Bd. 1, Stuttgart 1972, 154–215.

gegenüber der Gesellschaft eingeklagt werden konnte. Die geschichtliche Wirkung der sozialistischen Bewegung sah er darin, über Prozesse der Bewußtseinsbildung die strukturelle Diskrepanz zwischen Wertanspruch und Realisierungschance industrieller Arbeit als gesellschaftlichen Problemdruck manifest werden zu lassen – jene Diskrepanz zwischen dem ideologisch vermittelten Leitbild „von der höheren Bestimmung des Einzelnen und somit auch des Arbeiters – und der Erkenntnis desselben, daß bei der gegenwärtigen, wesentlich durch Maschinen bedingten Gestalt der Arbeit der Arbeiter seine Ansprüche nicht genießen kann. Und erst dieses Bewußtsein bildet das Proletariat".[30]

Den Ausweg aus dieser mit den sozialen Bewegungen skandalisierten und politisierten strukturellen Ungleichheit der gesellschaftlichen Entfaltungschancen suchte er jedoch nicht in einer ‚Revolution' der herrschenden Machtverhältnisse als in der ‚Organisation' des industriellen Arbeitsverhältnisses. Damit verlagerte sich die Perspektive der Reform von Verteilungsproblemen des sozioökonomischen Gefüges auf Entwicklungsprobleme der produktionsrelevanten Infrastruktur technischen, organisatorischen und qualifikatorischen Fortschrittes der Produktivität.[31]

Die Erwartung, daß technischer Fortschritt den Arbeiter von disqualifizierenden Lückenbüßerfunktionen an der Maschine freisetzen könne, verband sich mit der bildungspolitischen Forderung, den Arbeiter für die sich ihm jenseits der Maschinenarbeit neu eröffnenden Qualifikationen intellektuell vorzubereiten. Das Programm einer solchen Aufhebung der durch den Sozialismus aufgeworfenen sozialen Fragen in technisch-quali-

[30] Stein, Begriff der Arbeit, 263.
[31] Vgl. Stein, Begriff der Arbeit, 288: „Auf der einen Seite muß dem Stande der Arbeiter eine Erziehung, geistige und körperliche, gegeben werden, die ihn persönlich zu höherer Arbeit befähigt, ... und auf der anderen Seite muß das Maschinenwesen mit aller Kraft zur höchsten Stufe der Vollendung gebracht werden, damit die Natur dem freien Menschen die natürlich Arbeit abnehmen."

fikatorischen Fortschritt sollte wissenschaftlich konzipiert und
kontrolliert werden und als Orientierungslinie sozialer Reform
politisch relevant werden:
So führt auch die Wissenschaft der Gesellschaft notwendig dahin, die
Erhebung und Veredelung der Gesellschaft zu einer selbständigen Aufgabe des Staates zu machen.[32]

Damit hatte bereits der junge Lorenz VON STEIN die soziale
Frage als Politikum definiert und damit zugleich das Problem
ihrer Lösung von der Ebene gesellschaftlicher Selbstregulierung
auf die politische Ebene der Steuerung sozialer Reformen und
infrastruktureller Entwicklungen verschoben.

Diese Aussage war auch unter dem Aspekt richtungweisend,
daß die öffentliche Verantwortung sozialer Verhältnisse auch
nicht mehr – im Sinne des damaligen bürgerlichen Politikverständnisses – im vorstaatlichen Raum gemeindebürgerlicher
Selbstverwaltung zu halten war, sondern auf die staatliche
Ebene übertragen wurde. Hiermit zeigt sich an, daß mit den
Folgeproblemen industriekapitalistischer Vergesellschaftung nicht
nur die Selbstregulierung des Marktes, sondern auch die Selbstverwaltung gemeindebürgerlicher Angelegenheiten in Frage gestellt war. Der Problemzusammenhang von Industrialisierung
und Urbanisierung verweist auf die sozialräumliche Dimensionierung gesellschaftlicher Krisenanalyse.

2. Mobilisierung sozialräumlicher Bezüge

STEIN hat die Entwicklungstendenzen des Strukturwandels der
sozialräumlichen Lebensform[33] dadurch begrifflich zu fassen versucht, daß er mit der Gegenüberstellung von „großer Stadt" und

[32] Stein, Begriff der Arbeit, 247.
[33] Methodenfragen der sozialräumlichen Dimensionierung moderner Vergesellschaftung nach „ihren räumlichen Gruppen einerseits, nach ihren inneren Verhältnissen andererseits" hat Stein in seinem ›System der Statistik‹ (83 f.) angesprochen; vgl. auch L. v. Stein, Zur Physiologie der Städtebildung, Deutsche Vierteljahrs Schrift 1861.

„Großstadt" zwei unterschiedliche Entwicklungsperspektiven des modernen Verstädterungsprozesses zu fassen suchte.[34] Die Bestimmungsformel der „großen Stadt" markierte für STEIN die Auflösungstendenzen überkommener Formen stadtbürgerlicher Verbundenheit unter den Bedingungen industriegesellschaftlicher Mobilisierung. Im Kontrast zu dem noch im lebensgeschichtlichen Erfahrungshorizont verfügbaren Gegenbild ortsverbundener Vergemeinschaftung konnte er den strukturgeschichtlichen Umbruch herausarbeiten, durch den die Lebens- und Erlebniseinheit der alten Städte von den die lokalen Bindungen durchschneidenden Funktionsorientierungen und Sachzwänge industrieller Vergesellschaftung überlagert und aufgelöst wurden.

Der moderne Agglomerationstyp der „großen Stadt" konnte somit zunächst negativ als Strukturabbau der selbstverwalteten Autonomie ortsbezogener Lebensräume definiert werden. Die „große Stadt" war nicht mehr als sozialräumliche Lebenseinheit erlebbar, sondern allenfalls als „Akkumulierung von einzelnen", die jeweils gleichgültig gegen einen auswechselbar gewordenen Bezug ihre primär sozialökonomisch definierten Zwecke und Interessen als dominantes Motiv räumlicher Mobilität zu verfolgen suchten.

Je mehr eine Stadt von ihren Bewohnern rein funktional in Kategorien wie Standortgunst und Marktvorteil erlebt und beurteilt wurde, um so mehr würden hinter den funktionalen Vorteilen, insbesondere einer günstigen Lage des Arbeitsmarktes, lokale Eigenheiten, landschaftliche und landsmannschaftliche Besonderheiten gleichgültig. Indem so die Tendenzen der Verstädterung aus der sozialökonomischen Motivations- und Interessenstrukturen der großen Bevölkerungsbewegungen der Industrialisierungsphase ableitbar wurden, verlor die Stadt ihre Aura ortsbezogener Verbundenheit, reduzierte sich „auf eine nur statistische Tatsache, einen nur administrativen Begriff".[35]

---

[34] L. v. Stein, Große Stadt und Großstadt, Nord und Süd 53 (1890), 62–78.
[35] Ebd., 71.

Zugleich erschienen die rein an Leistungs- und Wachstumsfunktionen orientierten Verstädterungsprozesse der großen Wirtschaftszentren als Verlust einstiger Kompetenzen ständischer Eigenständigkeit und städtbürgerlicher Selbstverwaltung. Dem Schwund der lokalen Individualität entsprach in der politischen Dimension ein Verlust an kommunaler Souveränität. Demgegenüber sah STEIN das öffentliche Leben in den großen Städten durchkreuzt von Interessen, die sich an überlokalen Funktionen und Problemlagen der Industriegesellschaft orientierten, wie sie erst wieder auf der Ebene einer gesamtpolitischen Steuerung der Gesellschaftsentwicklung öffentlich relevant wurden.

Im Hinblick auf die damit gegebenen Brechungen und Überfremdungen der lokalen Öffentlichkeit hielt STEIN auch den von GNEIST eingeführten Begriff des „Selfgovernement" für mißverständlich, weil hiermit „Steuerungs"-Funktionen unterstellt wurden, welche für Stein die „große Stadt" im Zuge des industriegesellschaftlichen Mobilisierungsprozesses zu verlieren schien.

Selfgovernement bedeutet sowohl die Selbstregierung als die Selbstverwaltung. Die alte ständische Stadt besaß beides; die neue staatsbürgerliche Stadt hat die Selbstregierung verloren und statt derselben nur die Selbständigkeit eines Teiles ihrer Verwaltung erhalten.[36]

Wenn wir STEINS Trendanalyse auf aktuelle Fragestellungen einer lokalen Politikforschung beziehen, so dürfen wir sagen, daß hier erstmals ein Problemzusammenhang markiert ist zwischen der Entfunktionalisierung und Entpolitisierung der lokalen Selbstverwaltung und der Politisierung ortsübergreifender Interessenorientierungen an sozialökonomischen Funktionen und Chancen. Dieser Führungswechsel von sozialökologischen zu sozialökonomischen Interessenlagen erschien STEIN für eine lokale Selbstverwaltung um so kritischer,

je mehr die Zunahme der Bevölkerung specifische Sonderinteressen des wirtschaftlichen und geistigen Lebens entwickelt und specifische Fürsorge für dieselben fordert und erzeugt. Das „Wohl" der Stadt ist

---

[36] Ebd., 75.

jetzt in diesen Interessen concentriert; die Vertretung der Stadt hat nur noch mit ihnen zu tun und „differenziert sich", wie die Naturhistoriker sagen, nach demselben.[37]

STEINS Beurteilung jener Tendenzen, daß die Interessen sich weniger an ortsgebundenen Konditionen und mehr an gesamtgesellschaftlichen Konstellationen, die dann auch auf die Ortsebene durchschlagen, orientierten, war ambivalent: Unter dem Aspekt gesellschaftlicher Modernisierung konnte er zeigen, daß der Abbau der lokalen Beschränktheit der alten Stadt eine ortsübergreifende Mobilisierung, Organisierung und Politisierung gesamtgesellschaftlicher Interessen möglich machte. Erst die großstädtische Mobilität konnte für STEIN das Fluidum entwickeln, in dem sich der Horizont des „Publikums" für ortsübergreifende Orientierungen weitete und sich eine neue funktions- und interessenspezifische Strukturierung von Gesellschaft abzeichnete. Erst in der „großen Stadt" konnte sich der moderne Orientierungstypus durchsetzen, den die Modernisierungsforschung als „Empathie" definiert und den auch STEIN als interaktive und kommunikative Gegenseitigkeit beschreibt.[38]

Zugleich wird für STEIN das Aufbrechen parochialer Geschlossenheit zur Voraussetzung einer gesamtgesellschaftlich orientierten politischen Öffentlichkeit.[39] Damit erst konnte die rein

---

[37] Ebd.
[38] Vgl. ebd., 75: Wenn „alle höhere Entwicklung sowohl der wirtschaftlichen als der geistigen Elemente sich in der großen Stadt sammelt, bildet sich allmählich eine gewisse Gegenseitigkeit unter denselben heraus ... Damit schleifen und streifen sich die scharfen Kanten der individuellen Abgeschlossenheit ab, das Selbstgenügen des Einzelnen fängt an, der Empfänglichkeit für andere Auffassungen Platz zu machen und in all den Dingen, welche öffentliche Angelegenheiten betreffen, entsteht für den Einzelnen das Bedürfnis, wenigstens in gewissen Punkten mit anderen übereinzustimmen".
[39] Vgl. Arbeitsgruppe „Industrieller Ballungsraum" (V. Lück, H. Nokielski, E. Pankoke, K. Rohe), Industrieller Ballungsraum. Zur sozial- und politikwissenschaftlichen Problematisierung, Zeitschrift für Soziologie, Jg. 5, 1976, 309–318.

quantitative Bezeichnung der „großen Stadt" durch die qualitative Auszeichnung „Großstadt" überhöht werden, welche STEIN im Kontext der nationalstaatlichen Orientierungen seiner Zeit allerdings den nationalen Metropolen vorzubehalten schien.[40]
Jene von STEIN so euphorisch beurteilte Entwicklung von der „großen Stadt" zur „Großstadt" wird heute in dem Maße zu problematisieren sein, wie die lokalen und regionalen Besonderheiten gesellschaftlicher Problemlagen in ihrer Politikhaltigkeit bewußt werden. Die Abhebung politischer Motivationen und Orientierungen von der Ebene „örtlicher Beschränktheit" auf die Ebene eines nationalstaatlichen „Gesamtlebens", oder gar einer „Gesamtentwicklung der Menschheit" erscheint heute zugleich auch als tendenzielle Entpolitisierung der räumlichen Interessen, wodurch die moderne Stadt darauf reduziert wird, „mit allem Guten und Schlechten nur noch eine Kategorie der Verwaltung" zu sein.[41]
Hier stellt sich die Frage nach funktionalen Äquivalenten für die sich in der modernen Gesellschaft tendenziell auflösende lokale Verbundenheit. STEIN glaubte eine Lösung dieses Problems im Hinblick auf das moderne „Vereinswesen" finden zu können, das sich in seiner Spezifizierung auf örtlich unabhängige Interessenlagen erst in Strukturen großstädtischen Lebens ausbilden konnte und das im Hinblick auf die Vetretung und Selbstorganisation sozialer Interessenlagen in der Steinschen Verwaltungslehre tendenziell den älteren Typus lokaler Selbstverwaltung zu ergänzen oder gar abzulösen schien.

---

[40] Vgl. Stein, Große Stadt, 75 f.: Gerade in den Zentren von Wirtschaft, Verkehr und Politik reicht für Stein jene Beschränkung des Publikums auf die eigene Örtlichkeit nicht mehr aus: „Mit diesen Centren des Gesamtlebens tritt die Stadt zugleich in alle Lebensverhältnisse hinein, ... [ist] die große Stadt nur als ein Teil eines weit größeren Lebenskreises und [ist] auch für örtliche Fragen und Aufgaben der Standpunkt des Gesamtlebens, der Gesamtentwicklung ... zu Grunde zu legen."
[41] Stein, ebd., 74.

3. Politisierung der Gesellschaft

Die tendenzielle Verlagerung der politischen Aktions- und Organisationsformen industrieller Gesellschaften von lokal verbundenen sozialräumlichen Gemeinsamkeiten zu sozialökonomischen Funktions- und Interessenorientierungen hat STEIN bereits mit seinen zeitgeschichtlichen Berichten über die „socialen Bewegungen" in Frankreich aufzeigen können. Der besondere lehrgeschichtliche Stellenwert dieser „gesellschaftswissenschaftlichen" Auswertung von Zeitgeschichte ist darin zu sehen, daß STEIN den Politikgehalt der ideologischen Mobilisierung sozialökonomischer Anspruchs- und Bewußtseinslagen herausgearbeitet hat. Jener Problemzusammenhang zwischen der Politisierung gesellschaftlicher Ideologien und Interessen und der Thematisierung sozialer Fragen durch die Politik wurde besonders deutlich in STEINS Analyse der politischen Entwicklung im Revolutionsjahr 1848. Die dem Wechselspiel der Ereignisse kurzfristig folgenden Stellungnahmen STEINS demonstrieren zugleich, wie sich mit der Dynamik des institutionellen Wandels ein Wechsel der Interpretationsperspektivik verband.

So stand der 1848 für die zeitgeschichtliche Enzyklopädie ›Die Gegenwart‹ verfaßte Abriß der französischen Sozialbewegungen unter dem unmittelbaren Eindruck der Pariser Februarrevolution, war „also angesichts der Herrschaft des Proletariats und unter den Hoffnungen einer friedlichen Verständigung der Gegensätze niedergeschrieben".[42]

Die institutionelle Chance der Februarrevolution sah STEIN damals darin, daß mit der verfassungspolitischen Mobilisierung der Industriearbeiterschaft der Anspruch markiert war, im Sinne einer radikalen „Erweiterung des Staatsbürgertums" die Interessen des Proletariats auch wahlrechtlich und damit poli-

---

[42] L. v. Stein [anonym], Der Socialismus und Communismus in Frankreich, in: Die Gegenwart. Eine encyklopädische Darstellung der neuesten Zeitgeschichte für alle Stände, Bd. 1, Leipzig 1848, 299–326, Postskriptum 326.

tisch zur Geltung zu bringen.[43] STEIN versprach sich von dieser Ausweitung der konstitutionellen Öffentlichkeit eine letzte Chance für Frankreich, die sich verschärfenden Spannungen der sich mobilisierenden und politisierenden gesellschaftlichen Klassenbewegung in einer den Klassengegensatz der industriellen Gesellschaft ausgleichenden „Organisation der Arbeit" konstruktiv aufzufangen.[44]

Als STEIN im Juli 1848 noch einmal die französische Metropole aufsuchte, hatte sich die Lage zugespitzt. Ein vom Fortgang der Revolution enttäuschtes Proletariat hatte im Juni den Aufstand versucht, der dann gewaltsam niedergeschlagen war. Damit schienen für STEIN die Hoffnungen des Februar 1848 zerstört, insofern mit den bürgerkriegsartigen Entwicklungen deutlich geworden war, daß anstatt der erwarteten Ausbalancierung der gesellschaftlichen Kräfte nur die ideologische Polarisierung der Klassen und die politische Radikalisierung der Interessen weitergetrieben war.

Trotz dieser Enttäuschung nimmt STEIN in einem Postskriptum seines in der Euphorie der Februarrevolution verfaßten Beitrages noch einmal Gelegenheit, unter den neuen Bedingungen einer sich verselbständigenden Staatsgewalt die Problematik einer politischen Integration des Proletariats zu diskutieren. Die Chance hierzu sah er in der wahlrechtlichen Erweiterung des Staatsbürgertums und der damit verbundenen öffentlichen Aktivierung des Proletariats.

Mit dieser Politisierung der sozialen Bewegung bildete die Februarrevolution und die mit ihr eingeleitete institutionelle

[43] Ebd., 327.
[44] „Wird früher oder später die Volksvertretung eine Vertretung des Proletariats auch nur zur Hälfte, ja nur zum Drittel, so wird die Frage, von der Frankreichs Schicksal abhängt, die sein: inwieweit die Staatsgewalt in ihrer vollsten Ausübung es vermag, die gegebenen Zustände der Gesellschaft zu ändern und die Arbeit dem Capital gleichzustellen. Denn diese Gleichstellung und nichts Anderes ist dasjenige, was man unter Organisation der Arbeit zu verstehen hat." (Ebd., 325.)

Entwicklung einer „Trennung der socialen Republik von der demokratischen"[45] eine entscheidende Zäsur für STEINS Orientierung im Spannungsfeld von Staat und Gesellschaft.[46]

Mit dem Verfall und dem Sturz eines sich verbürgerlichenden Königtums waren für STEIN die letzten Widerstände gebrochen, die den Staat gegenüber dem Druck der „socialen Bewegung" handlungs- und steuerungsfähig halten könnten. Die beiden extremen Interessenlager der Gesellschaft begannen jetzt, sich als politische Parteien zu formieren, um die Macht im Staat an sich zu reißen bzw. festzuhalten. Somit mußte der Klassenkampf der industriellen Gesellschaft in den politischen Bereich überspringen und die verfassungspolitische Beseitigung des Macht- und Meinungsmonopols der Bourgeoisie sofort in die Klassenherrschaft der Gegenpartei umschlagen. Die politische Formation des Proletariats, in der STEIN zuvor den Ansatz eines allgemeinen Fortschritts über die bürgerliche Position hinaus hatte sehen wollen, erschien nun aus der Perspektive von 1848 als das Signal zum sozialen „Bürgerkrieg".

Der Aufweis des gesellschaftsgeschichtlichen Kontinuitätsbruchs zwischen 1789 und 1848 hatte bei STEIN die politische Pointe, daß er sich damit auch vom verfassungspolitischen Programm des liberalen Konstitutionalismus distanzierte. Die „sociale Bewegung", die durch die Emanzipation der Gesellschaft vom Staat ausgelöst worden war, hatte für STEIN in eine politische Krise geführt, welche auf der Ebene der gesellschaftlichen Bewegungen prinzipiell nicht mehr bewältigt werden konnte – und deshalb die Institutionalisierung neuer Gewalten verlangte, die gegenüber den Kräften der Gesellschaft autonom und sou-

---

[45] So Stein in einem Brief an Beseler, Abdruck bei Schmidt, Lorenz von Stein, 161 f.

[46] Über die Bedeutung der Revolutionserfahrung von 1848 für die politische Theorie Steins vgl. F. Gilbert, Lorenz von Stein und die Revolution von 1848. Ein Beitrag zur Entwicklung Steins und zur Entstehung der deutschen Gesellschaftswissenschaft, Mitteilungen des österreichischen Instituts für Geschichtsforschung 50 (1936), 369–387; Pankoke, Sociale Bewegung, 86 ff.

verän wären. Als Bilanz jener ›Geschichte der socialen Bewegung‹ präsentierte sich deshalb die gesellschaftswissenschaftlich begründete Forderung einer Emanzipation des Staates von der Gesellschaft:

Die Aufgabe und die Macht der Staatsgewalt der Abhängigkeit der bloß arbeitenden, nichtbesitzenden Klasse gegenüber ist die eigentliche soziale Frage unserer Gegenwart. Sie ist das Gebiet, auf welches die neueste Bewegung hinübergetreten ist.[47]

Die mit dieser Politisierung der sozialen Frage ausgelöste Dynamik sozialer und politischer Bewegungen entfaltete sich für STEIN in der französischen Sozial- und Verfassungsgeschichte nach 1848 in den Sequenzen „Souveränität der Gesellschaft" – „Diktatur der Ordnung" – „sociale Republik des gegenseitigen Interesses".

Schon bald nach seiner ersten Bilanz der nachrevolutionären Ereignisfolgen des Sommers 1848 hatte STEIN die Prognose aufgestellt, daß bei einer weiteren Verhärtung der Fronten des sozialen „Bürgerkrieges" dieser nur noch durch eine Diktatur beendigt werden könne: Hier „angelangt, überschlägt sie sich (die soziale Revolution) und der Gegenschlag tritt ein".[48] Als STEIN dann im Herbst 1848 seinen ›Beitrag zur Zeitgeschichte‹ durch eine aktualisierende Fortschreibung auf den neuesten Stand zu bringen versuchte, war die vorausgesagte „Dictatur der Ordnung" durch das militärische Regiment CAVAIGNACS bereits Wirklichkeit geworden.[49]

Indem mit dem Sturz des Königtums die überkommenen Formen einer „Selbständigkeit der Staatsgewalt" aufgehoben waren, war das damit entstandene Machtvakuum zum politischen Problem geworden. Da die sich selbst überlassenen sozialen Bewegungen der Industriegesellschaft auf das Chaos eines Bürgerkrieges zuzutreiben drohten, verschob sich für STEIN die Ver-

---

[47] Stein, Geschichte, Bd. 1, 5.
[48] Ebd., 130.
[49] L. v. Stein, Der Socialismus und Communismus des heutigen Frankreichs, 2. Aufl. Bd. 2: Die socialistischen und die communistischen Bewegungen, Leipzig 1848, 39 f.

fassungsfrage von Legitimationsproblemen zur Integrationsproblematik staatlichen Handelns. So akzeptierte er auch als Ausweg aus der Integrationskrise, daß durch diktatorische Okkupation jenes Machtvakuums die Ordnung auch „um den Preis augenblicklicher Unfreiheit – aufrecht erhalten würde". STEIN sah in einer befristeten „Dictatur der Ordnung" die politische Ausgangslage einer Stabilisierung der gesellschaftlichen Bewegungen, insofern nach der gewaltsamen Befriedung der sozialen Kämpfe die ausführenden Gewalten „willig" sein könnten, sich „bei nicht gestörter Ordnung in ein bloßes Verwaltungskollegium" zu verwandeln.[50] Dann jedoch mußte das Problem der politischen Steuerung und Rechtfertigung eines zur Verwaltung der gesellschaftlichen Entwicklungen ermächtigten Staates neu formuliert werden.

Als STEIN noch unter dem Eindruck der verfassungsgeschichtlichen Entwicklungen von 1848/49 seine Studien zum Sozialismus und Kommunismus unter dem Titel ›Geschichte der socialen Bewegung in Frankreich‹ noch einmal überarbeitete und aktualisierte, war jene diktatorische Notlösung von 1848 bereits in die neue Legalität einer präsidialen Republik überführt.[51] Doch erscheint es für STEINS politisches Denken symptomatisch, daß er sein politisches Programm von der „Selbständigkeit der Staatsgewalt" gegenüber den Bewegungen der Gesellschaft auch jetzt noch als Transformation der „Diktatur" zu explizieren suchte. Beim Umschlag der sozialen Bewegung in diktatorische Stabilität würde sich die revolutionär aufgelöste „öffentliche

---

[50] Ebd.

[51] L. v. Stein, Geschichte der socialen Bewegung in Frankreich von 1789 bis auf unsere Tage, 3 Bde., Leipzig 1850. Das Vorwort zu Bd. I: ›Der Begriff der Gesellschaft‹ ist datiert auf Mitte Oktober 1849, doch ist im dritten Band: Das Königtum, die Republik und die Souveränität der französischen Gesellschaft seit der Februarrevolution 1848 [Vorwort vom Mai 1850], noch die neue Konstellation nach der Novemberverfassung [4. 11. 49] und der Wahl des Louis Napoleon zum Präsidenten entscheidend berücksichtigt. (Zur Werkchronologie vgl. auch Gilbert, L. v. Stein, 373.)

Gewalt" wieder neu aufbauen. Mit der Legalisierung sollte sich die in der Phase der Diktatur organisatorisch konsolidierte Staatsgewalt von der ideologischen Ausrichtung ihrer ursprünglichen Klassenbasis lösen. Die Verselbständigung öffentlicher Macht, mit der sich die Diktatur nach der Machtergreifung zu stabilisieren versuchte, versprach einen politischen Handlungsspielraum zu eröffnen, um auch gegenüber widerstrebenden gesellschaftlichen Partikularinteressen übergreifende Perspektiven der Sozialreform durchzusetzen.[52]

Gerade bei dem als historisches Resultat und theoretische Konsequenz seiner ›Geschichte der sozialen Bewegung‹ entwickelten Modell einer Verselbständigung der staatlichen Macht wird zu beachten sein, daß STEIN die für ihn pathologischen Formen politischer Machtbildung – gerade weil er sie aus der Dynamik sozialer Bewegung hervorgetrieben sah – als Entwicklungskrisen und Entwicklungsschübe im historischen Prozeß der Systembildung sozialstaatlicher Souveränität zu verorten suchte. Die Ausgangspunkte von STEINS ›Geschichte der socialen Bewegung‹, die revolutionäre Aufbruchsituation von 1789 und die cäsaristische Bändigung der entfesselten Gesellschaft durch NAPOLEON BONAPARTE, legten es allerdings nahe, auch die Bewältigung des Problemdrucks der industriellen Revolutionszeit in Analogie zur bonapartistischen Lösung zu diskutieren. So

---

[52] Vgl. Stein, Geschichte, Bd. 1, 130 f.: „... Nach diesem Siege (der Reaktion) herrscht die Gewalt noch einige Zeit vor, bis sie sich organisiert und ihre selbständige Stellung über den beiden Klassen der Gesellschaft einnimmt. Diese selbständige Stellung, in welcher die Gewalt als Gewalt, nicht mehr im Namen einer sozialen Idee herrscht, ist die Diktatur ... Indem diese Diktatur über der Gesellschaft steht, nimmt sie alsbald den Charakter jener Macht an, die ihrer Natur nach über die Gesellschaft erhaben ist. Sie erklärt sich für die selbständige Staatsgewalt und bekleidet sich mit dem Recht, den Aufgaben und der Heiligkeit derselben. Das ist das Ende der sozialen Revolution. Mitten aus dem Kampfe der Gesellschaft tritt wieder die Staatsidee hervor, sich ablösend von der Herrschaft der einzelnen Gesellschaftsklassen, in sich selbst gegründet, durch sich selbst herrschend."

war bereits vor dem zeitgeschichtlichen Auftritt des dritten NAPOLEON das Modell eines industriellen Bonapartismus prognostisch angelegt.[53]

Im Rückblick darf festgestellt werden, daß STEINS Idealisierung der „sozialen Diktatur" des ersten NAPOLEON, als des „wahren Ecksteins der neuen Gesellschaft", wobei sich nach dem Muster der Erziehungsdiktatur politische Macht als Promotor sozialen Fortschritts rechtfertigen sollte, vom dritten NAPOLEON erst recht nicht eingelöst wurde.[54]

Der aus der zeitgeschichtlichen Analyse der industriellen Revolutionsepoche von STEIN aufgezeichnete Verweisungszusammenhang zwischen der Ermächtigung politischer Gewalt als historischem Resultat der sozialen Bewegungen und der daraus abgeleiteten theoretischen Konsequenzen einer gesellschaftswissenschaftlichen Begründung staatlicher Souveränität legen als kurzen Schluß nahe, STEINS Diagnose als Apologie des bonapartistischen Staatsstreichs des dritten Napoleon zu dechiffrieren.

Diesem Vorurteil eines bonapartischen Etatismus bei Lorenz VON STEIN ist entgegenzuhalten, daß STEIN die Gesellschaftskrise in Frankreich und ihr bonapartistisches Lösungsmuster ausdrücklich als ein kritisches „Gegenbild" präsentiert hat,

---

[53] Ob der von Marx als historische „Karikatur" verspottete ›18. Brumaire des Louis Bonaparte‹ (Karl Marx, in: Marx-Engels Werke, Bd. 8, Berlin 1960, 117; dazu D. Groh, Cäsarismus, in: O. Brunner u. a. (Hrsg.), Geschichtliche Grundbegriffe, Bd. I, Stuttgart 1972, 759) der Beginn einer Republik des gegenseitigen Interesses, eines Königtums der sozialen Reform oder eine Diktatur der industriellen Reaktion sein würde, mußte Stein bei Abschluß seiner Geschichte noch offen lassen, nachdem für ihn der Sozialist Louis Blanc am 28. Febr. 1848 die Möglichkeit einer „socialen Diktatur" der Arbeiterschaft verspielt hatte und nachdem die Polizeidiktatur Cavaignacs die staatliche Macht neu gebündelt hatte, ohne diese jedoch im Sinne sozialer Reformen aktivieren zu können. Vgl. Stein, Geschichte, Bd. 3, 274.

[54] Vgl. D. Groh, Diktatur, in: O. Brunner u. a., ebd., 900–924.

von dem sich die von STEIN projektierte politische Einigung Deutschlands im Sinne eines Nationalstaates der sozialen Reform als konstruktive Alternative abheben sollte.

STEIN selbst hat das bonapartistische Modell einer politischen Neutralisierung des Klassenkampfes in seinen späteren Arbeiten weder programmatisch noch theoretisch weiterverfolgt, zumal sich mit STEINS Wende von der historischen Methode zur systematischen Analyse von Politik und Verwaltung die zeitgeschichtliche Fallstudie zur cäsaristischen Diktatur in sehr weitgefaßten Wesensbestimmungen moderner Staatlichkeit zu relativieren und zu verlieren schien.

STEINS handlungstheoretisch gefaßter Begriff des „persönlichen Staates" markiert hierbei somit den kritischen Drehpunkt zwischen den werk- wie lebensgeschichtlich unterscheidbaren Kontexten seiner Zeitgeschichte der sozialen Bewegungen und seines gesellschaftswissenschaftlichen Entwurfes einer Theorie der sozialen Verwaltung. Dies legt die Interpretation nahe, daß es STEIN bei der Vorstellung der französischen Entwicklung weniger um die Apologie eines Modells als um die paradigmatische Entfaltung eines Problems ging. Es ging STEIN um die Darstellung des strukturellen Dilemmas, daß der Problemdruck sozialer Bewegung zwar die Manifestation moderner Staatlichkeit provozierte, im Interesse einer Steigerung der gesellschaftspolitischen Aktions- und Steuerungsfähigkeit die Organe öffentlichen Handelns jedoch dahin tendierten, sich gegenüber den Interessen der Gesellschaft zu verselbständigen. Die damit tendenziell angelegte Legitimationskrise einer Abkoppelung der Staatstätigkeit von den gesellschaftlichen Meinungs- und Willensbildungsprozessen trat in STEINS Analysen der französischen Zeitgeschichte deshalb noch nicht ins Blickfeld, weil hier das Erkenntnisinteresse sich zunächst auf die Herausarbeitung der politischen Integrationsproblematik industrieller Vergesellschaftung richtete, eine Problematik, für die STEIN in Deutschland erst im konstitutionellen Rahmen einer nationalstaatlichen Einigung Perspektiven der Problembearbeitung und -lösung zu erkennen glaubte.

So wurde die bonapartische Ermächtigung sozialstaatlicher Handlungspotentiale zum Paradigma für die strukturelle Herausforderung einer nationalen Staatsbildung in Deutschland. Jene konstruktive Erwartung einer sozialpolitischen Aufhebung der „socialen Frage" durch die von einer in ihrer gesellschaftlichen Basis erweiterten politischen Öffentlichkeit getragenen Sozialreform wird von STEIN ausdrücklich im Hinblick auf jene gesellschaftlichen und institutionellen Entwicklungschancen formuliert, wie er sie in besonderem Maße für die deutsche Gesellschaft gewürdigt sehen wollte.

Das institutionstheoretische Problem einer wechselseitigen Dynamisierung und Stabilisierung von Verwaltung und Parlament hatte sich für STEIN dadurch neu gestellt, daß die liberaldemokratische Bewegung in Deutschland sich in der Situation ihrer politischen Unterdrückung mit dem neuen politischen Potential der sozialen Bewegung aus dem Proletariat verbunden hatte. In den „Kampf der staatlichen Gegensätze" Bürokratie und Parlamentarismus war mit der sozialen Frage ein neues Moment hinzugekommen, welches sowohl die Aufgaben der Verwaltung wie die Funktion eines Parlaments auf eine neue Basis stellen mußte. Die zeitgeschichtliche Herausforderung, die mit der „socialen Frage" angezeigte gesellschaftliche Strukturkrise durch soziale Reform institutionell zu bewältigen, konnte erst manifest werden über die Konstitution eines institutionellen Trägers. So wurde aus dem im allgemeinen Medium der Wissenschaft aufgestellten Postulat der sozialen Reform das Programm eines nationalstaatlichen, d. h. gesamtgesellschaftlich bezogenen Kompetenzträgers abgeleitet. Für STEIN war dies ein moderner Sozialstaat deutscher Nation, als deren Sachwalter er die preußische Politik der nationalen Einigung erkannte. So versuchte er die „Hauptfaktoren der nächsten Zukunft, die soziale Idee und die Reichidee" in einen gesellschaftswissenschaftlichen Problemzusammenhang zu bringen.[55]

[55] Vgl. L. v. Stein, Der Socialismus in Deutschland, in: Die Gegenwart, Bd. 7, Leipzig, 556 f.: „Das worauf es ankam, war daher vor allem ein Act oder irgend ein Organ, das fähig gewesen wäre,

STEIN wollte die geschichtliche Chance einer Wendung zur Sozialreform in Deutschland gerade auch darin erkennen, daß in der deutschen öffentlichen Meinung die intensive Auseinandersetzung mit der „französisch-socialistischen Bewegung", wozu auch er mit den eigenen zeitgeschichtlichen Beiträgen gezielt und wirkungsvoll hatte beitragen können, nicht ohne Folgen geblieben war.

Die soziale Frage, welche sich aus dem durch den Sozialismus vorgetragenen Anspruch auf gesellschaftliche Anerkennung und Würdigung der Arbeit ergab, konnte nicht mehr verdrängt werden und wollte als politische Herausforderung institutionellen Wandels aufgegriffen werden.

eben diese Interessen eines ganzen Volkes in ihrem Mittelpunkte zu sammeln. Ein solches Organ ist aber nur das Hauptorgan der menschlichen Gesellschaft selbst, der Staat. Der Staat fehlte der werdenden Gesellschaft des deutschen Volkes."

V. SOZIALES KÖNIGTUM
UND PERSÖNLICHER STAAT

Die institutionellen Bedingungen, sozialstaatliche Souveränität gegenüber dem wechselnden Druck gesellschaftlicher Interessen zu behaupten, hatte STEIN zunächst am historischen Paradigma des Königtums diskutiert. STEINS Plädoyer für ein „Königtum der gesellschaftlichen Reform" wird oft als Restauration der alten Legitimität des monarchischen Prinzips [56] verstanden. Demgegenüber ließe sich darauf verweisen, daß STEIN das monarchistische Legitimationsprinzip auf das Systemproblem der politischen Integration gesellschaftlicher Gegensätze zu projizieren suchte. In seinem politischen System der industriellen Gesellschaft wurde der Begriff des Königtums zur Chiffre für die Forderung, gegenüber der Polarisierung sozialökonomischer Interessenbewegungen die Einheit der Steuerung gesellschaftspolitischer Reformen zu konstituieren.[57]

Indem der monarchische Repräsentant der Staatseinheit herkunftsmäßig keiner gesellschaftlichen Interessenlage verpflichtet sein sollte, konnte die Souveränität des Staates nach dem Muster personaler Autonomie und Identität vorgestellt werden. Hinter STEINS Apologie des sozialen Königtums stand somit die

---

[56] Zur Problemgeschichte des monarchischen Prinzips vgl. E. W. Böckenförde, Der deutsche Typ der konstitutionellen Monarchie im 19. Jahrhundert, in: Beiträge zur deutschen und belgischen Verfassungswirklichkeit im 19. Jahrhundert, hrsg. von W. Conze, Stuttgart 1967, 70–92, auch in: ders., Staat – Gesellschaft – Freiheit. Studien zur Staatstheorie und zum Verfassungsrecht, Frankfurt 1976, 112–145.

[57] Zum Stellenwert der Lehre vom Königtum im politischen Denken Steins vgl. D. Blasius, Lorenz von Steins Lehre vom Königtum der sozialen Reform und ihre verfassungstheoretischen Grundlagen, Der Staat 10 (1971), 33–51.

prinzipielle Option für die Selbständigkeit und Ermessensfreiheit sozialstaatlicher Steuerung. Daß Steins Begriff des „Königtums der gesellschaftlichen Reform" als Antwort auf die aktuelle soziale Strukturproblematik konzipiert war, zeigt sich am deutlichsten darin, daß Stein die Legitimation des Königtums von der sozialpolitischen Reformtätigkeit her zu begründen suchte.

Die machtmäßigen Voraussetzungen für das Gelingen von „socialer Reform", die Eigenständigkeit und Handlungsfähigkeit öffentlicher Gewalt gegenüber den Bewegungen der Gesellschaft, schien Stein bei unterschiedlichen institutionellen Fassungen politischer Autonomie möglich zu sein: vom „Königtum der sozialen Reform" bis zur „Republik des gegenseitigen Interesses" kam es ihm jeweils primär darauf an, daß die ausführenden Gewalten sich von gesellschaftlicher Beeinflussung freihalten könnten – andernfalls würde die einseitige Beeinflussung der Staatstätigkeit durch den politischen Druck politisierter Interessen jeweils reaktionäre bzw. revolutionäre Gegenbewegungen provozieren und so den Staat durch Polarisierung paralysieren.

Konnte Stein an seinem Verfassungsmodell einer gesellschaftspolitisch neutralen monarchischen Gewalt die Problematik der sozialstaatlichen Integration von Klassengesellschaften erörtern, so half ihm seine modelltheoretische Konstruktion der „Republik des gegenseitigen Interesses", die entsprechende Legitimationsproblematik zu formulieren.[58] Es ging hier um die Frage nach den institutionellen Bedingungen, in deren Rahmen die Interventionen und Aktionen der sozialen Verwaltung – auch wenn sie im Einzelfall die unmittelbaren Interessen der Kapitalisten bzw. der Proletarier durchkreuzen mußten – von einer allgemeinen Zustimmung getragen werden könnten. Die Hoffnung der konstitutionellen Bewegung, durch verfassungsmäßige Vermittlung der Interessen einen politischen Konsensus

---

[58] Steins Modell der „Republik des gegenseitigen Interesses" ist ausgearbeitet in Stein, Geschichte, Bd. 3, 194–207.

herbeizuführen, war für STEIN schon an den Aporien der „Souveränität der Gesellschaft" zerbrochen, welche für ihn die wechselnden gesellschaftlichen Machtverhältnisse der Klassengesellschaft auf das politische System eines Klassenstaates durchschlagen ließ und damit die Souveränität und Integrität der Staatlichkeit verspielen würde. Weil aus der Konfrontation der gesellschaftlichen Partikularinteressen keine gemeinsame Linie des Interessenausgleichs mehr zu resultieren schien, hatte STEIN institutionelle Bedenken, die soziale Verwaltung durch ein verfassungsmäßiges Mandat unmittelbar der gesellschaftlichen Interessenverfolgung auszuliefern.

Im akuten zeitgeschichtlichen Kontext mobilisierter und politisierter Klasseninteressen schien die strukturelle Instabilität einer verfassungsmäßig ungebrochenen Verknüpfung von gesellschaftlichen Bewegungen und politischen Parteiungen dadurch korrigierbar, daß sich die öffentliche Willensbildung nicht unmittelbar auf die Ziele und Zwecke der Staatstätigkeit, sondern nur auf die konstitutionellen und programmatischen Rahmenbedingungen und Entscheidungsprämissen gesellschaftspolitischer Steuerung bezog. Eine Konsensbasis jener „Republik des gegenseitigen Interesses" ergab sich für STEIN aus der verfassungspolitischen Übereinkunft, daß die Unabhängigkeit öffentlichen Handels gegenüber einseitigem Interessendruck der Gesellschaft zu sichern sei, und aus der programmatischen Übereinstimmung, daß die Wirkungen staatlicher Gesellschaftspolitik mit dem Leitbild der Persönlichkeit vereinbar bleiben müßten.

So sollte STEINS politisches Modell der „Republik des gegenseitigen Interesses" nicht als die verfassungstheoretische Apologie für eine bestimmte Staatsform mißverstanden werden. Es ging STEIN hier zwar um das Problem der Legitimation, doch war das Legitimationskriterium weniger die formale Struktur einer verfassungsmäßigen Verknüpfung politischer Prioritäten mit gesellschaftlichen Präferenzansprüchen als die institutionelle Funktion einer Abhebung der sozialstaatlichen Verwaltungs- und Steuerungsaktivitäten aus den Einflußzonen gesellschaftlicher Interessenverfolgung. Nur ein solcher Staat könnte sich auf das Legitimationsprinzip des „gegenseitigen Interesses" berufen, der bei der Ausführung „socialer Reformen" um eine breite Konsensbasis für den durch gesellschaftspolitische Interventionen herzustellenden Ausgleich des strukturellen Gefälles Kapital und Arbeit bemüht sei. Würde dagegen die Staatstätigkeit in die einseitige Abhängigkeit von einer Klasse geraten, so müßte die dadurch benachteiligte Klasse auf eine verfassungspolitische Korrektur der für sie ungünstigen Machtverhältnisse drängen. Die Verfassungsfrage blieb also bei STEIN auf die sociale Frage bezogen. Wenn nun durch eine „Verwaltung der socialen Reform" die „sociale Frage" im „gegenseitigen Interesse" gelöst und damit politisch entproblematisiert werden könnte, müßte die Frage der Verfassungsform irrelevant werden.[59]

Das Modell von der „Republik des gegenseitigen Interesses", auf welches STEIN jetzt auch den Begriff der „socialen Demokratie" bezog, war also auf keine bestimmte Verfassungsform festgelegt. Die „sociale Demokratie" könnte sich überall da aktualisieren, wo die Ziele staatlicher Reformtätigkeit von der „gesellschaftswissenschaftlichen" Einsicht aller betroffenen Interessenlager getragen würde. Steins „Republik/Demokratie"-Begriff ist somit genauso funktionalisiert wie sein „Monarchie"-Begriff im Modell des „socialen Königtums". Beide Begriffe wurden zu Perspektivbegriffen, sie schließen einander nicht aus, sondern markieren bei der Beurteilung politischer Systeme komplementäre Aspekte: den der Legitimation („Republik") und den der Integration („Monarchie").[60]

[59] Vgl. ebd., 207: Eine Klasse wird „in dem Maße mehr gleichgültig gegen die Form der Verfassung sein, in welchem die Interessen derselben mehr gefördert werden. Es sind bei dieser Verwaltung Königtum, Diktatur, Aristokratie und Demokratie gleichmäßig möglich ... Das Ende der bisherigen Demokratie ist da, sowie die beiden Klassen sich über ihr wahres gegenseitiges Interesse verständigen." Vgl. dazu Pankoke, Sociale Bewegung, 96.

[60] Die theoretische Konsistenz zwischen Steins Gesellschaftsbild der Klassengesellschaft und seinem am Modell der Monarchie entwickelten

STEIN hat die Integrations- und Legitimationsprobleme der institutionellen Vermittlungen zwischen der politischen Allgemeinheit des gegenseitigen Interesses an der Stabilisierung politischer Steuerungsfähigkeit und der gesellschaftlichen Besonderheit situationsspezifischer Interessen- und Bedürfnislagen in seinen späteren Theorien der sozialen Verwaltung und des gesellschaftlichen Vereinswesens handlungsgerecht zu operationalisieren versucht.

Der Übergang von einer geschichtsphilosophisch motivierten und zeitgeschichtlich fundierten Kritik des bürgerlichen Staats- und Gesellschaftssystems zu einer Pragmatik der institutionellen Vermittlungen zwischen staatspolitischer Verallgemeinerung und gesellschaftspolitischer Besonderung zeichnete sich bereits deutlich mit dem ›System der Staatswissenschaft‹ ab, wo er über die organizistische Denkfigur des „persönlichen" Staates die Ebenen verfassungsstaatlich organisierter Willensbildung und verwaltungsstaatlich organisierter öffentlicher Handlungsführung als komplementäre Aspekte des Problemkomplexes gesellschaftspolitischer Steuerung systematisch aufeinander zu bezie-

Konstrukt sozialstaatlicher Integration ist in der Stein-Forschung umstritten: Vgl. E. Angermann, Robert von Mohl, Neuwied 1962, 445: Angermann glaubt keine Möglichkeit zu sehen, Steins idealistische Staatstheorie mit Steins historisch-empirischer Gesellschaftsanalyse zu vereinbaren: „Steins Lehre vom sozialen Königtum ergibt sich nicht mit logisch notwendiger Konsequenz aus seiner Gesellschaftstheorie; vielmehr ist sie dieser mit ihrem hybriden Anspruch auf naturgesetzliche Gültigkeit nachträglich aufgepfropft." Dagegen versucht Böckenförde, Steins politisches Modell des Königtums als die adäquate Antwort auf die Strukturproblematik der „socialen Bewegung" zu begreifen: „L. v. Stein bleibt auf dem Boden der geschichtlichen Bewegung, die er gedanklich zu erfassen und in ihrem Fortgang zu begreifen sucht. Eben dies gelingt ihm an dieser Stelle mit besonderer geistiger Kraft. Er stellt das Königtum konsequent auf den Boden der Gesellschaft und ihrer Bewegung. Das Königtum steht nicht oberhalb, sondern innerhalb der Bewegung von Gesellschaft und Staat." E. W. Böckenförde, Lorenz von Stein als Theoretiker der Bewegung von Staat und Gesellschaft zum Sozialstaat, bes. 265 ff.

hen suchte. STEINS Rückgriff auf das Prinzip der persönlichen Staatsrepräsentation hat also einen doppelten Stellenwert für die staatswissenschaftliche Theoriebildung:

Neben einer nach „1848" gewiß opportunen Aktualisierung des monarchischen Prinzips gewann der Entwurf eines modernen Sozialstaates im Bild des „Königtums der sozialen Reform" für STEIN auch eine paradigmatische Funktion, den statischen Staatsbegriff der bürgerlichen Rechtslehre aufzulösen und moderne Staatlichkeit nicht vom idealistischen Konstrukt einer in sich ruhenden und in sich vollendeten Präsentation idealer Normen her zu denken, sondern den handelnden Staat bei der Arbeit der Vermittlung zwischen gesellschaftlichen „Interessen" und interessenübergreifenden „Ideen" zu analysieren.

Die mit einer vitalistischen Metaphorik des „persönlichen Staates" gegebene Aspektstruktur des „Lebens" und des „Arbeitens" eröffnete für STEIN somit Argumentationsfiguren einer politischen Theorie öffentlichen Handelns. Mit dem Wechsel der Sprachebene von der historischen Rekonstruktion des Königtums als einer über die sozialen Gegensätze erhabenen politischen Instanz zur systematischen Fassung öffentlichen Handelns durch die Metaphorik des „persönlichen Staates" entwickelte STEIN Perspektiven staatstheoretischer Orientierung, die aus dem programmatischen Traditionszusammenhang des „monarchischen Prinzips" abgelöst werden konnten. Die theoretische Funktion der politischen Personalmetapher ist hierbei insbesondere darin zu sehen, daß sie es erlaubte, auch die Systemaktivität des modernen Verfassungs- und Verwaltungsstaates unter dem Aspekt öffentlichen Handelns zu beschreiben.[61] Durch diese

---

[61] Die Möglichkeit, das monarchische Prinzip handlungstheoretisch zu dynamisieren, versuchte Stein an der französischen Verfassungsgeschichte zu verdeutlichen. Vgl. Stein, Geschichte, Bd. 3, 38: „Bei diesem Charakter des Gegensatzes der Klassen in der Gesellschaft [ist] das Königtum nicht mehr bloß die ruhende, selbsttätigkeitslose Vertretung der Staatsidee ... Hier ist nun der Punkt, wo jenes Bedürfnis des Königtums nach selbsttätigem Handeln seine wahre und hohe Bedeutung erhält."

aktionstheoretische Aspektstruktur konnte die Dynamik der Vermittlungsprozesse zwischen „Wille" und „Tat", „Wesen" und „Verwirklichung" dargestellt und analysiert werden.

Solche Definitionen brachten STEIN jedoch in ein theoretisches Dilemma, daß die Komplexität der in der entwickelten Industriegesellschaft anstehenden Steuerungsprobleme die einfache Logik des Bildes vom persönlichen Handeln zu sprengen schien. Die „Persönlichkeit" des Staates konnte sozusagen nicht mehr auf die natürliche Person des Regenten reduziert werden. Einer sich tendenziell ausweitenden Komplexität der Problemstellung versuchte STEIN gerecht zu werden, dadurch daß er später die ‚Persönlichkeit' des Staates als „Organismus der Verwaltung" zu fassen suchte.

Will man die dem heutigen Leser befremdende idealistisch-organizistische Begrifflichkeit der STEINschen Verwaltungslehre entziffern, so sollte der Bezugsrahmen rekonstruiert werden, in dem STEIN durch die begriffliche Distanzierung bisheriger Selbstverständlichkeiten die eigene Position zu begründen und zu behaupten suchte. Als polemischer Kontrapunkt zu STEINS organizistischem Staatsbegriff erscheint hierbei ein mechanistisch-instrumentalistisches Staatsdenken, welches an die Fiktion gebunden war, es gebe einen eindeutigen und einheitlichen Staatszweck, von dem aus öffentliches Handeln nach dem Befehls-Vollzugs-Modell abgeleitet werden könnte. Auch das klassische Modell des Rechtsstaates ging von dieser Fiktion der Generalisierbarkeit staatlichen Willens, der Zentralisierbarkeit staatlicher Macht und der Instrumentalisierbarkeit staatlichen Handelns aus.[62]

Demgegenüber war die Ausgangsbasis der STEINschen ›Verwaltungslehre‹ nicht die abstrakt vorgegebene Absolutheit eines „Staatszwecks", sondern die konkreten Bewegungen der Gesellschaft, wobei STEIN als treibende Kraft der gesellschaftlichen

---

[62] Zur Dogmengeschichte der Kategorie des Staatszwecks vgl. K. Hespe, Zur Entwicklung der Staatszwecklehre in der deutschen Staatsrechtswissenschaft des 19. Jahrhunderts, Köln 1964.

Interessenbewegungen das Prinzip der „Persönlichkeit" herauszuarbeiten suchte.

Dieses systembildende Prinzip der „Persönlichkeit" versuchte STEIN in vielschichtigen Argumentationszusammenhängen zu entfalten:

— Auf der Ebene der „Gesellschaft" manifestierte sich der Anspruch persönlicher Entfaltung als Kampf der Interessen, die sich nach den Klassenlagen Kapital und Arbeit formiert hatten.

— Auf der Ebene des „Staates" wurde die Idee der Persönlichkeit inhaltlich zur Zielformel, für die oberhalb des Antagonismus sozialökonomischer Klasseninteressen ein sozialpolitischer Konsens möglich werden sollte.

— Somit wurde das anthropologische Konstrukt der „Persönlichkeit" als Einheit von „Wille" und „Tat" für STEIN zur Schlüsselfigur, nicht nur um die Handlungsmuster individueller Interessenverfolgung herauszupräparieren, sondern auch um die Legitimations- und Integrationsformen öffentlichen Handelns darzustellen.

Es wird die Auseinandersetzung mit STEIN wenig weiterführen, seine vielfach verschwommenen anthropologischen und modelltheoretischen Konstrukte Zug um Zug nachzuarbeiten, aufzuschlüsseln und abzuklären. Statt dessen soll versucht werden, den Perspektivenwechsel nachzuvollziehen, den STEIN zu programmieren suchte, wenn er mit der Metaphorik der „Persönlichkeit" und des „Lebens" von einem älteren Staatsdenken abzusehen suchte.[63]

---

[63] Vgl. programmatische Formeln wie: „Der Staat ist weder eine Anstalt, noch eine Rechtsforderung, noch eine ethische Gestaltung, noch ein logischer Begriff, so wenig wie das Ich des Menschen ... Der Staat ist eine – die höchst materiale – Form der Persönlichkeit. Es ist sein Wesen, seinen Grund in sich selbst zu haben. ... Der Staat hat daher nicht etwa, wie die bisherige Philosophie sagt, nur eine ‚Bestimmung' und ist mit ihr erschöpft, sondern er hat ein ‚Leben'." Vgl. Stein, Verwaltungslehre, 1. Theil, 1. Abt.: Die Regierung, 1869², 5.

Die Metaphorik der „Persönlichkeit" und des „Lebens" stützt bei STEIN die Darstellbarkeit neuartiger Aktions- und Organisationsformen öffentlichen Handelns: Die Metapher des Personalen ermöglicht eine Begründung der staatlichen Souveränität nach dem Muster der Eigendynamik personalen Handelns. Gegenüber dem bei organizistischen Personalmetaphern naheliegenden Verdacht einer holistischen Verherrlichung personaler (monarchischer) Herrschaft können als Korrekturen die von STEIN gleichfalls in die politische Sprache eingeführten Begriffe des „Lebens" und der „Arbeit" hervorgehoben werden, welche die Kategorie der „Persönlichkeit" gerade nicht als Positionsbegriff fassen, sondern im Medium personalistischer Metaphorik die Prozesse einer wechselseitigen Vermittlung von Person und Umwelt zu thematisieren und zu reflektieren suchen. Die Ausrichtung aktiver Gesellschaftspolitik auf die Besonderheiten sozialer Problemlagen erschien STEIN jedoch gerade wegen der dadurch ausgelösten situativen Betroffenheiten legitimationsbedürftig. So wie STEIN der rechtsstaatlichen 'Politik des Allgemeinen' die Legitimationsbasis einer verfassungsmäßig zu regelnden allgemeinen Willensbildung zuordnen wollte, versuchte er für die verwaltungsstaatliche 'Politik des Besonderen' einen Legitimationsmodus zu entwickeln, über den öffentliches Handeln mit der Selbstbestimmung der jeweils betroffenen Situation vermittelt werden könnte.

Wenn dann der Zweckbegriff durch den diffuseren Begriff des „Wesens" ersetzt wurde und das „Wesen des Staates" durch die Fähigkeit zu selbstbestimmtem Handeln definiert war, konnten die konkreten Zwecke der einzelnen Staatsaktionen für situationsbezogene Orientierungen offen bleiben. Entsprechend manifestierte sich öffentliches Handeln nicht nur in der generalisierenden Form von Gesetzgebung und Gesetzesvollzug, sondern gerade auch in situationsspezifisch orientierter Verwaltung von Spannungsfeldern und Vermittlungsprozessen zwischen einer staatlichen Ebene der Verallgemeinerung handlungsleitender Richtwerte und den situativen Besonderheiten gesellschaftlicher Problem- und Interessenlagen.

Dadurch, daß STEIN die Krisenphänomene der sozialen Bewegung im Spannungsfeld von Staat und Gesellschaft zu verorten suchte, gewann er ein mehrdimensionales Bezugssystem, durch welches die „Wechselwirkungen" von Staatsidee und Gesellschaftswirklichkeit deutlich werden sollten. Mit seiner Unterscheidung eines „staatlichen" und eines „gesellschaftlichen Organismus" scheint STEIN sich terminologisch noch am rationalistischen Trennungsdenken des bürgerlichen Liberalismus orientiert zu haben; doch erschien jetzt der Dualismus von „Staat" und „Gesellschaft" nicht mehr als ein statisches Gegenüber zweier disparater Objektbereiche, sondern als das dynamische Spannungsverhältnis komplementärer Aspektstrukturen der historisch-politischen Orientierung.[64] Entsprechend bedeutet die wissenschaftstheoretische Trennung von Staats- und Gesellschaftslehre auch weniger eine Aufteilung der sozialen Wirklichkeit in einen „politischen" und einen „sozialen" Sektor als die methodologische Unterscheidung zweier Dimensionen der sozialen Wirklichkeit. Das „Wesen" des Staates war für STEIN die einheitliche Ausrichtung der menschlichen Verhältnisse auf das integrierende Leitbild der freien Persönlichkeit; die „Wirklichkeit" der Gesellschaft sah er durch den sozialen Konflikt zwischen den „Sonderinteressen" bürgerlicher und proletarischer Klassenlage bestimmt. Da jener Konflikt durch strukturelle Widersprüche zwischen Freiheitsprinzip und Gleichheitsanspruch

---

[64] „So, nun scheiden sich die Gesellschaft und der Staat. Die Gesellschaft ist derjenige Organismus unter den Menschen, der durch das Interesse erzeugt wird, dessen Zweck die höchste Entwicklung des Einzelnen ist, dessen Auflösung aber dadurch erfolgt, daß in ihm jedes Sonderinteresse sich das Interesse aller Anderen mit allen Mitteln unterwirft. Der Staat dagegen ist als selbständige Persönlichkeit von dem Willen und den Interessen der Einzelnen unabhängig, und da er die Einheit aller in seiner Persönlichkeit umfaßt, so ist es klar, daß die Interessen jedes Einzelnen, mithin auch die Interessen desjenigen, der durch den Gegensatz der anderen Interessen bedroht ist, zugleich die Seinigen sind." Stein, Gesellschaftslehre, 1. Abt.: Der Begriff der Gesellschaft und die Lehre von den Gesellschaftsklassen, 1856, 32.

begründet war, sollte der Staat im Sinne einer am Persönlichkeitsideal orientierten „socialen Reform" in den Kampf der „socialen Bewegungen" handelnd eingreifen.

Eine kritische Würdigung der personalistisch-organizistischen Metaphorik des STEINschen Staatsdenkens hat zwei einander widersprechende Deutungsperspektiven freizulegen. Einerseits weist die Metapher zurück auf prinzipielle Auseinandersetzungen um die Begründung des modernen Staates, wie sie dogmengeschichtlich an der theoretischen Entgegensetzung von Vertragstheorie und Herrschaftstheorie festzumachen ist. Zwischen STEINS Konstrukt des Verwaltungsstaates der sozialen Reform als „Person" und dem HOBBESschen „Leviathan" läßt sich schon über die vergleichbare Bildhaftigkeit ein Verweisungszusammenhang konstruieren, in welchem sich STEINS Staatstheorie als deutliche Alternative zum liberalen Vertragsdenken zu profilieren suchte.[65]

Für eine Interpretation von STEINS organizistischer Metaphorik der Personifizierung des Staates [66] ist andererseits jedoch auch zu beachten, daß sich auf dem Hintergrund der Entwicklungen neuzeitlicher Biologie auch der metaphorische Bezugskontext verändert hat. Der politische Organismus suggeriert nicht mehr nach dem Muster des anatomischen Korpus die Stabilität ständischer Gliederung oder die Totalität monokratischer Herrschaft, vielmehr wurden in der organischen Politikmeta-

---

[65] Zur metaphorischen Konstruktion der bei Hobbes im staatlichen Leviathan personifizierten politischen Einheit der Gesellschaft vgl. A. Meyer, Mechanische und organische Metaphorik, Archiv für Begriffsgeschichte 12 (1969), 137.

[66] Gegenüber der Übertragung des leviathanischen Konstrukts auf die Problematik der politischen Befriedung von Klassengesellschaften lassen sich ideologiekritische Bedenken anmelden, daß hier die organizistische Metaphorik „preisgibt, wofür sie steht – für die Mystifikation der aus Widersprüchen konstituierten, jedem Individuum vorgeordneten, gesellschaftlichem Ganzen, sowie für die Systierung der Widersprüche im Zeichen staatlichen Zwanges". Meyer, Mechanische und organische Metaphorik, 163.

phorik des 19. Jahrhunderts stärker die Bezüge auf die sich damals entfaltenden physiologischen und psychologischen Analysen von Lebensprozessen gesucht, womit sich im Übertragungsbereich der politischen Organisation Perspektiven eröffneten, die Komplexität und die Dynamik von Austausch- und Vermittlungsprozessen mit einprägsamer Bildhaftigkeit vorzustellen.

Zugleich konnte sich die Begründung staatlicher Souveränität aus der klassischen Konfrontation zwischen einer in individuelle Egoismen atomisierten Gesellschaft und einer durch die absolute Herrschaft des Monokraten repräsentierten Staatsgewalt lösen und sich den komplexeren Konfigurationen der Wechselwirkung von „Verwaltung" und „Vereinswesen" zuwenden.

VI. VON „POLIZEIWISSENSCHAFT" ZUR „VERWALTUNGSLEHRE"

Der sich in STEINS frühen Schriften zur gesellschaftsgeschichtlichen Analyse der sozialen Bewegungen bereits abzeichnende Übergang von der Verfassungsgeschichte zur Verwaltungslehre wurde im ›System der Staatswissenschaft‹ systematisch begründet und in der ›Verwaltungslehre‹ detailreich ausgearbeitet. Eine problemgeschichtliche Erörterung des Stellenwertes von STEINS Thematisierung der Legitimations- und Orientierungsmuster staatlichen Verwaltungshandelns hat STEINS Position nach zwei Richtungen hin abzugrenzen: zur Tradition des polizeistaatlichen Staatsgedankens und zur aktuellen Diskussion der politischen Verwaltung.

In Lorenz VON STEINS umfangreichem Spätwerk, der ›Verwaltungslehre‹, wurde ein Begriff zum Programm einer wissenschaftlichen Disziplin erklärt, dem schon in den früheren Schriften als Ausdruck einer neuen Aktionsform politischer Herrschaft eine Schlüsselfunktion zukam: mit dem neuorientierten Begriff der „Verwaltung" wollte STEIN sich definitiv von den überkommenen und etablierten staatswissenschaftlichen Disziplinen des Verfassungsrechts, wie der Polizeiwissenschaft abheben.

Erschließt man die Geschichte von Schlüsselbegriffen der sozialen und politischen Orientierung als Quelle für die Verlagerung von Aspektstrukturen, worin sich wiederum soziostruktureller Wandel spiegelt, so kann die Begriffsgeschichte des terminologischen Kontextes „Verwaltung" aufschlußreich werden, insofern sich in der begrifflichen Entfaltung der Problematik und Systematik öffentlichen Handelns der evolutionäre Prozeß der Ausbildung und Ausformung politisch-administrativer Systeme spiegelt.[67]

---

[67] Die begriffsgeschichtlichen Elemente der Kategorie der „Verwal-

Das aus dem Transitivverb „ver-walten" gebildete Verbalnominativ „Ver-walt-ung" ist – wenngleich sich dieser Wortbildungstypus schon in der frühen Neuzeit belegen läßt [68] – symptomatisch für die Aspektstruktur des geschichts- und

tung" und die unterschiedlichen Schichten der Wortbildung markieren strukturgeschichtlich signifikante Phasen der Systembildung öffentlicher Macht: „Ver-waltung" erscheint sprachgeschichtlich als Konstruktion, in der der idg. Wortstamm „walten" durch das Präfix „ver" zu dem Transitivum „verwalten" wurde, welches wiederum durch das Suffix „-ung" zu einem verbalnominativen Reflexium „Verwaltung" weiter entwickelt werden konnte:
– der idg. Wortstamm, wie er sich etwa in lat.: „valere" abzeichnet, bezeichnet die Qualität von „Stärke, Kraft". Die verbale Intensivbildung ahd. „walten" wäre entsprechend heute zu umschreiben im Sinne von „stark sein, beherrschen";
– die Präfixbildung „ver-walten" dreht die Aspektstruktur ins Transitive, d. h. die Gewalt wird auf ein Objekt gerichtet im Sinne von: „Gewalt haben über etwas, in Gewalt haben, für etwas sorgen";
– das Suffix „-ung" aktualisiert den Wortbildungstypus des Verbalnominativs, der über das Transitivverb „verwalten" angezeigte Prozeß wird selbst Gegenstand der Aussage.
Der transitive Effekt der Wortbildung mit dem Suffix „ver" läßt sich auch an den sog. „Bewirkungsverben" („Faktitivbildung") verdeutlichen (vgl. „vergüten", „verbessern", „verschönern", „verfremden"), wo jeweils ein Adjektiv zum Kern eines Verbums wird, welches das Bewirken des mit dem Adjektiv markierten Zustandes markiert. Das so gebildete Transitiv-Verbum „Ver-Walten" beschreibt entsprechend die Anwendung von „(gi-)walt" auf einen Objektbereich. Noch prägnanter erscheint die transitive Aspektstruktur von „verwalten" im Kontext des bürgerlichen Rechts, wo es sich auf übertragene Verfügungs- und Handlungskompetenzen gegenüber fremden Objekten handelt (vgl. „Nachlaßverwaltung", „Konkursverwaltung").
Aus dem Transitivverb wird schließlich über das Suffix „ung" das Verbalnominativum „Ver-walt-ung", indem die Prozesse der Vollziehung öffentlicher Gewalt „selbst" zum Subjekt des Geschehens erklärt werden.
[68] Vgl. W. Damkowski, Die Entstehung des Verwaltungsbegriffs. Eine Wortstudie, Köln u. a. 1969.

gesellschaftstheoretischen Selbstverständnisses des europäischen Revolutionszeitalters. Begriffe vom Typus „Verwaltung" haben von ihrem etymologischen Konstruktionsprinzip her nicht nur eine zuvor ‚verbal' angezeigte Tätigkeit zum Subjekt des Geschehens erhoben, sondern zugleich wird das Geschehen dynamisiert, insofern nun die Gerundivkonstruktion Vorgänge im Vollzug ihrer Bewegung zeigt.[69] Soweit diese Bewegung als gerichteter Prozeß gedacht war, waren die Bewegungsbegriffe zugleich Perspektivbegriffe. Schließlich bewirkt das Reflexivwerden vormals transitiver Konstruktionen, daß nicht nur Subjekt oder Objekt einer Tätigkeit thematisiert wird, als auch Struktur und der Verlauf des Prozesses selbst.[70]

Wenn Lorenz VON STEIN die Organisations- und Aktionsformen moderner Staatsaktivität unter dem neuartigen Titel einer ›Verwaltungslehre‹ thematisierte und sich damit terminologisch wie programmatisch von der „polizeiwissenschaftlichen" Tradition des neuzeitlichen Staatsdenkens absetzte, konnte er zugleich die dynamisierende Aspektstruktur des von ihm bewußt gewählten Begriffs der „Verwaltung" theoretisch nutzen: Unter dem Bewegungsbegriff „Verwaltung" thematisierte er weniger – wie die Polizeiwissenschaft – einen festen Zielkatalog von Staatsaufgaben mit einem fest zugeordneten Apparat öffentlicher Machtmittel, als den Prozeß der Vermittlung zwischen den staatlich repräsentierten und legitimierten „Ideen" und den gesellschaftlich jeweils besonders situierten „Interessen". Dies spezifische Erkenntnisinteresse der STEINschen ›Verwaltungslehre‹ an Vermittlungsproblemen wird besonders deutlich bei der Abhebung der neuen Disziplin von der etatistischen

---

[69] Zum begriffsgeschichtlichen Stellenwert von Reflexiv- und Perspektivbegriffen vgl. R. Koselleck, Einleitung, in: O. Brunner u. a. (Hrsg.), Geschichtliche Grundbegriffe, Bd. 1, Stuttgart 1972, XIII–XXVII.

[70] Zur Aspektstruktur von „reflexiven Mechanismen" vgl. N. Luhmann, Reflexive Mechanismen, Soziale Welt 7 (1966), 1–23 (auch in: ders., Soziologische Aufklärung).

Polizeiwissenschaft einerseits, dem konstitutionellen Verfassungsrecht andererseits.

Der von STEIN durch den neugefaßten Begriff der "Verwaltung" verdrängte Begriff der "Polizei" gehört dogmengeschichtlich in den Traditionszusammenhang der Begründung, Bestimmung und Begrenzung staatlicher Souveränität. Entsprechend sah im Staatsdenken des Ancien Régime "Polizei-Wissenschaft" ihre Aufgabe darin, diese Ausübung staatlicher Gewalt im Sinne "guter Polizey" an das "gemeine Wohl" der Untertanen zu binden und durch eine vernunftsgemäße Stabilisierung des Staatszwecks wie eine zunftgemäße Orientierung der Staatsdiener die Raison der Staatstätigkeit gegenüber den Unberechenbarkeiten der im Staat herrschenden und handelnden Personen eigenständig zu machen.

Insofern die polizei- und kameralwissenschaftlichen Traditionen des Ancien Régime in den deutschen Territorialstaaten die Staatstätigkeit durch eigenständige Orientierungssysteme und naturrechtlich fundierte Zielbindungen vom empirischen Willen des fürstlichen Souveräns unabhängig zu machen suchten, sind in diesen älteren deutschen Staats- und Verwaltungslehren durchaus Verweisungen auf aktuelle Ansätze einer rechts-, organisations- und gesellschaftswissenschaftlich fundierten Orientierung und Professionalisierung moderner Verwaltung zu erkennen.[71]

"Gute polizey" war im alten Europa vor der Revolution die Formel einer teils pragmatisch, teils normativ fundierten Verselbständigung der Ziel- und Orientierungsbilder öffentlichen Handelns gegenüber Willkürlichkeiten monarchischer Herrschaft; doch mußte dieser alteuropäische Traditionszusammenhang zerbrechen in dem Maße, wie im Zuge geschichtlicher Dynamik zukünftige Entwicklungen nicht mehr durch die Kon-

---

[71] Zur dogmengeschichtlichen Verknüpfung der polizeiwissenschaftlichen Tradition mit neueren politikwissenschaftlichen Konzeptionen vgl. H. Maier, Die ältere deutsche Staats- und Verwaltungslehre (Polizeiwissenschaft). Ein Beitrag zur Geschichte der politischen Wissenschaft in Deutschland, Neuwied 1966.

servierung bewährter Praktiken zu binden waren und in dem Maße, wie die Souveränität des Staates auf solche Institutionen überging, welche die Präsentation des ‚bonum commune' über verfaßte Verfahren an Prozesse öffentlicher Meinungs- und Willensbildung banden.

Die Verselbständigung der Souveränität und der Raison des Staates als eine von der Willkür und Beliebigkeit seiner Verwalter unabhängigen Institutionalisierung geschichtlicher Vernunft markiert HEGELS Rechtsphilosophie, die den alteuropäischen Begriff der „Polizei" aufnimmt, aber dann gegen die Tradition kehrt. Die „Polizei" als die der Besonderheit gesellschaftlicher Problemlagen zugewandte Aktionsform öffentlichen Handelns wird von HEGEL allerdings nicht mehr der idealisierten Sphäre moderner Staatlichkeit zugerechnet, sondern er problematisiert die „Polizei" als Institution der „bürgerlichen Gesellschaft". Neben der „Corporation" erscheint auch die „Polizei" als Ausdruck gesellschaftlicher Besonderheit. „In der Ausdehnung auf den ganzen Umfang der Besonderheit"[72] leistet das Polizeiwesen für HEGEL die praktische Vermittlung der idealen Allgemeinheit des modernen Staates mit den noch nicht verallgemeinerbaren Sonderlagen gesellschaftlicher Sorgen. Hierbei erscheint die Polizei im Verhältnis zur Selbstregierung und Selbstrationalisierung des gesellschaftlichen „Systems der Bedürfnisse" allerdings nur in subsidiärer Funktion als Absicherung gegenüber den aus dem Rahmen des gesellschaftlichen Not- und Verstandesstaates fallenden Zufälligkeiten.

In den vielzitierten Paragraphen (224–248) zu den strukturellen Krisen einer industriell wachsenden bürgerlichen Gesellschaft nähert sich HEGELS ›Rechtsphilosophie‹ allerdings einem, die bisherige Gedankenführung einer subsidiären Polizeitheorie sprengenden ‚politischen' Polizeibegriff. Bei einer „über sich hinaustreibenden" Bewegung der bürgerlichen Gesellschaft,

---

[72] G. W. F. Hegel, Grundlinien der Philosophie des Rechts oder Naturrecht und Staatswissenschaft im Grundrisse, in: Hegel, Sämtliche Werke, hrsg. von H. Glockner, Bd. 7, Stuttgart 1952, § 229.

deren Strukturkrise im „Übermaß der Armut und Erzeugung des Pöbels" kulminiert, kommt nun der „Polizei" neben ihrer subsidiär schützenden und regulierenden Kompetenz auch der Steuerungsauftrag zu, „als höhere Leitung Vorsorge für die Interessen, die über die Gesellschaft hinausführen können", zu treffen. In solchen Formeln ist der problemgeschichtliche Übergang von „guter Polizei" zu „sozialer Politik" angelegt, was in dem Maße virulent werden mußte, wie die Krise gesellschaftlicher Selbstregulierung die Steuerung der gesellschaftlichen Entwicklung den Institutionen politischer Verantwortung übertragen ließ – ein sowohl evolutionär wie revolutionär zu deutendes politisches Programm.[73]

Die hiermit schon bei HEGEL im Ansatz angelegte wirkungsgeschichtliche Verzweigung des Traditionszusammenhangs „guter Polizei" in rechtsstaatliche Regulierung einerseits, sozialstaatliche Steuerung andererseits läßt sich in der Problemgeschichte einer sozialwissenschaftlich fundierten Verwaltungslehre belegen: Sie findet in R. VON MOHL und L. VON STEIN ihre prominenten Exponenten.

Während MOHL[74] in seiner ›Polizey-Wissenschaft nach den Grundsätzen des Rechtsstaates‹ noch an die Tradition einer Unterwerfung des Verwaltungshandelns unter einen definitiv vorgegebenen Staatszweck anknüpfte, diese instrumentalistische Fügung von Staatszweck und Staatsmittel jedoch rechtsstaatlich zu binden und zu begrenzen suchte, versuchte Lorenz VON STEIN stärker die sozialstaatliche Dimension öffentlichen Handelns herauszuarbeiten.

---

[73] Vgl. hierzu H. Maier, Ältere deutsche Staats- und Verwaltungslehre, 284.
[74] R. v. Mohl, Die Polizey-Wissenschaft nach den Grundsätzen des Rechtsstaates, 3 Bde., Tübingen 1831–34, 2/1844, 3/1866; vgl. dazu H. Maier, Die ältere deutsche Staats- und Verwaltungslehre, 262–278. Zur historischen Verortung der Mohlschen Staats- und Gesellschaftslehre vgl. E. Angermann, R. v. Mohl (1799–1875). Leben und Werk eines altliberalen Staatsgelehrten, Neuwied 1962.

Zielte Mohls ›Polizey-Wissenschaft nach den Grundsätzen des Rechtsstaates‹ auf die Begrenzung und auf die Absicherung eines allgemeinen Rahmens individueller Interessenentfaltung und gesellschaftlicher Selbstregulierung, so mußte die auf „gesellschaftswissenschaftlicher" Krisenforschung aufbauende ›Verwaltungslehre‹ Lorenz von Steins die Impulse staatlichen Verwaltungshandelns an den Besonderheiten von Krisen- und Problemlagen der sich entwickelnden Industriegesellschaft festmachen. Eine solche problemorientierte Programmierung und Steuerung der Staatstätigkeit hatte bei Stein gewiß auch wertende Prämissen, auf deren Basis Situationen und Konstellationen überhaupt erst als Problemlage thematisiert und entsprechend als „öffentliche Angelegenheit" perzipiert werden konnten. Diese normative Perspektive war bei Stein als „Staatsidee" präsent, womit „Verwaltung" als die jeweils besondere Auslegung und Anwendung der staatlich repräsentierten Leitwerte auf die jeweiligen Besonderheiten gesellschaftlicher Problemlagen als „Wesensverwirklichung" des „arbeitenden Staates" zu würdigen war.[75]

Mit diesem gesellschaftswissenschaftlichen Ansatz einer problemorientierten Verwaltungslehre konnte Stein die in Hegels rechtsphilosophischer Zusammenfassung von „Polizei" und „Korporationen" angelegte Problematik einer ‚sozialen Politik des Besonderen'[76] neu aktualisieren und als Komplementaritätsverhältnis von „gesellschaftlichem Vereinswesen" und „sozialer Verwaltung" operationalisieren.

Stein versuchte, die Organisations- und Legitimationsprobleme moderner Verwaltung aus dem Traditionszusammenhang

---

[75] Zur verwaltungstheoretischen Problematisierung von Steins Formel der „Wesensverwirklichung" vgl. N. Luhmann, Theorien der Verwaltungswissenschaft. Bestandsaufnahme und Entwurf, Köln 1966, 18 ff.

[76] Die Kategorie der „sozialen Politik des Besonderen" ist operationalisiert bei: R. Schnur, Politische Entscheidung und räumliche Interessen, Die Verwaltung 3 (1970), 257–281.

eines polizeiwissenschaftlich orientierten Etatismus dadurch herauszulösen, daß er die Verwaltung nicht als Apparat eines instrumentalistischen Vollzugs von Staatszwecken definierte, sondern als Prozeß der Vermittlung zwischen der politisch repräsentierten Möglichkeit gesellschaftlicher Entwicklung und den jeweils besonders situierten Problem- und Bedarfslagen der Gesellschaft.

Die Verlagerung der Aspektstruktur von der Bestandsanalyse zur Prozeßanalyse und die Reflexion von Vermittlungsproblemen konnte über die politische Metaphorik des „persönlichen Staates" und des „arbeitenden Staates" begrifflich orientiert werden. Hierbei erlaubte die Metapher der „Persönlichkeit" nicht nur die handlungstheoretische Beschreibung öffentlichen Handelns, sondern auch die Unterscheidung zwischen Handlungssystem und zu behandelnder Umwelt.

Ist der Staat ... eine Persönlichkeit, so besitzt er nicht bloß sein Ich, seinen Willen und seine Tatkraft, sondern er steht wie jede Persönlichkeit in der Mitte eines Daseins, welches außer ihm liegt und das mit seinen Kräften und Erscheinungen ihn so gut von außen her bestimmt wie jede Einzelpersönlichkeit.[77]

Die zwischen „System" und „Umwelt" öffentlichen Handelns zu organisierenden Kommunikationsprozesse ergaben sich daraus, daß sich sowohl die gesellschaftlich unterschiedlich gerichteten Interessen zu einer einheitlich politischen Willensbildung integrieren wie die unterschiedlich gelagerten Handlungspotentiale gesellschaftlicher Situationsgruppen sich aktivieren sollten. Die programmatische Perspektive jener durch die Kommunikationsprozesse von Verfassung und Verwaltung gesteuerten Systemaktivitäten war für STEIN die Ausrichtung aller gesellschaftlichen Kräfte auf „das gesamte menschliche Leben, die gesamte Staatstätigkeit in der Bewegung der Gemeinschaft, die

---

[77] L. v. Stein, Handbuch der Verwaltungslehre, Erster Teil: Der Begriff der Verwaltung und das System der positiven Staatswissenschaften, Stuttgart 1887³, 22 f.

ganze gewaltige Arbeit enthaltend, concentrierend und ordnend, durch welchen die Menschheit ihrem Ziele entgegenstrebt".[78]

Die Aktionsform der staatlich verwalteten Integration der unterschiedlich gelagerten gesellschaftlichen Kräfte zu einem fortschrittlich gerichteten Wirkungszusammenhang hat STEIN vielfach mit der Kategorie der „Arbeit" umschrieben. Entsprechend konnte „die Verwaltung als der arbeitende Staat" definiert werden.[79] Hierbei wird das Erkenntnisinteresse der „Arbeits"-Metaphorik daran deutlich, daß STEIN die Kategorie der „Arbeit" und Absetzung von dem Parallelbegriff der „That" zu fassen suchte. Während die Kategorie der „That" die einseitig entschiedene und rücksichtslose Durchsetzung von Zielen thematisierte, sollte die Kategorie der „Arbeit" die Wechselwirkungen im Vermittlungsbereich von Handlungssubjekt und Objektbereich umschreiben.[80] Die Fassung von Austauschprozessen zwischen Handlungssubjekt und Objektbereich durch den Begriff der „Arbeit" bedeutete in der Übertragung auf die Wirkungszusammenhänge zwischen „Staat" und „Gesellschaft", daß zwei unterschiedliche Prozeßrichtungen aufeinander zu beziehen waren: der kommunikative Prozeß der Identifikation der Interessenorientierungen einer Gesellschaft zu einer politisch repräsentierten Willenseinheit und der interaktive Prozeß der Integration sozialer Interessen und Kompetenzen zu einem ein-

---

[78] L. v. Stein, Die Verwaltungslehre, Zweiter Teil: Die Lehre von der inneren Verwaltung, Stuttgart 1866, 47.

[79] So die programmatische Kapitelüberschrift in: Stein: Handbuch der Verwaltungslehre, Erster Teil, 22 ff.

[80] Vgl. ebd., 24: „Die That auch des Staates ist daher die Erscheinung des Willens, aber des von aller Berechtigung ihres Objectes sich freimachenden Willens. Daher kann der Staat eine That vollbringen, aber er kann mit seiner That nicht verwalten. . . . Aus dieser That wird nun die Arbeit, wenn der thätig werdende Wille in seine Selbstbestimmung die Kräfte und die höhere Bestimmung desjenigen aufnimmt, wogegen er die Kraft seiner Persönlichkeit richtet und dadurch erkennt, daß alles Leben sich erst in der Harmonie seiner Faktoren zu erfüllen vermag."

heitlich gerichteten Wirkungszusammenhang öffentlichen Handelns. Hierbei ging in die politische Metapher des „arbeitenden Staates" die Denkfigur ein, daß die sinnvolle Bearbeitung eines öffentlichen Problemfalles die Berücksichtigung der im Gegenstandsbereich selbst angelegten Kräfte und Möglichkeiten voraussetzte.

Die „Wechselwirkung" zwischen den Zielorientierungen politischer Integration und der jeweils konkreten Beteiligung und Betroffenheit gesellschaftlicher Situationen hat STEINS politische Institutionenlehre an der theoretischen Unterscheidung der „Organismen von Verfassung und Verwaltung" zu verdeutlichen gesucht. Diese Unterscheidung gab ihm die Möglichkeit, die Prozesse politischer Willensbildung und öffentlicher Handlungsführung funktional zu spezifizieren:
– „Function" der Verfassung war es, die „Vorstellung von den wirklichen Kräften und Dingen außerhalb der Persönlichkeit [des Staates; E. P.] zu empfangen" und diese Impulse der gesellschaftlichen Umwelt zu politischer Willensbildung zu integrieren und damit in politische Machtbildung der Verwirklichung jener Vorstellungen zu transformieren.
– Dem „Organismus der Verwaltung" sollte demgegenüber die „Function" zukommen, im Rahmen der verfassungsmäßig ermächtigten Zielperspektiven den Situationsbezug öffentlichen Handelns jeweils inhaltlich zu konkretisieren und dabei „vermöge der Kategorien von Maß und Art dasjenige zu bestimmen, was die Verfassung als ihren Willen neu zu schaffen hat".

Den funktionalen Unterschied dieser beiden komplementären Orientierungslogiken öffentlichen Handelns faßte STEIN mit der Formel zusammen, daß „die Verfassung ihrem eigensten Begriff nach i n h a l t l o s ohne die Tätigkeit der Verwaltung, die Verwaltung ihrem Begriffe nach m a c h t l o s ohne die Verfassung [ist]".[81]

Die einander ergänzenden Orientierungen am Integrationsbezug und am Situationsbezug öffentlichen Handelns spiegelte

---

[81] Ebd., 28.

sich für STEIN auch in der Binnenstruktur des „Organismus" der Verwaltung selbst. Auch hier waren die Aktions- und Organisationsformen des „arbeitenden Staates" danach zu unterscheiden, ob jeweils der Bezug auf die staatliche Allgemeinheit oder auf die gesellschaftliche Besonderheit aktiviert wurde.

Unter den beiden – einander komplementären – Aspekten sollte Verwaltung, als „die organisierte Arbeit des Staates", zwischen Situation und Integration vermitteln. Die entsprechende Fassung des Staates als Handlungssystem ging über altliberale Konstrukte des Staates als „Rechtsstaat" insoweit hinaus, als die Rechtsstaatsdoktrin von der Fiktion ausgegangen war, daß sich keine Vermittlungsprobleme stellen, so lange sich öffentliches Handeln im Recht „aufgehoben" findet.

Für STEIN erschienen demgegenüber die jeweils besonders situierten Problemlagen der entwickelten Industriegesellschaft nicht mehr eindeutig und instruktiv aus dem Recht deduzierbar. Entsprechend thematisierte er neben der generalisierenden Ordnungsform des „Gesetzes", die jeweils situativ spezifizierende Aktionsform der „Verordnung".[82] Die besondere Problematik

---

[82] L. v. Stein, Die Verwaltungslehre, Erster Teil: Die vollziehende Gewalt, Erste Abteilung: Die Regierung und das verfassungsmäßige Verwaltungsrecht, Stuttgart 1869², 75: „Die Verordnung soll der Staatswille für dasjenige sein, was sich dem gesetzlichen Staatswillen seinem Wesen nach entzieht; sie soll den Willen des Gesetzes mit den selbständigen und wechselnden Elementen und Kräften der wirklichen Welt und des wirklichen Lebens erfüllen; sie soll daher selbst die Erfüllung des Staatswillens, das concrete Correlat des abstrakten Gesetzes sein; sie soll vor allen Dingen von der Tatsache ausgehen, und mit ihr von den Besonderheiten und dem Wechsel derselben, sie soll die Dinge und die Lebensverhältnisse nicht wie sie an sich sind, sondern in dem Moment und in der Gestalt, wo sie zur Erscheinung kommen erfassen". – Vgl. auch ebd., 84: „Allein das scheint klar, daß die vollziehende Gewalt eine viel höhere Funktion als bloß die Ausführung der Gesetze besitzen muß; sie ist vielmehr eine zweite Gesetzgebung neben der ersten; ein zweites Gebiet des selbsttätigen Staatslebens. Und wir müssen daher das als ein sehr untergeordnetes

eines sich über „Verordnungen" auf Problemlagen gesellschaftlicher Besonderheit beziehenden öffentlichen Handelns erkannte STEIN einerseits in den Schwierigkeiten der Verwaltung, die unterschiedlich ausgerichteten „Verordnungen" in ein System intentionalen Handelns zu integrieren.

Die andere Problematik eines mit dem Instrument der Verordnung „arbeitenden" Staates sah STEIN in den Legitimationslücken, die daraus entstanden, daß zwar das „Gesetz" seine verfassungsmäßige Legitimationsbasis fand, die Verordnung aber gerade wegen der Aktualität und Spezifität ihrer Handlungsausrichtung inhaltlich durch das auf Dauerstellung und Verallgemeinerung hin konzipierte „Gesetz" nicht abgedeckt war. Gerade weil das komplexe Gefüge der gesellschaftlichen Ansprüche auf die staatliche Daseinsvorsorge immer weniger generalisierbar und systematisierbar erschien und deshalb die Verwaltungstätigkeit nicht mehr von zentralen Stellen und nach höchsten Zielen zu programmieren war, hat STEIN den unterschiedlichen Ebenen des Verwaltungshandelns unterschiedliche Orientierungsweisen zugeordnet.

Im Zentrum politischen Systems sollte die „Regierung" den politischen Willen darstellen, indem sie für die vielfältigen Staatsaktivitäten ein allgemeines Entscheidungsprogramm setzte. An der Peripherie des staatlichen Bereichs, im Grenzbereich zwischen staatlichen Organen und gesellschaftlichen Organisationen sollte die Verwaltung die Handlungspotentiale gesellschaftlicher Selbstverwaltungen aktivieren und koordinieren.

Durch jene Trennung von „Regierung" und „Verwaltung" waren einerseits die politischen Institutionen, welche die Programmatik der Sozialreform zu repräsentieren, zu legitimieren und als verbindliches Rahmenprogramm des Verwaltungshandelns zu etablieren hatten, vom unmittelbaren Interessendruck des von der Verwaltung angesprochenen und betroffenen Publikums abgehoben; andererseits waren die administrativen Instan-

---

„Constitutionelles Staatsrecht" anerkennen, dessen ganzer Rechtsbegriff in der Vollziehungsverordnung besteht."

zen, die im Rahmen des allgemein gehaltenen Regierungsprogramms die Idee der ‚sozialen Reform' in konkreten Einzelfällen auslegen und anwenden sollten, durch die vorgeschaltete politische Repräsentation der ‚Staatsidee' politisch abgeschirmt, ideologisch abgesichert und institutionell entlastet. Gerade dadurch, daß STEIN mit der im bürgerlichen Leitbild der freien Persönlichkeitsentfaltung fundierten ‚Staatsidee' der Verwaltung nur eine ideologisch diffuse und somit als unmittelbare Handlungsanweisung kaum eindeutig instruktive Entscheidungsprämisse vorgab, wollte er das politische System elastisch und disponibel machen, auch für nicht generalisierbare Verwaltungssituationen institutionell Verantwortung zu übernehmen.

Diese über das Gesetz nur noch in den Randbedingungen zu kontrollierende Ausrichtung des „arbeitenden Staates" auf die Besonderheit sozialer Problemlagen erschien STEIN jedoch gerade wegen der dadurch ausgelösten situativen Betroffenheit legitimationsbedürftig. So wie STEIN der rechtsstaatlichen ‚Politik des Allgemeinen' die Legitimationsbasis einer verfassungsmäßig zu regelnden allgemeinen Willensbildung zuordnen wollte, versuchte er, für die verwaltungsstaatliche ‚Politik des Besonderen' einen Legitimationsmodus zu entwickeln, über den öffentliches Handeln mit der Selbstbestimmung der jeweils betroffenen Situation vermittelt werden könnte:

Das persönliche Wesen des Staats fordert daher, daß er die Selbstbestimmung der Einzelnen in seine Selbstbestimmung organisch aufnehme.[83]

Für Aufgabenbereiche, die nicht mehr gesetzmäßig verallgemeinerbar erscheinen, sah STEIN das Prinzip der Selbstbestimmung gerade dann realisiert, wenn es sich nicht nur auf die allgemeine Gesetzesebene, sondern auch auf die besondere Entscheidungsebene beziehen würde. Die entsprechende Begründung eines situationsbezogenen Verwaltungshandelns auf dem Prinzip

---

[83] Ebd., 85.

der „Selbstbestimmung" und „Mitwirkung Aller" faßte STEIN mit der Formel der „freien Verwaltung" zusammen: er sah sie realisiert in „Selbstverwaltung" und „Vereinswesen".[84]

---

[84] Vgl. ebd., 123: „Indem nun aber der freie Staat nicht bloß in seine Willensbestimmung oder Gesetzgebung, sondern auch in seine Tat oder Verwaltung die Selbsttätigkeit seiner Staatsbürger aufnimmt, entstehen neue Begriffe und Verhältnisse. Da nämlich eben in dieser Teilnahme der Einzelnen am Staatsleben überhaupt das Wesen der Freiheit besteht, so gibt es nicht bloß eine Freiheit der Gesetzgebung, sondern es gibt auch eine freie Verwaltung. Und der Organismus der Freiheit für die vollziehende Gewalt erscheint in den beiden Kategorien der Selbstverwaltung und des Vereinswesens" [= im Originaltext steht hier der offensichtliche Korrekturfehler: „Verwaltungswesen"; E. P.].

VII. VOM „LABYRINTH DER BEWEGUNG"
ZUM „SYSTEM DES VEREINSWESENS"

Aus der Zeitgeschichte der „socialen Bewegungen" hatte STEIN zunächst die Konsequenz gezogen, die Mobilisierung und Ideologisierung gesellschaftlicher Interessenlagen zum Politikum zu erklären. Auf Grund seiner These, daß die im kapitalistischen Industrialismus strukturell angelegte Polarisierung der Klassenbewegungen die Chancen gesellschaftlicher Entwicklung blockieren und stören würde, forderte STEIN – unter Verweis auf die „Gegenseitigkeit" der Interessen [85] an industriellem Wachstum und sozialem Fortschritt – die Ermächtigung sozialstaatlicher Souveränität gegenüber den Einseitigkeiten der sozialen Bewegungen. Zugleich ließen STEINS staats- und gesellschaftswissenschaftliche Hinweise auf latente und manifeste Integrationskrisen des sich verschärfenden industriegesellschaftlichen Klassenantagonismus es fraglich erscheinen, ob der wachsende Problemdruck sozialer Fragen noch durch das politische System eines polizeistaatlichen Zentralismus oder im Sinne des liberalen Autonomieanspruchs gesellschaftlicher Assoziationen konstruktiv aufgefangen werden könnte. Vielmehr forderte STEIN vom politischen System der entwickelten Industriegesellschaft ein gesteigertes Entscheidungs- und Steuerungspotential, um gesellschaftlichen Fehlentwicklungen, insbesondere den tendenziellen Verzerrungen des Gleichgewichts gesellschaftlicher Entfaltungschancen, durch struktur- und sozialpolitische Staatsinterventionen im Sinne interessenübergreifender Zielsetzungen der sozialen Reform gegenzusteuern.

Gerade vor dem Hintergrund seiner Forderung einer sozialstaatlichen Überformung der Gesellschaft mag es überraschen,

---

[85] Vgl. Stein, Geschichte, Bd. 3, 194–207.

daß STEIN im späteren Kontext seiner ›Verwaltungslehre‹ das „System des Vereinswesens" zum Träger öffentlichen Handelns erklärte und damit von etatistischen Tendenzen deutlich abrückte.[86] Die Thematisierung des „Vereinswesens" im Rahmen einer „Verwaltungslehre" markierte auch nach einer anderen politischen Richtung die programmatische Alternative. Mit der verwaltungstheoretischen Bestimmung des Vereins als öffentliches ‚Organ' stellte sich STEIN zugleich auch gegen die herrschende Meinung des bürgerlichen Liberalismus, welche die Assoziation gesellschaftlicher Interessen zu einer „sozialen" und damit vorpolitischen Angelegenheit erklärt hatte und entsprechend außerhalb der „Staatswissenschaft" im Kontext von „Gesellschaftswissenschaft" behandelt wissen wollte.

STEIN versuchte, seine verwaltungswissenschaftliche Vereinslehre gegenüber dem assoziationsfeindlichen Etatismus einerseits, gegenüber der anti-etatistischen Assoziationsidee des bürgerlichen Liberalismus [87] andererseits dadurch zu distanzieren und zu profilieren, daß er den Titel des Vereins solchen Strukturen vorbehielt, die in den herkömmlichen „gesellschaftswissenschaftlichen" Definitionen des Vereinswesens noch nicht erfaßt waren; entsprechend versuchte er die überkommenen historischen Formen der Vereinigung von Interessen durch terminologische Absonderung vom „eigentlichen Vereinswesen" auszuschließen:
– Unter dem Begriff der „Verbindung" spezifizierte STEIN solche Kampfformen der gesellschaftlichen Klassenbewegung,

---

[86] Hier hatte es programmatische Bedeutung, wenn Stein dem „Vereinswesen" einen eigenen Band seiner Verwaltungslehre widmete: L. v. Stein, Die Verwaltungslehre, Erster Teil: Die vollziehende Gewalt. Dritte Abteilung: Das System des Vereinswesens und des Vereinsrechts, Stuttgart 1869² [zitiert: Stein, System des Vereinswesens].

[87] Zur Dogmengeschichte des Assoziationsgedankens vgl. F. Müller, Korporation und Assoziation. Eine Problemgeschichte der Vereinigungsfreiheit im deutschen Vormärz, Berlin 1965; J. Baron, Das deutsche Vereinswesen und der Staat im 19. Jahrhundert, Diss. jur., Göttingen 1962.

die sich unmittelbar auf die politische Machtergreifung und die gesellschaftliche Systemumwälzung bezogen.[88]
- Als „Gesellschaften" bezeichnete STEIN unter terminologischem Bezug auf das bürgerliche Privat- und Handelsrecht die von MOHLS „Gesellschaftswissenschaft" herausgearbeiteten selbstgenügsamen Lebenskreise einer exklusiven Förderung und Verfolgung gemeinsamer wirtschaftlicher Einzelinteressen.[89]
- Der Titel des „eigentlichen Vereinswesens", mit dem STEIN ein umfangreiches Teilgebiet seiner Verwaltungslehre definierte, sollte demgegenüber solche Prozesse des öffentlichen Lebens thematisieren, die sich weder unmittelbar auf politische Machtbildung, noch unmittelbar auf selbstgenügsame Interessenverfolgung richteten, sondern die zwischen der Besonderheit von Interessenlagen und der Allgemeinheit der Zielebene politischer Systemsteuerung zu vermitteln suchten.[90]

Sowohl die frühkonstitutionelle Eliminierung gesellschaftlicher Besonderheiten aus dem verfaßten Bereich politischer Willensbildung, wie die frühliberale Etablierung der Assoziationsfreiheit gesellschaftlicher Interessenten als staatsfreier Raum

---

[88] Vgl. das Kapitel: Die Arbeiterverbindungen und ihr Übergang zur Arbeitervertretung (Coalitionen), in: Stein, System des Vereinswesens, 194 ff.

[89] Stein spricht von der Assoziationsform der „Gesellschaft", wenn „das Einzelinteresse der Zweck der organisierten Vereinigung ist. Ist es das, so wird die Aufgabe der letzteren darin bestehen, mit den *gemeinsamen Mitteln das Einzelinteresse jedes einzelnen Mitgliedes zu verwirklichen*" (ebd., 65 f.).

[90] Stein spricht vom Organisationstypus des Vereins, wenn sich das Einzelinteresse auf allgemeinere Interessen zu beziehen sucht: „Erst diejenige Vereinigung, welche ihrem Wesen nach ihre Kräfte und ihre Organisation für das allgemeine Interesse hergibt, ist zugleich die höchste Form derselben ... Der Zweck der Gesellschaft liegt *innerhalb* ihrer Mitglieder, der Zweck des Vereins liegt außerhalb derselben" (ebd., 66 f.); vgl. auch L. v. Stein, Handbuch der Verwaltungslehre, Dritter Teil: Die Verwaltung und das gesellschaftliche Leben, Stuttgart 1888³, 83.

wurden somit in STEINS verwaltungstheoretischer Fassung des Vereinswesens historisch relativiert.

Dabei konnte STEIN bei seiner verwaltungswissenschaftlichen Fassung des Phänomens des Vereinswesens an Robert VON MOHLS gesellschaftswissenschaftliche Darstellung der sozialen „Lebenskreise" und „Interessen-Krystallisationen" analytisch anknüpfen, insofern MOHL die altliberale Entgegensetzung von Individuum und Gemeinschaft bereits dadurch korrigiert hatte, daß er zwischen Staat und Individualsphäre jene „gesellschaftlichen" Strukturen herausarbeitete, die sich aus der Assoziation und Organisation gemeinsamer Interessenlagen ergaben. Für MOHL wurde dieser systematisch zwischen Staatssphäre und Privatwelt verortete Mittelbereich staatsfreier Vergesellschaftung zum eigentlichen Thema seiner neuen „Gesellschafts-Wissenschaft".[91]

Auch STEINS Lehre des Vereinswesens markiert das von MOHL beschriebene Phänomen des geschlossenen Lebenskreises durch Interessenbündelung. Hierzu zählte er solche Organisationsbereiche, die darauf hin ausgerichtet sind, „mit den gemeinsamen Mitteln das Einzelinteresse jedes einzelnen Mitgliedes zu verwirklichen". Gegenüber solcher geschlossenen, exklusiv aus der Interessenlage der einzelnen Mitglieder ableitbaren Organisationsform der „Gesellschaften" war Titel des „eigentlichen Vereinswesens" solchen Vereinigungen vorbehalten, „welche ihrem Wesen nach ihre Kräfte und ihre Organisation für das allgemeine Interesse hergeben ... Der Zweck der Gesellschaft liegt innerhalb seiner Mitglieder, der Zweck des Vereins außerhalb derselben".[92]

---

[91] Zur „gesellschaftswissenschaftlichen" Analyse des Vereinigungstypus „Interessen-Krystallisation" bei Mohl vgl. R. v. Mohl, Gesellschafts-Wissenschaften und Staats-Wissenschaft, 1851 (umgearbeitet und erweitert in: ders., Geschichte und Literatur der Staatswissenschaften, Erlangen 1855, Bd. I, 69–110; vgl. insbes. 101: „Gesellschaft (ist) eine Vielheit ganz verschiedenartiger kleiner Kreise des Volkslebens, deren Krystallisationskern ein den Genossen gemeinsames Sonderinteresse ist"; dazu Pankoke, Sociale Bewegung, 158.

[92] Stein, System des Vereinswesens, 66.

Indem so eine öffentliche Vereinstätigkeit auch die über die unmittelbaren Mitgliederinteressen hinausweisende allgemeinere Interessenlagen in die Handlungsorientierung einbezieht, konnte eine solche Orientierung von STEIN als Moment der ihn theoretisch interessierenden Vermittlung zwischen der Besonderheit von sozialen Interessen und der Allgemeinheit politischer Ziele gewürdigt werden:

Das Vereinswesen wird damit zur wahren und lebendigen Vermittlung zwischen dem mechanischen Organismus des Staates und der freien Gestaltung der staatsbürgerlichen Tätigkeit, indem es mit dem ersten Zwecke die selbstgewählte Form vereinigt, hebt es den Gegensatz auf zwischen dem außerhalb des einzelnen dastehenden Staat und dem Individuum.[93]

Die systematische Unterscheidung von „Gesellschaften" und „eigentlichen Vereinen" – die im Ansatz den von der modernen Verbandsforschung herausgearbeiteten Unterschied von exklusiven und inklusiven Interessengruppen vorwegnimmt – bedeutet mehr als nur das formelle Unterscheidungskriterium offener und geschlossener Mitgliedschaft. Vielmehr versucht STEIN, den systematischen Stellenwert unterschiedlicher Modalitäten von Mitgliedschaft herauszuarbeiten.[94] Hierbei verwies die Offenheit der Mitgliedschaft auf die öffentliche Bedeutung der Vereinsaktivität. Die Vereine der modernen Gesellschaft erschienen somit nicht mehr wie die selbstgenügsamen Lebenskreise ständischer Korporationen und privatbürgerlicher Assoziationen „nur auf sich selbst angewiesen oder für sich selbst daseiend", sondern sie waren gerade durch ihren aktiven Bezug auf öffentliche Angelegenheiten daraufhin angelegt, auch die Darstellung von Situationsinteressen als Steuerungsimpuls „auf das öffentliche Leben geltend zu machen".[95]

[93] Stein, Die Verwaltungslehre, Erster Theil: Die Lehre von der vollziehenden Gewalt, Stuttgart 1965, 521.

[94] Sozialwissenschaftliche Aspekte einer Theorie des modernen Vereinswesens, entwickelt im Anschluß an Steins Kategorien, H. Dunckelmann, Lokale Öffentlichkeit, Stuttgart 1975, insbes. 57–59.

[95] Stein, System des Vereinswesens, 97 f.

Die aus der Dynamik komplexer Vergesellschaftung abgeleitete Entwicklung der Aktions- und Organisationsformen des Vereinswesens von der Selbstgenügsamkeit geschlossener Lebens- und Interessenkreise zur Selbststeuerung von öffentlichen Angelegenheiten wird von STEIN auf das Spannungsfeld von Staat und Gesellschaft bezogen, insofern in den unterschiedlichen gesellschaftlichen Problemlagen über die Organisationsformen des Vereins die Eigendynamik von Situationsinteressen öffentlich sichtbar und wirksam werden sollte.[96]

Eine institutionelle Verknüpfung von sozialer Verwaltung (als der Aktionsform des Bezugs staatlicher Gesamtverantwortung auf die Besonderheiten gesellschaftlicher Problem- und Interessenlagen) und gesellschaftlichem Vereinswesen (als der Organisationsform des Einbezugs gesellschaftlicher Situationsinteressen in die öffentliche Verantwortung sozialer Politik) sollte so bewirken, daß einerseits „die Staatsidee der sozialen Reform unter den Verschiedenheiten örtlicher und zeitlicher Umstände festgehalten" werden könnte, daß andererseits aber auch „in der Tätigkeit des Staats zugleich das Verständnis und die Kraft, die Besonderheit und der Wechsel der Objekte des Gesetzes aufgenommen und bewahrt werden" sollte.[97]

Der in STEINS ›Verwaltungslehre‹ begründete Auftrag des Staates der sozialen Reform, sich auf die Besonderheiten seiner gesellschaftlichen Umwelt steuernd einzulassen, findet somit die Entsprechung in dem Postulat der „Vereinslehre", daß sich die besonderen Situationsgruppen über vereinsmäßige Organisation auf ihre „Umwelt" sozialer Interessen und politischer Zielsysteme aktiv beziehen sollten.

---

[96] Zur Frage des Steuerungspotentials der Eigendynamik von Situationsinteressen vgl. E. Pankoke, H. Nokielski, Th. Beine, Neue Formen gesellschaftlicher Selbststeuerung, Göttingen 1975.
[97] Vgl. L. v. Stein, Die Verwaltungslehre, Erster Teil: Die vollziehende Gewalt, Allgemeiner Teil: Das verfassungsmäßige Verwaltungsrecht, Erstes Gebiet: Die Regierung und das verfassungsmäßige Verwaltungsrecht, Stuttgart 1869², 75.

Auf Grund dieser in der Wechselwirkung von „Verwaltung"
und „Vereinswesen" zu institutionalisierenden Vermittlung zwischen den situationsbezogenen Zuständigkeiten des modernen
Sozialstaats einerseits und den über vereinsmäßige Organisation dargestellten Betroffenheiten von Situationsinteressen
andererseits forderte STEIN, die über die Selbstgenügsamkeit
binnenorientierter Interessenwahrnehmung hinausweisenden
„eigentlichen Vereine" als „Organe des öffentlichen Lebens"
zu akzeptieren und zu institutionalisieren:

Darüber sind alle einig, daß die Vereine öffentliche Erscheinungen
sind, die man nicht unter dem einfachen Gesichtspunkt der ‚Societas'
fassen kann, weil sie fähig und bestimmt erscheinen, einen wesentlichen Teil der Verwaltung des inneren Lebens der Staaten zu werden.[98]

Aktuelle Beispiele für die vereinsmäßige Formation und Politisierung gesellschaftlicher Interessenlagen sah STEIN zu seiner
Zeit insbesondere mit dem „volkswirtschaftlichen Vereinswesen"
und dem „gesellschaftlichen Vereinswesen" gegeben.[99] Hier versuchte er aufzuzeigen, daß sich hinter dem ideologischen Allgemeinheits- und Ausschließlichkeitsanspruch der jeweiligen
wirtschafts- und sozialpolitischen Interessenstandpunkte nur die
Unfähigkeit oder auch der Widerstand dagegen verbarg, sich
mit der entgegenstehenden Bezugsgruppe auf konstruktives Verhandeln einzulassen. Diese erstarrten Fronten sollten nun in
einem „System des Vereinswesens" aufgelöst werden, insofern
hier die Verhandlungen der Situationsgruppen untereinander
wie die Vermittlung zwischen gesellschaftlicher Bewegung und
sozialpolitischer Steuerung institutionell gefördert werden sollten. Hierbei registrierte STEIN neben den jeweils antagonistisch
aufeinander bezogenen Interessenpolen von Industriearbeit und
Industriekapital noch eine spannungsgeladene Vielfalt weiterer
Situationsinteressen. Das vom jungen STEIN als Antwort auf
die Strukturkrise der sozialen Bewegungen des Klassenkampfes

---

[98] Stein, System des Vereinswesens, 211.
[99] Ebd., 169 ff.

entwickelte Modell einer klassenübergreifenden „Republik des gegenseitigen Interesses" war damit in Richtung auf den Interessenpluralismus des modernen Vereinswesens sowie auf das Programm einer vereinsmäßig gegliederten „Selbstverwaltung" gesellschaftlicher Angelegenheiten weiterentwickelt worden. Da sich die sozialpolitische Korrektur von Problemlagen sozialer Ungleichheit nicht mehr ausschließlich durch allgemeine rechtsstaatliche Setzungen, sondern auch über verwaltungsstaatlich verordnete Eingriffe vollziehen sollte, mußte neben der allgemeinen Legitimation des gesetzgebenden politischen Zentrums auch die jeweils besondere Einwilligung der durch die Verordnungen der sozialstaatlichen Eingriffsverwaltung jeweils spezifisch betroffenen Situationsgruppen eingeholt werden. STEINS verwaltungstheoretische Deutung des Vereinswesens als Medium der institutionalisierten Vermittlung zwischen situationsbezogenen Zuständigkeiten des Staates und Betroffenheiten der Gesellschaft unterschied sich also vom liberalen Selbstverwaltungs- und Assoziationsmodell einer ‚privativen' Auskreisung von Interessenzonen dadurch, daß die gesellschaftlichen Vereinigungen zu „Organen des öffentlichen Lebens" erklärt wurden. Damit wurde einerseits die Spannung zwischen vereinsmäßig organisierten Situationsinteressen als öffentliche Angelegenheit herausgestellt, zum anderen wurde aber gerade in der öffentlichen Darstellung der gesellschaftlichen Interessenlagen die verfahrensmäßige Voraussetzung einer öffentlichen Selbstkontrolle und Selbstverwaltung der organisierten Interessenvertretung erkannt.[100] Als kritischer Testfall einer theoretischen Überprüfung und praktischen Erprobung dieser verwaltungswissenschaftlichen Würdigung des modernen Vereinswesens als „Organ des öffentlichen Lebens" mußte sich der Konfliktbereich sozialökonomischer Interessen anbieten, den STEIN bereits in seinen frühen zeitgeschichtlichen Analysen als Paradigma für

---

[100] Stein, System des Vereinswesens, bes. Dritter Teil, Vierte Abteilung: Das System der Verantwortlichkeit und der Haftung des Vereinswesens (A. Inneres Recht, B. Öffentliches Recht), 281–309.

die Unvermittelbarkeit gesellschaftlicher Sonderinteressen herausgestellt hatte: der Interessengegensatz von „Kapital" und „Arbeit".

STEIN hielt es auf Grund seiner zeitgeschichtlichen Beurteilung des Klassenkampfes in Frankreich für erwiesen, daß die ideologische Verabsolutierung sozio-ökonomischer Interessenlagen und der politische Absolutheitsanspruch der entsprechenden Klassenorganisationen zur „socialen Gefahr" für das Gesamtsystem werden mußte. Die Absolutsetzung des bürgerlichen Freiheitsprinzips durch die Unternehmer müßte die Arbeiter aus dem bürgerlichen System herausdrängen – wie umgekehrt der einseitige Gleichheitsanspruch des Proletariats „zur Negation seiner eigenen Mutter, derselben staatsbürgerlichen Gesellschaft, welche eben die Gleichheit geboren hat", führen müßte.[101] Das radikalisierte Feindbild des jeweiligen Klassenbewußtseins würde jede Vermittlung der Interessen ausschließen und die Polarisierung der Gesellschaft beschleunigen. STEIN hat allerdings die Kampforganisationen der Klassenbewegung als pathologische Extremfälle moderner Vergesellschaftung verworfen und sie durch die Bezeichnung „Verbindung" terminologisch von dem „Vereinswesen" abgesondert.

Im Unterschied zu den kompromißlos agierenden „Verbindungen" sollten sich die „Vereine" an der Gemeinsamkeit eines Interesses an sozialer Reform orientieren.[102] Nur bei einer Absage an die ideologischen Absolutheitsansprüche der Klassenbewegung könnte das vereinsmäßig organisierte Sonderinteresse organisch in die pluralistische Interessenverknüpfung des „öffentlichen Lebens" eingefügt werden. Damit wollte STEINS verwaltungswissenschaftliche Lehre des Vereinswesens Perspektiven weisen, die erstarrten Fronten zwischen den Interessen-

[101] Ebd., 169.
[102] Ebd., 194: „Aus einer organisierten Gewalt des Arbeiterstandes im Kampf gegen das Kapital wird die organische Vertretung der Kapitallosen Arbeit, ihrer Forderungen und Interessen – sowohl in der wirtschaftlichen und gesellschaftlichen Welt, als in der Tätigkeit der Gesetzgebung und Verwaltung."

lagern durch die Institutionalisierung von Vermittlungsprozessen aufzulösen, wobei die Kommunikation zwischen den unterschiedlichen oft auch entgegenstehenden Situationsgruppen sowie die Wechselwirkung zwischen den „vereinsmäßig" formierten Situationsinteressen und verwaltungsmäßig organisierter Interventionspolitik durch neue vereinsrechtlich gefaßte Verfahren gefördert werden sollte.

Die damit geforderte Überführung der klassenkämpferischen Konfrontation in die soziale Partnerschaft eines sozialpolitisch kooperativen Vereinswesens schien für STEIN allerdings nur im Rahmen der politisch institutionalisierten und öffentlich anerkannten Verfassung eines „Systems des Vereinswesens" möglich werden zu können. So sollte durch vereinsrechtliche Satzung und verfahrensmäßige Kontrolle eine „Arbeiterordnung der Industrie" durchgesetzt werden, innerhalb derer „die beiden entgegengesetzten Interessen als organisierte Gemeinschaft auftreten" könnten.[103] Hierbei sollten die industriellen Unternehmer arbeitsrechtlich verpflichtet werden, die betrieblichen Produktionsverhältnisse „öffentlich" zu verantworten; andererseits sollten aber auch die Interessenvertretungen der industriellen Arbeitnehmer aus der Illegalität und dem Untergrund herausgehoben und durch die Verpflichtung zu vereinsinterner Transparenz und öffentlicher Rechenschaftsablegung in Organe der gesellschaftspolitischen Öffentlichkeit transformiert werden. Mit dieser Fassung der gesellschaftlichen Vereinigungen als „öffentliche Organe" hatte STEIN das Konzept der situationsbezogenen Selbstverwaltung auf die komplexen Beziehungsnetze eines ‚organisierten Kapitalismus' übertragen können.[104] Der

---

[103] Vgl. L. v. Stein, Handbuch der Verwaltungslehre und des Verwaltungsrechts, Stuttgart 1870, 359.

[104] Stein hat den sich mit der Entwicklung zum „organisierten Kapitalismus" abzeichnenden Wandel der Aktions- und Organisationsformen proletarischer Öffentlichkeit mit der Periodisierung von „Classenbewegung" und „Arbeiterbewegung" zu markieren versucht. Vgl. das Kapitel über die ›Selbstverwaltung der Arbeit‹, in: L. v. Stein,

gesellschaftliche Gegensatz der Interessenlager sollte in die sozialpolitische Gegenseitigkeit einer gemeinsamen Mitverantwortung für die Realisierung und Stabilisierung sozialer Reformen überführt werden,[105] wobei allerdings mit der Definition gesellschaftlicher Vereinigungen als „Verwaltungskörper" die Problematik der Spannung zwischen Situationsautonomie und Staatsintegration auf neue Weise akut wurde.

Handbuch der Verwaltungslehre, Dritter Teil: Die Verwaltung und das gesellschaftliche Leben, Stuttgart 1888³, 194 ff.

[105] Den auf politische und gesellschaftliche Umwälzung zielenden „Classenbewegungen" der „ersten Hälfte unseres Jahrhunderts" stellte er drei legale Organisationsformen gegenüber, „dem Interesse der capitallosen Arbeit auf gesetzlichem Wege wirtschaftlich wie politisch die Macht zu verschaffen ... Die erste dieser Formen ist der directe *Kampf* mit dem Capital, geführt durch Arbeitsniederlegungen. Die zweite ist der Versuch, in den eigentlichen Arbeitervereinen sich zu einem selbständigen *Verwaltungsorganismus* für die speciellen Bedürfnisse und Zwecke des Arbeiterstandes aus eigener Kraft zu organisieren. Die dritte besteht in der Forderung einer selbständigen *Vertretung* der Arbeit neben dem Capital für die speciellen Interessen der ersteren, den Arbeiterkammern." Stein, Handbuch der Verwaltungslehre, Dritter Teil: Die Verwaltung und das gesellschaftliche Leben, Stuttgart 1888³, 194 ff.

VIII. ANSÄTZE EINER GESELLSCHAFTSWISSENSCHAFTLICHEN BILDUNGSLEHRE

Lorenz VON STEINS Bildungstheorie verweist auf eine historische Situation, wo die liberalen Bildungsideale einer Freisetzung des personalen Bildungsweges aus den einschränkenden Fügungen ständischer Ordnung einzuklagen waren, wo zugleich aber schon die unterschiedlichen Lernniveaus und Qualifikationschancen auf die Funktions- und Leistungszwänge der arbeitsteiligen Industriegesellschaft zu beziehen waren.[106] In dem Spannungsfeld von staatsbürgerlichem Gleichheitsanspruch einerseits und dem wirtschaftsbürgerlichen Prinzip freier Interessenentfaltung sprach STEIN dem Bildungswesen eine ambivalente Stellung zu: Der „Idee" nach präsentierte das Bildungswesen den Anspruch der Individuen auf freie Entfaltung ihrer Möglichkeiten, in Hinblick auf die gesellschaftliche Verwirklichung des liberalen Bildungsideals markierten und legitimierten die auf unterschiedlichen Ausgang hin gestaffelten Bildungsverläufe die Ungleichheit gesellschaftlicher Lagen. Gerade weil STEINS Bildungstheorie von dem Prinzip ausging, daß die durch Bildung erworbenen ‚geistigen Güter' neben dem ‚Besitz' zum Medium gesellschaftlicher Unterscheidung werden sollten, konnte er nicht nur die gesellschaftlichen Plazierungsfunktionen von Bildungswegen verdeutlichen, sondern mußte sich zugleich auch die schichtenspezifischen Bestimmungsmomente und Barrieren des erfolgreichen Zugangs zu diesen Plazierungschancen bewußt machen.[107]

[106] Vgl. hierzu die Bedeutungsentwicklung des Bildungsbegriffes im 19. Jahrhundert, dazu R. Vierhaus, „Bildung", in: O. Brunner u. a. (Hrsg.), Geschichtliche Grundbegriffe, Bd. 1, Stuttgart 1972, 508–551.
[107] Zum Stellenwert des Bildungsgedankens in der Steinschen Gesellschaftslehre, vgl. die ausführliche, den geistesgeschichtlichen Kontext

Neben der Qualifikationsfunktion öffentlich veranstalteter Bildungsprozesse, die STEIN schon früh als Moment der Aufwertung individueller Arbeitskraft und damit des Aufstiegs in bürgerliche Positionen würdigte, machte die ›Geschichte der socialen Bewegung‹ noch eine gesamtgesellschaftliche Auswirkung der Anhebung des gesellschaftlichen Bildungsniveaus deutlich: Über die Ausbreitung von Bildung konnten die Leitwerte moderner Gesellschaft, die „Ideen von 1789" erst zum Thema breiter öffentlicher Bewußtseins- und Willensbildung werden. STEINS Begriff des „Proletariats" markierte genau jene bewußtseinssoziologische Dimension eines durch Bildung vermittelbaren ‚Lernens' sozialer Bedürfnisse und Ansprüche, welche die Klassenstruktur der industriellen Gesellschaft in Bewegung bringen mußten. So erschien das neuhumanistische Leitbild, Freiheit und Gleichheit im Medium von Bildung zu aktualisieren, als zukunftsweisendes Potential sozialer Bewegung.[108] Diese Spannung des öffentlichen Bildungswesens zwischen Emanzipationsauftrag und Allokationsfunktion war für STEIN in den Kontroversen zwischen den bildungsphilosophischen und bildungspolitischen Positionen seiner Zeit präsent.

Wenn trotz seiner terminologischen programmatischen Anbindung an die Bildungsideale des bürgerlichen Idealismus der Bildungstheoretiker STEIN als der „eigentliche Begründer einer wissenschaftlichen, deskriptiven wie systematischen Schulverwaltungslehre" gewürdigt wurde,[109] bezieht sich dies auf STEINS

mit einbeziehende Studie von P. M. Röder, Erziehung und Gesellschaft. Ein Beitrag zur Problemgeschichte unter besonderer Berücksichtigung des Werkes von Lorenz von Stein, Weinheim/Berlin 1968.

[108] Stein, Geschichte, Bd. 1, 86 f.: „Wo in einem Volke die niedere Klasse überhaupt nach Bildung strebt, da ist das erste Element der Bewegung der Freiheit vorhanden, wo sich dieses Streben nach Bildung kundtut, da beginnt auf ihrer ersten Stufe der Kampf der abhängigen gesellschaftlichen Klasse mit der herrschenden." (Vgl. dazu: Vierhaus, Bildung, 546).

[109] A. Flitner, Die politische Erziehung in Deutschland, Tübingen 1957, zitiert nach Roeder, Erziehung, 193.

spätere Bemühungen, die bildungspolitische Idee des liberalen Kulturstaates auf das gesellschaftliche Kräftefeld freigesetzter Interessenverfolgung zu beziehen und in die öffentliche Verantwortung sozialstaatlichen Verwaltungshandelns zu verweisen. Durch diese verwaltungswissenschaftliche Fassung des Bildungswesens [110] mußte sich STEIN von den Bildungskonzepten eines kulturstaatlichen Liberalismus absetzen.[111] Die Spannung zwischen der kulturstaatlichen und der verwaltungsstaatlichen Konzeption des Bildungswesens läßt sich mit einem Vergleich der Positionen MOHLS und STEINS markieren, die beide als „Gesell-

[110] L. v. Stein, Die Verwaltungslehre, Fünfter Teil: Die innere Verwaltung, 2. Hauptgebiet: Das Bildungswesen, Erster Teil: Das Elementar- und Berufsbildungswesen in Deutschland, England, Frankreich u. a. Ländern, Stuttgart 1868; ders., Die Verwaltungslehre, Sechster Teil: Innere Verwaltungslehre, 2. Hauptgebiet, 2. Teil: Die allgemeine Bildung und die Presse, Stuttgart 1868. – Steins Programm einer „Verwaltungslehre" des Bildungswesens blieb in den folgenden Auflagen uneingelöst, insofern Stein sich aus der Fülle des von ihm aufbereiteten historischen Materials nur in Ansätzen zu seiner Gegenwart vorarbeiten konnte. Dennoch sind in den Rahmenkapiteln programmatische Perspektiven moderner Bildungspolitik und Verwaltung zu erkennen: Vgl. L. v. Stein, Die Verwaltungslehre, Fünfter Teil: Das Bildungswesen, Erster Teil: Das System und die Geschichte des Bildungswesens der alten Welt, Stuttgart 1883² [Nachdruck Aalen 1962]; ders., Die Verwaltungslehre, Sechster Teil: Das Bildungswesen, Zweiter Teil: Das Bildungswesen des Mittelalters, Stuttgart 1883 [Nachdruck Aalen 1962]; ders., Die Verwaltungslehre, Fünfter Teil: Die innere Verwaltung, Zweites Hauptgebiet: Das Bildungswesen, Dritter Teil, 1. Heft: Die Zeit bis zum 19. Jahrhundert, Stuttgart 1884 [Nachdruck Aalen 1962].

[111] Im vormärzlichen Liberalismus, wie er in der Tradition der neuhumanistischen Bildungslehre von dem Prinzip ausging, „daß wenigstens die höhere Bildung keineswegs durch Befehl oder Zwang hervorgebracht werden, sondern nur die Frucht der selbsteigenen freien Entwicklung sein kann". Rotteck (Art. „Bildung", in: Rotteck-Welcher, Staatslexikon, Bd. 2, 1837, 571 f.) schien eine administrative Direktive mit solcher „Freiheit der Selbstbildung" unvereinbar (vgl. Vierhaus, Bildung, 536 ff.).

schaftswissenschaftler" die Sozialfunktion des Bildungswesens herausarbeiteten, jedoch auf Grund einer kontroversen Beurteilung des Verhältnisses von ‚Staat' und ‚Gesellschaft' zu unterschiedlichen bildungspolitischen Konzeptionen kamen. Obwohl bereits MOHLS gesellschaftswissenschaftliche Analyse die Gliederungen und Verzweigungen des Bildungswesens auf die Vielschichtigkeit gesellschaftlicher Interessen- und Chancenlagen zurückzuführen suchte, sollte der Staat über seine kulturstaatlich begrenzte Oberaufsicht allenfalls dahingehend tätig werden, den zur Selbstbildung unfähigen „niederen Klassen" die ihnen adäquaten Zugangschancen zu den elementaren Bildungsprozessen zu garantieren.

Unter dem Qualifikationsdruck der industriellen Leistungsgesellschaft verwandelten sich jedoch die humanistisch-emanzipativen Bildungsziele des frühbürgerlichen Reformliberalismus in Lerninhalte für die „praktischen Aufgaben des Lebens", die sich zunehmend der gesellschaftlichen Schichtung von Leistungserwartungen und Tätigkeitsmerkmalen anpaßten. So erscheint es nur konsequent, daß bei dieser Einpassung des Bildungswesens in den gesellschaftlichen Leistungszusammenhang des „praktischen Lebens" sich der gesellschaftlich aufgegebene Bildungsauftrag einer „Vorbereitung auf das Leben" [112] dadurch reduzierte, die „Summe von Kenntnissen, welcher jeder zur Ausfüllung der besonderen ihm im Leben zuteil gewordenen Stellung bedarf" [113] schichtenspezifisch zuzuweisen. Indem die „wahrscheinliche häufige Lebensbestimmung" den individuellen Bildungsverlauf programmierte, wurde die Zuweisung von Bildungschancen auf die durch Soziallage vorgegebene Statusperspektive projiziert. Die von MOHL gesellschaftswissenschaftlich begründete Kongruenz von Bildungsstruktur und Gesellschaftsformation wurde somit zum Argument einer Zurechnung von Bildungsproblemen in den vorpolitischen Raum gesellschaft-

---

[112] Mohl, Die Polizey-Wissenschaft nach den Grundsätzen des Rechtsstaates, Bd. 1, 1832, 491.
[113] Mohl, Polizey-Wissenschaft, 416.

licher Selbstregulierung und damit zur Rechtfertigung einer prinzipiellen Indifferenz der staatlichen Schulaufsicht gegenüber den unterschiedlichen sozialen und strukturellen Prämissen und Implikaten des Bildungssystems. Eine solche durch rechts- und kulturstaatliche Oberaufsicht garantierte Autonomie des Bildungsbereiches mußte jedoch gerade eine Aktivierung sozialstaatlich verantwortlicher Bildungsplanung im Sinne gesellschaftspolitischer Entwicklungsperspektiven ausschließen.

Je deutlicher das Bildungswesen als Medium sozialer Siebung für die industrielle Qualifikations- und Allokationsstruktur erkannt wurde, um so weniger schien die idealistische Auffassung von Bildung als Potential einer im Sinne von Freiheit und Gleichheit gerichteten Bewegung noch durch eine gesellschaftspolitisch indifferente Autonomie des Bildungswesens gesichert. STEINS theoretische Konsequenz war die gesellschaftswissenschaftliche Begründung einer öffentlichen Verantwortung der sozialen Funktion von Bildungsprozessen.

Wie schon bei MOHL zeigt sich auch bei Lorenz VON STEIN ein gesellschaftswissenschaftlich geschärftes Problembewußtsein für den Wirkungszusammenhang von Bildungsprozeß und Gesellschaftsstruktur. Insofern STEIN jedoch die Strukturfragen der Gesellschaft den Instanzen sozialstaatlicher Steuerung zu überantworten suchte, mußte die 'Verwaltungslehre des Bildungswesens' bei vergleichbarer gesellschaftswissenschaftlicher Diagnose zu anderen institutionellen Konsequenzen kommen als der rechts- und kulturstaatliche Bildungsliberalismus: Bildung wurde zur öffentlichen Angelegenheit und damit zum Aktionsfeld des „arbeitenden Staates": „Erst da, wa der Bildungsprozeß selbst im Ganzen wie im Einzelnen Gegenstand des öffentlichen Wohlwollens und damit ein Teil des Verwaltungsrechts wird", entsteht „der wirkliche Bildungs-Organismus", und vermag der Staat das „Bildungsrecht" des Staatsbürgers zu realisieren.[114] Konsequent ist es als programmatische Aussage zu würdigen, wenn in STEINS ›Verwaltungslehre‹ Ziel- und Organisations-

[114] Vgl. Stein, Bildungswesen, 1868, 8 ff.

fragen des öffentlichen Bildungswesens in einem breit angelegten eigenständigen Teil behandelt werden sollten.

In STEINS Bildungstheorie lassen sich sowohl Momente eines gesellschaftlichen Liberalismus wie eines staatspolitischen Idealismus als wechselseitige Korrektive erkennen. Zwischen den Einseitigkeiten, Bildung entweder als Funktion der bestehenden gesellschaftlichen Interessenkonstellation oder als Projektion eines egalitär-demokratischen Staatsideals erscheinen zu lassen, versuchte STEIN zu vermitteln, indem er die öffentlichen Bildungsprozesse im Kontext des von ihm aufgewiesenen Spannungsfeldes von Staat und Gesellschaft zu reflektieren und zu programmieren suchte. STEINS Vermittlungsversuch gegenüber den bildungspolitischen Einseitigkeiten von Privatismus und Etatismus ist darin zu sehen, daß er sowohl den Staat als institutionellen Garant personaler Autonomie wie die Gesellschaft als das System arbeitsteilig sozialisierter Leistung im Blick behielt, während die bürgerlichen Bildungslehren vor ihm im Rahmen einer strikten Trennung von theoretischer Bildung und berufspraktischer Bewährung jeweils eines der beiden Momente aus der Betrachtung ausklammerten.[115]

Die zukunftsweisende Perspektive der STEINschen Bildungslehre ist allerdings weniger in seinen inhaltlichen Vorstellungen zum äußeren Aufbau des Bildungssystems zu sehen, zumal er hier scheinbar trotz einiger Ansätze, innerhalb des „Bildungsorganismus" Grenzen aufzuheben und Übergänge fließend zu gestalten, an der klassenbildenden Stufung von elementarer, beruflicher und akademischer Bildung weitgehend festzuhalten schien.

Die besondere Bedeutung Lorenz VON STEINS in der Problemgeschichte bildungstheoretischer und bildungspolitischer Programmatiken ergibt sich vielmehr daraus, daß STEIN aus gesellschaftswissenschaftlicher Einsicht in die Sozialfunktion von Bildungsprozessen nicht nur die Konsequenz zog, das Angebot von Bildungschancen als „öffentliche Angelegenheit" öffentlich

---

[115] Vgl. hierzu Roeder, Erziehung, 208.

verantwortbar zu machen, sondern daß er auch die Organisations- und Legitimationsformen öffentlicher Bildungsangebote systematisch zu reflektieren suchte. Hierbei stellte sich das grundsätzliche Dilemma, daß einerseits die Autonomie von Bildungsprozessen gleichermaßen gegenüber dem „Staat" wie gegenüber der „Gesellschaft" zu sichern war, andererseits die Entwicklung des Bildungswesens und damit auch die Entwicklung von „Gesittung" und „Berufsbildung" in die öffentliche Verantwortung des „arbeitenden Staates" überführt werden sollte.

Während das Trennungsdenken der liberalen Kulturstaats-Doktrin nur die „äußere" Ordnung des Bildungswesens, die materielle und personelle Ausstattung und Sicherung des Bildungsbetriebs und die rechtliche Regelung von Schulpflicht und Schulrecht der staatlichen „Oberaufsicht" übertrug, für die „inneren" Bildungsprozesse jedoch den Autonomiestatus von „Einsamkeit und Freiheit" beanspruchte, ging STEINS Verwaltungslehre des Bildungswesens von der gesellschaftswissenschaftlich begründeten Forderung aus, daß die gesellschaftlichen Entwicklungspotentiale von Bildungsprozessen bis hinein in Gestaltungsfragen des „öffentlichen Lehrplans" und des „öffentlichen Lehrbuchs" im Sinne aktiver Bildungspolitik öffentlich verantwortbar gemacht werden sollten.[116] Insofern für STEIN die Verwaltungslehre – im Unterschied zu der auf normativ stabilisierte Ordnungen fixierten Rechtslehre – jene „Arbeit" der Vermittlungsprozesse zwischen den Systemen allgemeiner Willensbildung und den besonderen Situationen gesellschaftlicher Bewegung zu reflektieren suchte, waren durch den verwaltungstheoretischen Kontext die Verhältnisse des Bildungswesens auf die Komplexität und die Dynamik der sich nach Berufspositionen und Interessenlagen differenzierenden modernen Gesellschaft bezogen und wurden damit als Resultat und Moment gesellschaftlicher Entwicklung entwicklungsstrategisch relevant.[117]

[116] Stein, Bildungswesen, Erster Teil: Das System und die Geschichte des Bildungswesens der alten Welt [1883²], 40 f.

[117] In diesem Zusammenhang ist beachtenswert, daß Stein die öffentliche Verantwortung der Förderung und Steuerung von Bildungs-

Dieser von einem abstrakt individualistischen Bildungsliberalismus vernachlässigte Geschichts- und Gesellschaftsbezug von Bildungsprozessen wird an zwei Schlüsselbegriffen in STEINS Bildungslehre besonders deutlich, der Kategorie der „Gesittung" und der Kategorie der „Berufsbildung".

Die neue Wortbildung „Gesittung" verweist schon über die Aspektstruktur des Verbalnominativs auf das epochale Selbstverständnis des zeitgeschichtlichen Kontextes sozialer Bewegung. Präsentierte die von STEIN als „stillstehende Bildung" relativierte ältere Kategorie der „Sitte" die Frag- und Bewegungslosigkeit von Wertordnungen, so sollte der in die Bildungslehre neu eingeführte Begriff der „Gesittung" der gesellschaftlichen Dynamisierung auch des normativen Bereichs Ausdruck geben.[118]

STEINS Ausgangsproblem der Bildungslehre war also die Themenverlagerung von der Absolutheit der „Sitte" zur historischen und gesellschaftlichen Relativität von „Gesittung" als freier Entwicklung der Bildung. Hierbei war es der spezifische theoretische Zugriff Steins, daß er die Entwicklungsprobleme normativer Orientierungen als Probleme einer öffentlichen Ver-

prozessen auch für außerschulische Bereiche geltend machen wollte. So versuchte Stein bereits, der öffentlichen Bedeutung vorschulischer Erziehungsprozesse mit seiner Konzeption der sog. „Warteschulen" Rechnung zu tragen. Hierbei hielt Stein bildungspolitisches Engagement in dem Maße für erforderlich, wie die Erziehungsfunktion der Familie unter den Bedingungen arbeitsteiliger Vergesellschaftung tendenziell ausfiel: „Die Gemeinschaft erkennt, daß die gesellschaftlichen wie die Erwerbsverhältnisse in einem großen Teile der Gesamtheit jene Funktion des Hauses und seiner Familie, die technische Vorbildung für Lesen, Schreiben und Rechnen schon vor dem Eintritt in die Volksschule zu geben, unmöglich machen. Sie beginnt daher selbst an die Stelle der Familie zu treten, soweit dies nötig ist, und so entstehen die *Warteschulen,* in denen sich die Aufgabe der Familie für die Erziehung mit der des Vorunterrichts verbindet" (ebd., 41).

[118] Ebd., 20: „Daher gibt es tausend Gesittungen oder tausend Sitten; aber das Menschliche in allem ist es, daß es keine Gesittung gibt, welche die beste oder die letzte wäre. Die historische Gesittung ist die werdende, die Gesittung an sich ist die ewige Arbeit der Menschheit."

waltung des Bildungswesens zu operationalisieren suchte. Die Ergänzung von Rechtsfragen des Kulturstaates durch Verwaltungsprobleme einer Steuerung der Bildungsentwicklung ergaben sich also daraus, daß für STEIN die normative Orientierung von Bildungsprozessen nicht mehr als „Sitte" problemlos vorgegeben schien, sondern im Spannungsfeld zwischen dem allgemeinen System des Bildungswesens und der konkreten Bildungssituation jeweils über öffentliches Handeln zu erarbeiten war.

Eine andere Öffnung des Bildungssystems für die Dynamik der gesellschaftlichen Umwelt präsentierte sich mit STEINS Konzept der Berufsbildung. So wie die Theorie der „Gesittung" die Öffnung der normativen Bezüge des Bildungssystems für die Dynamik einer sich entwickelnden Gesellschaft begründet, so sollte die bislang ständisch stabilisierte Vorstellung vom „Erwerb" und „Beruf" nun als Bildungsprozeß interpretiert werden.

Der Beruf hat daher neben der Aufgabe, das Gültige und Gegenwärtige zu verwirklichen, die zweite, sich der in ihm schaffenden Kräfte des Lebens bewußt zu sein und durch sie und mit ihnen in dem Gegenwärtigen das Künftige vorzubereiten.[119]

„Berufsbildung" sollte sich entsprechend über das „zweckmäßige Abrichten der Berufsgenossen" erheben. Hierzu sollte sich die berufstheoretische Orientierung von den Anforderungen der aktuellen Berufswirklichkeit auf die Bedingungen beruflicher Entwicklungen verlagern und „die Kräfte, welche die Erscheinungen erzeugen, überhaupt zum klaren Bewußtsein bringen, d. h. sie wird nach Begriffen suchen und diese gefundenen Begriffe zu einem Ganzen, zu einem System machen".[120] Die praktische Konsequenz einer solchen Auffassung der beruflichen Einübung als ‚Bildungsprozeß' sah STEIN darin, daß eine weniger an den „Erscheinungen" als an den „Kräften" orientierte Berufspraxis sich auf zukünftige Entwicklungen hin öffnen könne.

[119] L. v. Stein, Gegenwart und Zukunft der Rechts- und Staatswissenschaft, Stuttgart 1876, 3.
[120] Ebd., 5.

Die ausbildungsdidaktische Entsprechung war für STEIN ein über Berufsbildung zu vermittelndes Reflexivwerden der professionellen Orientierung. Der Auszubildende sollte in seiner theoretischen Berufsbildung nicht einfach nur Tatbestände erlernen, sondern er sollte das Lernen lernen, d. h. er sollte lernen, die angelernten Tatsachen als Erscheinungsform prinzipieller zu fassender Kräfteverhältnisse und Wirkungszusammenhänge zu denken. Die Kompetenz einer die angelernten Tatsachen übergreifenden und relationierenden Orientierung an Prinzipienfragen war für STEIN die Grundlage, daß sich die berufliche Theorie und Praxis auch für andere Entwicklungen als die jeweils momentan aktualisierten öffnen konnte:

Die höhere Berufsbildung ... muß den Schüler nötigen, mehr zu denken als zu lernen; sie muß ihm selbst das Angelernte nur als eine zeitliche Gestalt ewiger Kräfte, also als etwas nicht zur absoluten Gültigkeit bestimmtes erscheinen lassen. ... Und dadurch wird auch der Lernende ein ganz anderer werden. Statt bloß empfangen muß er sogleich beginnen zu urteilen; statt nur an die Verwertung des Gelernten in seiner gegebenen Praxis zu denken, wird er zugleich an dem Fortarbeiten teilnehmen, in dem alle diese Dinge begriffen sind.[121]

Institutionell war diese prinzipielle Offenheit eines „Lernens des Lernens" dadurch gesichert, daß sich die ‚höhere' Berufsbildung in unmittelbarem Verbund mit wissenschaftlicher Forschung vollziehen sollte. Die Erkenntnis- und Verhaltenslogik forschender Wissenschaft war hierbei für STEIN Garant dafür, daß gerade auf der Basis einer systematischen Berufsorientierung sich die berufliche Praxis für neue Entwicklungsmöglichkeiten öffnen könnte.

---

[121] Ebd., 5 f. – Bei einer Beurteilung der Funktion der Wissenschaft als Medium verwaltungspraktischer Kontrolle ist zu beachten, daß die Handlungsmuster der Verwaltung und die Aspektstruktur von Wissenschaft bei Stein insofern vergleichbar waren, als beide Medien die Vermittlung zwischen der Ebene des Allgemeinen und der des Besonderen, zwischen der Zeitstruktur der Dauer und der Bewegung leisten sollten.

So wie im normativen Kontext sich die „Sitte" als „feststehende Bildung" auf Prozesse der Gesittung als „freier Entwicklung der Bildung" hin öffnen sollte, sollte im Hinblick auf die berufspraktische Relevanz von Bildungsprozessen die ständische Statik von etablierten „Berufen" durch „Berufsbildung" zugunsten einer neuartigen Dynamik der beruflichen Entwicklung aufgelöst werden. Das institutionelle Korrelat dieser Perspektive war für STEIN, daß die Berufsbildung aus den Verfügungs- und Verwertungsbezügen der etablierten Berufswelt abgelöst würde. Auch hier im Spannungsfeld zwischen berufspraktischen Situationen und berufstheoretischen Systemen wollte STEIN die Vermittlungsprobleme nicht gesellschaftsimmanenten Verwertungsmechanismen überlassen, sondern durch Steuerungsaktivitäten sozialer Verwaltung gelöst wissen, womit die Kompetenzen der beruflichen Bildung zumindest partiell aus den unmittelbaren „gewerblichen" Einflußzonen der Arbeitswelt in den Kompetenzhorizont öffentlich verantwortlicher Bildungsverwaltung zu überführen waren.

Damit das Bildungswesen außerhalb des direkten Einflusses politischer Macht und unabhängig von den Bewegungskräften der jeweils herrschenden gesellschaftlichen Interessenkonstellation seine Eigendynamik entfalten könnte, mußte STEIN auf ein neues, die institutionelle Auskupplung von Bildungsprozessen aus staatlichen Administrationen und gesellschaftlichen Organisationen förderliches Medium zurückgreifen, über welches sich Bildungsprozesse selbst steuern und stabilisieren könnten. Für STEIN war dieses Medium der Selbstkontrolle und Selbststeuerung der prinzipiell „offenen" Entwicklung von Bildungsprozessen die moderne „Wissenschaft des Bildungswesens".

Bei seiner Beurteilung der von STEIN markierten Funktion der modernen Wissenschaft als Medium einer Steuerung der Eigendynamik von Bildungsprozessen wird zu bedenken sein, daß STEIN hierbei weniger an erziehungswissenschaftliche Bemühungen als an die von ihm entworfenen Projekte einer historischen Gesellschaftswissenschaft und einer soziologischen Verwaltungslehre dachte. Der thematische Horizont einer solchen Verwaltungslehre des Bildungswesens [122] sollte sich nicht mehr im Sinne kameralistischen Ressortdenkens auf innere und äußere Schulangelegenheiten beschränken, sondern umfaßte „die Gesamtheit der Grundsätze, Gesetze, Tätigkeiten und Anstalten, vermöge deren die innere Verwaltung die dem einzelnen unerreichbaren Bedingungen seiner individuellen geistigen Entwicklung und damit des geistigen Lebens der Völker herstellt".[123]

Bei einem Theoretiker der modernen Verwaltung wie STEIN ist es naheliegend, dieses Konzept einer Orientierung von Bildungsprozessen im Medium wissenschaftlicher Systembildung am Paradigma der Professionalisierung des öffentlichen Dienstes zu studieren.

[122] Gerade, wenn im Kontext von Steins Bildungslehre „der Begriff der Bildung nicht mehr erscheinen (sollte) als ein einzelner, mit seiner Definition erschöpfter Begriff, sondern als der lebendige Prozeß"..., (wird) „der werdende Mensch und die wechselnde äußere Welt" zum Objekt von Bildungsverwaltung. Hieraus auch „empfängt die arbeitende Kraft der Bildung ihren verschiedenen Inhalt und dadurch entwickelt sich die bisher abstrakte Auffassung des Lebens dieser Bildung zu einem Bildungssystem, das in der Entwicklung seiner Momente zur Wissenschaft des Bildungswesens wird." Stein, Bildungswesen 1, 27. Entsprechend hatte auch die Verwaltung jene Doppelbindung, in der sich die Spannung zwischen der Orientierung an allgemeinen Systembildungen und der Aktualisierung historisch-soziologisch konkretisierbarer Handlungsmöglichkeiten vermitteln sollte, zu halten: „Alles Verwaltungsrecht und mithin auch das des Bildungswesens enthält daher stets zwei Begriffe. Das *positive* Recht ist dasjenige, was in der Geschichte des Rechts für einen bestimmten gegebenen Augenblick gilt; unter dem aus den allgemeinen Prinzipien sich entwickelnden *System des Rechts* verstehen wir dagegen, die in aller Verschiedenheit des positiven Rechts gleichen Grundlagen desselben." Stein, Bildungswesen, Erster Teil, Stuttgart 1868, 119.

[123] Ebd., XVIII f.

IX. STAATSWISSENSCHAFTLICHE PROFESSIONALISIERUNG ÖFFENTLICHEN HANDELNS

Lorenz von Steins vielfältige Lehr- und Forschungsaktivitäten im Problemfeld der „Verwaltungslehre" suchten ihre praktische Wirkung darin, daß Stein mit ihnen professionelle Orientierungen modernen Verwaltungshandelns anbieten wollte. Die praktische Begründung des Programms einer „Wissenschaft von der Verwaltung" mit der Notwendigkeit einer Professionalisierung des öffentlichen Dienstes zeichnete sich bereits in einer Denkschrift des jungen Stein aus dem Jahre 1844 ab, insofern Stein schon damals forderte, bei der akademischen Vorbildung der Landesbediensteten neben den rechtswissenschaftlichen Orientierungen auch eine „Wissenschaft und Lehre von der Verwaltung" [124] anzubieten und über diese professionelle Doppelbindung dem künftigen Beamten gleichermaßen „Herrschaft im Allgemeinen und sicheren Takt im Einzelnen" [125] zu vermitteln.

Ein Jahrzehnt später fand Stein mit seiner Berufung auf den Lehrstuhl für politische Wissenschaft der rechts- und staatswissenschaftlichen Fakultät der Universität Wien den institutionellen Rahmen, sein Forschungsprogramm einer gesellschaftswissenschaftlich begründeten „Verwaltungslehre" mit der praktischen Intention der professionellen Programmierung des „arbeitenden Staates" zu verbinden.[126] Stein lehrte 35 Jahre in

---

[124] Vgl. L. v. Stein, Die Notwendigkeit der staatswissenschaftlichen Vorbildung auf der Landeshochschule, Neue Kieler Blätter, 1844, 291–311, hier: 293. Vgl. dazu auch Schmidt, Lorenz von Stein, 118 ff.
[125] Stein, Notwendigkeit, 301.
[126] Vgl. A. Novotny, Lorenz von Steins Berufung nach Wien, in:

Wien, und es darf angenommen werden, daß er auf das wissenschaftliche Selbstverständnis und das professionelle Profil der politisch-administrativen Führungsschicht der Donaumonarchie prägenden Einfluß gewann. Zugleich war STEIN als fachliche Autorität mit Rat und Einfluß in unterschiedlichen Gremien und Organen wissenschaftlicher Politikberatung aktiv.[127]

Wie sehr STEINS theoretische und praktische Interessen trotz seiner starken politischen und akademischen Einbindung in Österreich auf die Verfassungs- und Verwaltungsentwicklung im Deutschen Reich bezogen blieben, zeigt nachdrücklich seine programmatische Stellungnahme zu ›Gegenwart und Zukunft der Rechts- und Staatswissenschaften in Deutschland‹.[128]

Bei einer Rekonstruktion von STEINS Versuch, aus sehr grundlegenden Überlegungen zur Orientierungslogik der Staatsaktivität Perspektiven einer Ausbildungsreform des öffentlichen Dienstes abzuleiten, ist als institutionengeschichtlicher Kontext zu beachten, daß sich seinerzeit der höhere Staatsdienst in Deutschland über das Studium der Rechtswissenschaft rekrutierte, wobei „das Verwaltungsrecht heimatlos zwischen den abgestorbenen Gedanken einer Polizeiwissenschaft und dem unwissenschaftlichen einer Verwaltungsgesetzkunde hin- und herschwankte".[129] Gegenüber einer solchen „gänzlich prinzipienlosen und deshalb gänzlich unpraktischen Gestaltlosigkeit dieser Dinge auf deutschen Universitäten"[130] wollte STEIN in dem österreichischen Modell einer „Koordinierung der Rechts-

---

Festschrift zur Feier des 200. Bestandes des Haus-, Hof- und Staatsarchivs, Bd. 2, Wien 1951, 474 ff.

[127] Vgl. die Hinweise auf den Wiener Wirkungsbereich Steins bei Schmidt, Lorenz von Stein, 68–74.

[128] L. v. Stein, Gegenwart und Zukunft der Rechts- und Staatswissenschaften Deutschlands, Stuttgart 1876 (im folgenden skizziert nach dem Nachdruck in: E. Forsthoff (Hrsg.), Lorenz von Stein. Gesellschaft – Staat – Recht, Frankfurt u. a. 1972, 147–494).

[129] Stein, Gegenwart, 484.
[130] Stein, Gegenwart, 485.

und Staatswissenschaft"[131] erste Ansätze sehen, die Einseitigkeiten des juristischen Systemdenkens in einer weiter gefaßten staatswissenschaftlichen Berufsorientierung des öffentlichen Dienstes aufzuheben.

Zur Klärung der Vermittlungsstruktur zwischen den Bezugsebenen theoretischer Systematisierung und berufspraktischer Professionalisierung könnten einige prinzipielle Verweise auf STEINS Bildungs- und Wissenschaftstheorie aufschlußreich werden, zumal STEINS Theorie der Berufsbildung sich in ihrem Kern als Programm der Beamtenbildung darstellt.[132] Die von STEIN entwickelten Perspektiven einer Bildungs- und Wissenschaftsreform nehmen ihren Ausgang von dem Problembewußtsein, daß in Konstellationen, in denen überkommene Ordnungen in Bewegung geraten sind, auch die Lernprozesse der Wissensermittlung und der Wissensvermittlung reflexiv werden müssen, es also weniger darauf ankomme, dogmatisch befestigte und praktisch bewährte Vorgaben zu übernehmen, als darauf, Kompetenzen des situativ verbindlichen Entscheidens auszubilden. Entsprechend kann sich wissenschaftliche Bildung nicht mehr auf die Übertragung positiver Wissensbestände beschränken, sondern muß im Sinne der Einheit von Forschung und Lehre den Habitus forschenden Erkennens auch dem künftigen Praktiker als Grundkompetenz übermitteln. Damit verlagerten sich die Bildungsziele von der Ebene der Verwaltungskunde und Verwaltungskunst auf Reflexionsebenen wissenschaftlichen Lernens, d. h. der Lernende erfährt nicht nur Fakten, sondern gewinnt zugleich einen Orientierungsrahmen, in dem er sich auch auf noch nicht absehbaren Möglichkeiten noch offener Entwicklungen einzustellen lernt.[133]

[131] Stein, Gegenwart, 477.
[132] Vgl. Roeder, Erziehung, 273.
[133] Vgl. Stein, Gegenwart, 160: „Die höhere Berufsbildung ... muß den Schüler nötigen, mehr zu denken als zu lernen, sie muß ihm selbst das Angelernte nur als zeitliche Gestalt ewiger Kräfte, also als etwas nicht zur absoluten Gültigkeit Bestimmtes erscheinen lassen: statt für ihn zu arbeiten, muß sie mit ihm arbeiten ... Statt bloß zu

Die von STEIN kritisierte einseitige Fixierung des rein juristisch geschulten Beamten auf der Positivität des gesatzten Rechts und der „Schimmel" (= ‚simile') [134] der Routine verschärfte für ihn „die tiefe Kluft, die in unserer traditionellen juristischen Berufsausbildung zwischen positivem Recht und wirklichem Leben gegründet ist, sich im späteren Leben als eine Kluft zwischen Volk und Amt, als eine Entfremdung von Staatsbürgertum und Regierung",[135] auswirkt. Das Fehlen einer reflexiven Kompetenz gegenüber bürokratischer Routine und Kasuistik sah STEIN auch als den wesentlichen Grund dafür an, daß „ein solches Amt naturgemäß negativ gegen das Neue" sei, weil sich der Verwaltungsmann nicht flexibel genug orientieren könne, um auch „in den Fällen ein(zu)greifen und (zu) entscheiden, wo es sich eben darum handelt, daß das Positive nicht genügt, wo neue Dinge sich aus den alten bilden und neue Fakten sich neben der alten Bahn brechen wollen".[136]

STEINS Programm einer thematischen Ausweitung und theoretischen Vertiefung der professionellen Orientierung öffentlichen Handelns gründet in seiner gesellschaftswissenschaftlichen These, daß die Dynamik der gesellschaftlichen Entwicklung und die daraus abgeleitete Komplexität öffentlicher Aufgaben über die starren Systeme positiven Rechts nicht mehr gesteuert werden könnten. Andererseits hielt STEIN jedoch eine rechtliche Sicherung und Begrenzung öffentlichen Handelns für unverzichtbar, es ging ihm also nicht um eine Ablösung des heute sog. „Juristenmonopols", als um eine Ausweitung und Vertiefung der professionellen Orientierung des Staatsbeamten. So erwartete er von dem Verwaltungspraktiker die Kompetenz, die Allgemeinheit rechtlicher Regelungen auf die situative Besonderheit

---

empfangen, muß er [der Lernende] sogleich beginnen, zu urteilen: statt nur an die Verwertung des Gelernten in seiner gegebenen Praxis zu denken, wird er zugleich an den Fortarbeiten teilnehmen, in dem alle diese Dinge begriffen sind."

[134] Stein, Gegenwart, 182.
[135] Ebd., 183.
[136] Ebd., 182.

der wechselnden Herausforderungen öffentlichen Handelns beziehen zu können.[137] Die Flexibilität bei der administrativen Ausfüllung der rechtlich gesetzten Rahmenbedingungen sollte durch ein reflexives Verhältnis zum Recht gefördert werden. So mußte eine abstraktere Bezugsebene begründet werden, über welche die formelrechtlichen Vorgaben auf übergreifende normative „Prinzipien" und geschichtliche „Kräfte" reflektiert und über diese rechtssoziologische Relationierung offene Möglichkeiten der Rechtsanwendung aktiviert werden könnten.

Hierbei erschien öffentliches Handeln zwischen die „vom Staat gegebenen positiven Gesetze" und die „objektiven Lebensgesetze der menschlichen und natürlichen Verhältnisse"[138] eingespannt. In solcher Doppelbindung zwischen Normorientierung und Situationsbezug sollte sich der Aktionsraum öffentlichen Handelns weiten und sich die Eigendynamik eines wissenschaftlich professionalisierten Verwaltungshandelns zielbewußt wie situationsgerecht entfalten. In der Zielorientierung hatte Verwaltung hierbei zwischen dem staatlich repräsentierten Gleichheitsprinzip und den aus einer freigesetzten Interessenverfolgung resultierenden Ungleichheiten und Besonderheiten der Gesellschaft zu vermitteln.[139] In ihrem Objektbezug

---

[137] Die Kompetenz der gesellschaftswissenschaftlichen Relationierung des Rechts sollte sich insbesondere darin erweisen, die durchgesetzte Rechtsform als Ausdruck der politischen Dynamik gesellschaftlicher Interessenbewegung zu erkennen: „Daher die Regel, daß nach jeder gesellschaftlichen Bewegung stets eine durchgreifende Gesetzgebung entsteht, welche die neue Ordnung der Gesellschaft und ihrer bewegenden Kräfte zum rechtlichen Ausdruck bringt, ... [so daß] jede Kodifikation stets eine Folge des gesellschaftlichen Kampfes ist." Stein, Gegenwart, 296.

[138] Stein, Gegenwart, 450.

[139] Die Spannweite, in der öffentliches Handeln sich zwischen normativen Prinzipien und situativem Problem- und Entscheidungsdruck zu orientieren hat, hat Stein plastisch markiert: „Wie aus weiter Ferne reichen sich die hohen Namen, die idealen Bilder und machtvollen Wahrheiten für den Beamten und selbst für den Vertreter ihre Hände über den Arbeitstisch, wenn es sich um Heimatwesen und Freizügig-

sollte Verwaltung „das Verständnis aller derjenigen Kräfte in sich aufnehmen, welche das wirkliche Leben beherrschen; sie muß das Verwaltungsrecht aus dem Wesen des zu Verwaltenden bilden".[140] Die Kompetenz dieser Doppelbindung sollte sich über verwaltungswissenschaftliche Professionalisierung entwickeln. Hierbei sollte der durch Wissenschaft aufzuklärende Bezug administrativer Handlungssituationen auf die Allgemeinheit geschichtlicher Prinzipien und die Besonderheit gesellschaftlicher Kräfte gewährleisten, daß auch unter komplexen Handlungsbedingungen Sinn und Ziel der aktuellen und punktuellen Staatsaktivitäten kontrolliert und reflektiert werden könnten.

Dieser institutionelle „Führungswechsel" des „arbeitenden Staates" vom positiven Recht zu reflexiver Wissenschaft bleibt jedoch legitimationspolitisch nicht ohne Probleme:

Legitimationsprobleme verwissenschaftlichter Politik ergeben sich einerseits dadurch, daß mit der Übertragung der politischen Zielbegründung an die Wissenschaft der Werturteilsstreit um das Verhältnis von analytischem und normativem Erkenntnisinteresse akut wird,[141] insofern sich die wissenschaftlichen Orien-

keit, um Post, Bahnen, Straßen und Brücken, um Geld und Münze, Bank und Aktie, Entwässerungen und Viehseuchen und tausend andere Dinge handelt. Und doch muß und soll der Mann des öffentlichen Lebens vom Minister bis zum örtlichen Beamten, vom Reichstagsabgeordneten bis zum Gemeinderat der kleinsten Gemeinde nicht bloß von ihnen Bescheid wissen, will er auch nur in bescheidenster Weise seiner Stellung entsprechen – nein, er muß entscheiden, wo Fragen entstehen, berichtigen und leiten, wo der Streit sich breit macht, ja er muß die lebendige Initiative geben, wo die Indolenz das Bessere um des Guten – und wie oft um des Schlechten willen – in den Hintergrund drängt." Ebd., 176.

[140] „Der Organismus nun, durch welchen er [der Staat] die Ungleichheit in der Gleichheit durch die Kraft der ungleichen Individuen, und die Gleichheit in der Ungleichheit durch die Gemeinschaft aller Bedingungen der Entwicklung dieser individuellen Kraft fordert, nennen wir die Verwaltung." Ebd., 45.

[141] Zum dogmengeschichtlichen Kontext des „Werturteilsstreites" vgl. D. Lindenlaub, Richtungskämpfe im Verein für Sozialpolitik,

tierungen öffentlichen Handelns den verfaßten Legitimationsverfahren einer rechtsstaatlichen Legislative strukturell entziehen. Dies könnte die konkreten Fallentscheidungen des Verwaltungshandelns einem konstitutionell ungedeckten Opportunismus oder Dezisionismus freigeben.

Für STEIN selbst schien sich dieses Legitimationsdilemma einer Verwissenschaftlichung von Politik und Verwaltung noch dadurch aufzulösen, daß er seine Verwaltungslehre als normative Theorie konzipierte, deren Richtwerte in den geschichtsbildenden Prinzipien moderner Vergesellschaftung begründet und gebunden waren. Diese ‚Prinzipien' waren für ihn die bürgerlichen Leitwerte und Leitbilder, wie er sie in seiner Jugend mit den „Ideen von 1789", in seinen späteren Schriften mit dem gesellschaftspolitisch diffuseren Begriff der ‚Persönlichkeit' umschrieben hat. Durch diese Wertbindung von Wissenschaft an das normative Selbstverständnis des Bürgertums war auch die verwissenschaftlichte Politik auf die Errungenschaften der bürgerlichen Repräsentativkultur, in der das Leitbild bürgerlicher Subjektivität die Verbindlichkeit des Allgemeinen zu beanspruchen suchte, festgeschrieben.

In demokratietheoretischer Perspektive stellt sich die Legitimationsproblematik verwissenschaftlicher Politik mit der Spannung zwischen der wissenschaftlichen Objektivierung von Handlungschancen und dem demokratischen Verfahrensanspruch einer Legitimation öffentlichen Handelns durch die Mitbestimmung und Mitwirkung beteiligter und betroffener Situationsgruppen. Die Gefahr einer wechselseitigen Entfremdung von politisch-administrativem Herrschaftswissen und politisch sprachlosem Alltagswissen hat STEIN nicht problematisiert, weil er in seiner Bildungslehre noch von der Erwartung ausging, daß ein in die öffentliche Verantwortung genommenes Bildungswesen den Orientierungshabitus wissenschaftlicher Reflexion zum Prinzip einer allgemeinen staatswissenschaftlichen Bildung

2 Teile, Wiesbaden 1967 (Beihefte der Vierteljahrsschrift für Sozial- und Wirtschaftsgeschichte Nr. 52/53).

erheben könnte und damit öffentliches Handeln in eine verallgemeinerte kollektive Bewußtseinshaltung der Reflexion auf handlungsleitende Prinzipien einzubinden sei.[142] So sollte staatswissenschaftliche und staatsbürgerliche Bildung zum Orientierungsrahmen der aktiven Öffentlichkeit gesellschaftlicher Situationsgruppen werden, wie STEIN es in seinen Forderungen nach einer öffentlichen Aktivierung in Volksvertretung, Selbstverwaltung und Vereinswesen zu entwickeln suchte.

STEINS theoretische Vorgaben einer normativen Verbindlichkeit der wissenschaftlichen Politik- und Verwaltungsorientierung und einer bildungsmäßigen Verallgemeinerbarkeit des Wertbewußtseins öffentlichen Handelns wurden im Zuge industriegesellschaftlichen Wachstums immer fragwürdiger. Auch im Übergang von den noch einfachen und klaren Konfrontationen der bürgerlichen Revolutionszeit zu den dynamischeren und komplexeren Formationen im organisierten ‚Labyrinth' von gesellschaftlichem Vereinswesen und sozialer Verwaltung versuchte STEIN, die Einheit der Rechts- und Staatswissenschaften neu zu begründen. Diese brach nach ihm in das ‚Schisma' von normativer und analytischer Handlungsorientierung auseinander.[143] So stellt sich heute das Verhältnis von Wissenschaft und Politik, Politik und Verwaltung, ‚politischer'[144] als in STEINS Verwal-

---

[142] Vgl. Stein, Gegenwart, 180: „Staatsbürger – teilhaben und -nehmen an dem allgemeinen Wohl und Weh – heißt aber nicht bloß teilnehmen an der Wahl dieses oder jenes Vertreters für jene Fragen nach dem Staatsrecht, und dann die Sache ihren Gang gehen lassen; Staatsbürger sein heißt für die Wählenden, beurteilen können, was geschehen muß, und für die Gewählten, selbsttätig eingreifen können, wo etwas vollbracht werden soll. Wo also das Fach gebildet und gelehrt werden soll, da soll auch jener positive, sagen wir es gleich, der Verwaltung angehörende Inhalt unseres Staatsbürgertums als ein selbständiger Teil unserer Bildung auf unseren Universitäten gelehrt werden..."

[143] Vgl. hierzu Luhmann, Theorie der Verwaltungswissenschaft, 22–25.

[144] Zur ‚politischen' Funktion der wissenschaftlichen Orientierung

tungslehre, welche politisches Entscheiden durch theoretisches Bestimmen, ‚Wertung' durch ‚Wahrheit' noch zu binden suchte. Zugleich verlieren STEINS idealistisch-organizistische Harmonisierungen ihre Überzeugungskraft in dem Maße, wie heute Tendenzen bewußt werden, daß die Komplexität verwissenschaftlichter und verwalteter Systemintegration sich über Volksvertretung, Vereinswesen und Selbstverwaltung nicht mehr vermitteln läßt und damit STEINS Erwartung enttäuscht wird, über die staatswissenschaftliche Bildung von Staatsbeamten und Staatsbürgern die Sozialintegration einer „Republik des gegenseitigen Interesses" befördern zu können.[145]

Lorenz VON STEINS theoretischer Entwurf, den Problemgehalt und damit den Politikgehalt komplexer Vergesellschaftung durch die Aktivierung von Verwaltung und Vereinswesen zu binden, blieb wirkungsgeschichtlich ohne Folgen. Das die deutsche Staatsgeschichte nach 1871 bestimmende Nachholbedürfnis an rechts-, verfassungs- und nationalpolitischer Konsolidierung ließ die von STEIN geforderte Aktivierung eines nationalen Sozial- und Verwaltungsstaates der gesellschaftlichen Reform in den Hintergrund der herrschenden Meinungen und Interessen treten. Die staats- und verwaltungsrechtlichen Formeln einer Abgrenzung und Absicherung gesellschaftlicher Errungenschaften durch die Positivität der erworbenen Rechte [146] richteten sich nicht einmal definitiv gegen STEINS Verwaltungslehre der „gesellschaftlichen Bewegung" und des „arbeitenden Staates", sondern liefen an ihr vorbei. Indem die Verwaltungswissenschaft formaljuristisch eingefangen wurde, blieb die von STEIN

öffentlicher Verwaltung vgl. N. Luhmann, Politikbegriffe und die „Politisierung" der Verwaltung, in: Demokratie und Verwaltung, Festschrift der Hochschule Speyer, Berlin 1972, 227 f.

[145] Zur tendenziellen Entkoppelung zwischen Sozialintegration und Systemintegration vgl. J. Habermas, Legitimationsprobleme im Spätkapitalismus, Frankfurt 1973, 12 f., 63 f., 182 f.

[146] Vgl. R. Schnur, „La Révolution est finie". Zu einem Dilemma des positiven Rechts am Beispiel des bürgerlichen Rechtspositivismus, in: Festschrift für A. Gehlen, Frankfurt 1974, 331–350, insb. 339.

thematisierte gesellschaftswissenschaftliche, wie aber auch die politikwissenschaftliche Dimension sozialer Verwaltung konsequent außer Betracht.[147] Auch Max WEBER steht mit seinem für eine moderne Verwaltungssoziologie längst ‚klassisch' gewordenen Idealtypus bürokratischer Herrschaft in der Tradition juristischen Trennungsdenkens und erscheint mit seinem Konzept der Rationalisierung des Verwaltungsapparates als Instrumentarium für politisch vorgegebene Zwecke jenseits von STEINS handlungstheoretisch orientierten Spekulationen über den „Organismus des arbeitenden Staates".

Weil jedoch STEINS Verwaltungslehre die Spaltung zwischen den normativen und den analytischen Orientierungen politisch-administrativen Handelns noch einmal aufzufangen suchte, können seine Entwürfe einer verwaltungswissenschaftlichen Professionalisierung und Programmierung der sozialen Reform auf aktuelle Diskussionen des Verhältnisses von politischer Steuerung und wissenschaftlicher Aufklärung bezogen werden. Hierbei kann STEINS Werk gleichermaßen problemerhellende Ausblicke freigeben, wie Schatten vorauswerfen:

Lorenz VON STEIN suchte über die idealistisch-organizistischen Vorstellungen und Begriffsbildungen seiner Epoche einen sehr prinzipiell greifenden Deutungsrahmen, um die Vermittlungsprobleme zwischen dem staatlich repräsentierten System normativer Verbindlichkeiten und der gesellschaftlichen Umwelt besonders situierter Betroffenheiten verwaltungswissenschaftlich reflektieren zu können. Insofern STEINS Verwaltungslehre hierbei das analytische Interesse an der sozialen Besonderheit akuter Problemlagen mit dem programmatischen Bezug auf die normie-

[147] Zur Dogmengeschichte der Verwaltungslehre nach L. v. Stein vgl. die Hinweise bei E. Forsthoff, Lehrbuch des Verwaltungsrechts, Bd. 1, München/Berlin 1956[6], 44 ff. – Zu den Konsequenzen dieser Entwicklung für die Professionalisierung des öffentlichen Dienstes vgl. W. Bleek, Von der Kameralausbildung zum Juristenprivileg – Studium, Prüfung und Ausbildung des höheren Beamten des allgemeinen Verwaltungsdienstes in Deutschland im 18. und 19. Jahrhundert, Berlin 1972.

renden Prinzipien öffentlichen Handelns zu verknüpfen suchte, „ist und bleibt Lorenz von Stein" – weniger auf Grund einer zeitgeschichtlich befangenen politischen Programmatik als in Hinblick auf jene aktuell bleibende verwaltungswissenschaftliche Problematik der Spannung und Vermittlung zwischen einer rechtsstaatlichen ‚Politik des Allgemeinen' und einer sozialstaatlichen ‚Politik des Besonderen' – „der adäquate Gesprächspartner".[148]

---

[148] Luhmann, Theorie der Verwaltungswissenschaft, 112.

ANHANG:

LEBENSLAUF LORENZ VON STEINS, EINGEREICHT BEI SEINER BEWERBUNG UM EINE PROFESSUR IN WIEN *

Die persönliche Biographie STEINS ist weit weniger erforscht als seine geistige Entwicklung. Quellenprobleme sind hierfür ausschlaggebend. Ein Nachlaß STEINS existiert nur fragmentarisch und ist bis jetzt nicht zugänglich. Er kam 1970 von Wien nach Kiel. Die Erben STEINS übergaben der Schleswig-Holsteinischen Landesbibliothek (23 Kiel, Schloß) seinen Nachlaß als Dauerleihgabe zur Betreuung. Er besteht „zum aller größten Teil aus der Bibliothek Steins, enthält aber auch Briefe, Manuskripte und Familienpapiere" (Auskunft von Frau Dr. Silke LEHMANN vom 14. 10. 1971). Wenn die enthaltenen Materialien nach Einschätzung von Frau Dr. LEHMANN das wissenschaftliche Steinbild auch grundsätzlich nicht ändern dürften, so sind sie doch in einer anderen Beziehung von besonderem Interesse. Bei STEIN begegnet ein im 19. Jahrhundert sehr selten anzutreffendes Karrieremuster eines Wissenschaftlers. Seine Jugend war von desolaten Familienverhältnissen geprägt (vgl. W. Schmidt, Lorenz von Stein. Ein Beitrag zur Biographie, zur Geschichte Schleswig-Holsteins und zu Geistesgeschichte des 19. Jahrhunderts, Eckernförde 1956, 10 ff.). STEIN schaffte es, vom Zögling eines Armenpflegeheims zum international anerkannten Gelehrten aufzusteigen. Die Spuren aufzusuchen, die sein äuße-

---

* Quelle: Verwaltungsarchiv Wien, Akten des Ministeriums für Kultus und Unterricht, 4 jur. – Personalakt Stein. – Vgl. A. Novotny, Lorenz von Steins Berufung nach Wien, in: L. Santifaller (Hrsg.), Festschrift zur Feier des zweihundertjährigen Bestandes des Haus-, Hof- und Staatsarchivs, Bd. 2, Wien 1951, 474–84.

rer Lebensweg in seiner geistigen Biographie hinterlassen hat, erscheint als eine äußerst reizvolle Aufgabe. STEINS kindliche Sozialisation weist auf ein Anpassungsverhalten zurück, das Brüche und Kehren in seinem wissenschaftlichen Werk lebensgeschichtlich aufzuschlüsseln vermag. Wenn STEINS Nachlaß zugänglich ist, beabsichtige ich, diesem Problemzusammenhang nachzugehen. Besonders in der angelsächsischen Literatur sind für die Verlötung von Lebensgeschichte und geistiger Entwicklung wichtige Ansätze entwickelt worden (vgl. G. Izenberg, Psychohistory and Intellectual History. History and Theory 14, 1975, 139–55).

Dirk Blasius

Eure Excellenz

Der lebhafte und langgenährte Wunsch, an der k. k. Universität zu Wien eine Wirksamkeit als Lehrer der Nationalökonomie und Finanzwissenschaft zu finden, läßt es mich wagen, Eur. Excellenz einen kurzen Abriß meiner bisherigen wissenschaftlichen Thätigkeit darzulegen.

Ich bin in Eckernförde im Herzogthum Schleswig am 15ten Nov. 1815 geboren. Ich habe mir erlaubt, Eur. Excellenz persönlich meine weiteren Familienverhältnisse und die Art und Weise, wie dieselben auf meine Jugendzeit und erste Bildung eingewirkt haben, mitzutheilen. Es ist mir gelungen, trotz der großen in denselben liegenden Hindernisse mich mit meinem siebzehnten Jahr bis zum Eintritt in die gelehrte Schule in Flensburg hindurchzuarbeiten, und sogar eine Unterstützung Sr. Majestät des Königs Friedrich VI. zu erreichen, mit der ich die Universität vier Jahre hindurch besucht habe. Ich hatte noch das Glück, Sr. Majestät, dem Allerhöchstseligen Könige die, wie ich sagen darf, sehr günstigen Zeugnisse vorlegen zu können. Mit dem kurz darauf erfolgten Tode Sr. Majestät starb mir der größte Wohlthäter meiner nicht immer vom Glück begünstigten Jugend. Doch durfte ich vermöge der mir ertheilten ersten Zensur im Staatsexamen vorschriftsmäßig auf die Allergnädigste Bewilligung eines Reisestipendiums rechnen, und war auch so glücklich, dasselbe zu erhalten.

Von Berlin aus, wo ich mich einige Zeit aufgehalten, ging ich dann im Jahre 1841 nach Paris, und hier machten die tiefen Störungen der gesellschaftlichen Zustände, die mir allenthalben entgegen traten, einen so tiefen Eindruck auf mich, daß ich meine erste größte Arbeit, die Geschichte des Sozialismus und Kommunismus, entwarf und ausführte. Dies Werk, zuerst im Jahre 1842 erschienen, in dritter Auflage zur Geschichte der sozialen

Bewegung umgearbeitet (1850 3 Bd.) hat einige Aufmerksamkeit erregt. Ich habe in dieser Arbeit zuerst versucht, die Gefahr, die in jenen sehr ernsten Erscheinungen lag, nachzuweisen, ihre Entstehung und Anknüpfungspunkte im Leben der Gesellschaft zu zeigen und vor denselben in einer Zeit zu warnen, wo man sie entweder als eine inhaltlose Wunderlichkeit und Verirrung Einzelner, oder als eine vorübergehende Erscheinung betrachtete. Als die Ereignisse späterer Jahre meine Befürchtungen nur zu sehr bestätigt hatten, ging ich in der erwähnten dritten Auflage einen wesentlichen Schritt weiter, und versuchte nun, ich darf sagen zuerst, das allgemeine Gesetz aufzustellen und seine Gültigkeit namentlich in der neuesten französischen Geschichte nachzuweisen, daß es keine absolute Staatsverfassung geben kann, sondern daß jede Verfassung ihre Wahrheit nicht in irgend einem abstracten Princip, sondern in den gegebenen Verhältnissen der Gesellschaft zu suchen hat, so daß jede Ordnung der Gesellschaft die ihr entsprechende Verfassung erzeugt. Damit war die Unterscheidung der Begriffe von Gesellschaft und Staat begründet, auf welcher ein nicht unwesentlicher Theil der künftigen Staatswissenschaft beruhen wird.

Zu dieser Zeit arbeitete ich mit dem Professor L. Warnkoenig in Tübingen die erste französische Reichs- und Rechtsgeschichte aus, die im Jahre 1846 in drei Bänden erschien, und nicht ganz ohne Anerkennung geblieben ist. Ich habe den dritten Theil, das Lehnswesen, das Strafverfahren und das Strafrecht veröffentlicht. Auch hier habe ich die innige Verbindung der Besitzverhältnisse mit dem Rechtsleben und der Rechtsordnung dargelegt.

Unterdessen hatte ich noch seit 1843 an der Kieler Universität als Privatdozent der Staatswissenschaften habilitirt, und hielt Vorlesungen über die einschlagenden Sachen. Es war das in der Zeit, wo das Erbrecht der Herzogthuemer Schleswig und Holstein zur allgemeinen Landessache geworden war, und wo die Stände von Holstein sich veranlaßt glaubten, sich an den hohen deutschen Bund zu wenden, der mittels Bundes-Beschlusses vom 17. September 1846 die Landesrechte der Herzogthümer unter seinen hohen Schutz nahm. Seitdem auf diese Weise der deutsche

Bund selbst sich für die von den Ständen behaupteten Rechte der Herzogthümer ausgesprochen, mußte ein jeder es für seine Pflicht halten, im Sinne der vorliegenden Erklärung des hohen deutschen Bundes zu lehren und zu handeln. Als nun aber Sn. Majestät der König Christian VIII. durch seinen „offenen Brief" ein Successionsprincip und eine Einverleibung des Herzogthums Schleswig in das eigentliche Königreich Dänemark ausgesprochen, die mit dem Inhalt jenes hohen Bundesbeschlusses in direktem Widerspruch standen, wurden die Lehrer an der Kieler Universität und namentlich auch der gehorsamst unterzeichnete, in die Lage gebracht, entweder gegen die Erklärung des hohen deutschen Bundes oder gegen den bestimmt ausgesprochenen Willen Sr. Majestät des Königs, ihres Landesherrn, mit ihren Ansichten auftreten zu müssen. Es ward auf diese Weise absolut unmöglich, in der Erfüllung der Pflichten, die ein jeder, und die namentlich die Lehrer des öffentlichen Rechts und der Staatswissenschaften gegen die Eine dieser hohen Gewalten hatten, nicht gegen die Pflicht des Gehorsams gegenüber der anderen zu verstoßen. Die Loyalität gegen die Eine mußte unabweisbar zur Illoyalität gegen die Andere werden. Und wir mußten dies um so schmerzlicher empfinden, als uns nicht zustand, uns der Frage zu entziehen. Dieser Sachverhalt ist für das ganze Land die Grundlage seiner ganzen folgenden, nicht glücklichen Geschichte geworden. Für uns Universitätslehrer aber mußte er die Quelle vielen Übels und falscher Beurteilung werden, obwohl es kein Mittel gab, uns jener Alternative zu entziehen.

Unter diesen Umständen traten neun Professoren der Geschichte, des Rechts und der Staatswissenschaften, Männer, an deren loyalen Gesinnungen kein Zweifel sein konnte, zusammen, und ergriffen das einzige Mittel, das ihnen übrigblieb. Wir veröffentlichten eine Gesamtschrift „das Staats- und Erbrecht des Herzogthums Schleswig", in welcher wir die geschichtliche und rechtliche Begründung derjenigen Principien zu geben versuchten, welche der hohe deutsche Bund in Beziehung auf die Herzogthümer durch den Beschluß vom 17. September 1846 zu seinen eigenen gemacht hatte.

Es mußte uns unendlich schmerzlich sein zu sehen, daß von dieser Zeit an wir alle uns die Allerhöchste Ungnade Sr. Majestät unseres Landesherrn zugezogen. Um so natürlicher war es, daß wir auf alle mögliche Weisen auf wissenschaftlichem Wege versuchten, die vollkommene Wahrheit der über die Landesrechte der Herzogthümer und ihre selbständige Successionsordnung aufgestellten Principien zu vertreten, während natürlich von Seiten Dänemarks ein solches Verfahren mit dem härtesten Namen belegt ward. Doch durften wir uns aufrecht halten an der festen Grundlage des historischen Rechts und der hohen Zustimmung des deutschen Bundes in einem Staate, in welchem es für den Einzelnen zwar möglich war, sowohl Recht als Unrecht zu haben, nicht aber sich dem Vorwurf zu entziehen, daß er immer mit Einer der ihm übergeordneten Gewalten in einen, unter allen anderen Verhältnissen höchst strafbaren Widerspruch trete.

Dies eigenthümliche und schmerzliche Verhältnis steigerte sich nun noch, als im März 1848 unter der Führung des Prinzen von Augustenburg die Herzogthuemer zu den Waffen griffen. Damals erschien fast an demselben Tage ein Manifest Sr. Majestät des Königs von Dänemark, in welchem alle diejenigen, welche an der Erhebung Theil hatten, als „Insurgenten" für des Landesverraths strafbar erklärt wurden, und eine Erklärung Sr. Majestät des Königs von Preußen, laut welcher Allerhöchst derselbe die Rechte der Herzogthümer, die der hohe Bund schon früher anerkannt, und in deren Verfechtung auch ich die Ungnade Sr. Majestät des Königs von Dänemark auf mich gezogen, als vollkommen berechtigt aussprach. Als aber in Folge der die Herzogthümer ernsthafter bedrohenden Kriegsgefahren der hohe deutsche Bund selbst ein mächtiges Heer in die Herzogthümer sandte, um diese Rechte gegen die damalige Regierung von Dänemark zu vertreten, da hatte niemand in den Herzogthümern mehr das Recht, einer solchen Sache seine Kräfte und seine Überzeugung zu entziehen. Und als endlich die Reichsgewalt jener Tage den Händen eines Fürsten aus dem Allerhöchsten kaiserlichen Hause übergeben ward, das seit so vielen Jahrhunderten in Europa als der höchste Richter in allem, was Loyalität und Unterthanenpflicht heißt, anerkannt ist, und auch dieses hohe Haupt der Sache Seine Zustimmung gab, da konnte es kein Zweifel mehr sein, daß der Warnruf der Auflehnung gegen das höchste landesfürstliche Recht nicht diejenigen treffen konnte, welche die Sache der Herzogthümer gegenüber der dänischen Regierung vertraten, sondern nur diejenigen, welches ihr näheres Vaterland, die Herzogthuemer, damals verließen, um den Vorwürfen und den befürchteten Verfolgungen des dänischen Gouvernements zu entgehen.

Unter diesen Umständen kann ich kaum fürchten, mißverstanden zu werden, wenn ich glaube, daß eine allerdings eifrige, aber immer in den Gränzen wissenschaftlicher Arbeiten gehaltene Thätigkeit für jene vom hohen deutschen Bunde, von dem Allerhöchsten deutschen Souverain und selbst von einem erlauchten Prinzen des Kaiserlichen Hauses anerkannten Rechte auf meine Persönlichkeit und meine Gesinnungen keinen Makel werfen kann, obwohl ich andererseits mir selber nie verhehlt habe, daß eine solche Stellung der härtesten Vorwürfe von Seiten der Gegner meines nahen Vaterlandes ausgesetzt sein müßte.

Über meine Entlassung von der Professur des öffentlichen Rechts und der Staatswissenschaften an der Universität zu Kiel habe ich nur noch hinzuzufügen, daß, nachdem die Regierung der Herzogthuemer von Seiten Seiner Majestät des Kaisers von Österreich dem königlich dänischen Gouvernement übergeben war, der letztere ein allgemeines Amnestie-Patent erließ, nach welchem niemand wegen seiner politischen Thätigkeit zur Strafe gezogen oder in irgendeine Verantwortung gebracht werden sollte, und kurze Zeit darauf mir und sieben meiner Kollegen, wie es in dem Entlassungspatente wörtlich heißt, die Nichtbestätigung meiner Anstellung „wegen meines Verhaltens" mitgetheilt ward.

Ich gewann auf diese Weise mindestens die Befriedigung, daß es auch den entschiedensten Gegnern schwergeworden sein dürfte, mir aus etwas anderem als meiner Thätigkeit in Vertretung der bis dahin anerkannten Rechte einen Vorwurf zu machen.

Dabei will ich freilich nicht leugnen, daß ich zugleich mich mit allen mir im Gebiete der Wissenschaft und in der Publizistik zu Gebote stehenden Mitteln gegen ein gewisses anderes Sonderinteresse opponiert habe, über welches Ew. Excellenz meine mündlichen Erklärungen anzuhören die Gelegenheit hatten. Ich habe mir dabei die Folgen durchaus nicht verhehlt, die dieses sehr bestimmte Auftreten in den besten Organen der deutschen Presse, der Allgemeinen Zeitung, der deutschen Vierteljahrsschrift und anderen, für mich haben mußte. Allein ich habe, lange ehe ich daran dachte, in der Oesterreichischen Monarchie meine Heimath zu suchen, und ich darf sagen, im Anfange sehr allein stehend und keineswegs in einem dankbaren Kreise, immer an der innigen Überzeugung festgehalten, daß auch der Norden Deutschlands, und namentlich daß mein spezielles Vaterland seiner vollen Entwicklung erst dann entgegen geht, wenn diese Lande in das durch die Natur der Dinge bezeichnete nähere Verhältnis zu Oesterreich treten.

Ich würde mir indessen niemals erlaubt haben, hiervon an dieser Stelle zu reden, wenn ich es nicht für meine Pflicht hielte, damit die Grundlage einer anderen Seite meiner Stellung zu bezeichnen, die durch dieses für mich nicht glückliche Zusammentreffen von Umständen mir manchen öffentlichen und geheimen Vorwurf zugezogen haben, gegen den ich ohne Waffen war.

Während auf diese Weise die öffentlichen Verhältnisse mich als Lehrer des öffentlichen Rechts in eine unvermeidliche Krise von Verwicklungen hineinwarfen, arbeitete ich zugleich den ersten Band meines Systems der Staatswissenschaft, die Lehre von der Volkswirthschaft aus, die 1852 erschienen ist. Ich habe in dieser Arbeit zum ersten Male versucht, die Volkswirthschaftslehre als ein wissenschaftliches System im strengeren Sinne des Wortes darzustellen, und somit der bisher fast allein in Deutschland herrschenden englisch-französischen Schule mit ihrem zum Theil sehr einseitigen, auf den Freihandel bezüglichen Principien ein Gegengewicht zu geben. Ich darf diesen Versuch nur als einen ersten Schritt auf einer neuen Bahn bezeichnen; ich würde mich aber unendlich glücklich schätzen, wenn es mir gegeben wäre unter den Auspicien Ew. Excellenz das angefangene Werk vollenden zu können.

Ich darf nun die Zeit Ew. Excellenz mit der Aufzählung der kleinen Schriften theils in deutscher theils in französischer Sprache, sowie der Aufsätze, die ich in der Allgemeinen Literaturzeitung über die französische, deutsche und skandinavische Rechtsgeschichte, in der Zeitschrift für die Staatswissenschaft über volkswirthschaftliche Fragen, in die deutsche Vierteljahrsschrift über publizistische Gegenstände, in der Revue de législation von Wolowsky in Paris über deutsches und französisches Recht und in anderen Zeitschriften geliefert habe, nicht in Anspruch nehmen. Ich muß überhaupt fürchten, das Maaß schon jetzt überschritten zu haben, das ich für meine besonderen Verhältnisse in Anspruch nehmen durfte. Allein ich habe mir erlaubt, mich ganz und offen auszusprechen, weil es mich so sehr glücklich machen mußte, das wahre Sachverhältnis Ew. Excellenz vorlegen zu dürfen, und weil ich zugleich den höchsten Wunsch, den ich habe, die Erlaubnis dem Dienste Sr. Majestät des Kaisers von jetzt an alle meine Überzeugungen und Kräfte widmen zu können, nur dann zu erreichen hoffen darf, wenn ich mit derselben Wahrhaftigkeit und Treue, vermöge derer ich durch eine unglückliche Verkettung von Umständen mein erstes Amt verloren habe, meine allerunterthänigste Bitte um die Verleihung eines anderen Sr. Majestät dem Kaiser zu Füßen lege.

Ehrerbietigst
Ew. Excellenz
ganz gehorsamster
Lorenz Jacob Stein
Doctor der Rechte

LITERATURVERZEICHNIS

Die folgende Bibliographie stellt nur eine Auswahl dar. Um Vollständigkeit bemühte Gesamtverzeichnisse der Arbeiten Steins bieten folgende Bücher:

W. Schmidt, Lorenz von Stein. Ein Beitrag zur Biographie, zur Geschichte Schleswig-Holsteins und zur Geistesgeschichte des 19. Jahrhunderts, Eckernförde 1956, 129–37.

M. Hahn, Bürgerlicher Optimismus im Niedergang. Studien zu Lorenz Stein und Hegel, München 1969, 203–11 [für den Zeitraum 1839–1850].

B. Richter, Völkerrecht, Außenpolitik und internationale Verwaltung bei Lorenz von Stein, Hamburg 1973, 240–247.

F. de Sanctis, Crisi e scienza. Lorenz Stein – alle origini della scienza sociale, Neapel 1974, 235–48.

1. *Werke und Schriften Lorenz von Steins*

Lorenz von Stein, Der Socialismus und Communismus des heutigen Frankreichs. Ein Beitrag zur Zeitgeschichte, Leipzig *1842*.

–, Blicke auf den Socialismus und Communismus in Deutschland, und ihre Zukunft, Deutsche Vierteljahrs Schrift, *1844*, 1–61 [Nachdruck, hrsg. von E. Pankoke, Darmstadt 1974].

–, Socialismus und Communismus (Rezension von Th. Mundt und Th. Oelkers), Allgemeine Literaturzeitung vom Jahre 1845, Erster Band (Januar-Juni), Leipzig *1845*, Sp. 429–48.

–, Der Begriff der Arbeit und die Principien des Arbeitslohnes in ihrem Verhältnis zum Socialismus und Communismus, Zeitschrift für die gesamte Staatswissenschaft 3 (*1846*), 233–90 [Nachdruck, hrsg. von E. Pankoke, Darmstadt 1974].

–, Der Socialismus und Communismus des heutigen Frankreichs. Ein Beitrag zur Zeitgeschichte. *Zweite* umgearbeitete und sehr vermehrte Ausgabe. Bd. 1: Der Begriff der Gesellschaft und die Bewegungen in der Gesellschaft Frankreichs seit der Revolution; Bd. 2: Der französische Socialismus und Communismus; Anhang: Die socialistischen und communistischen Bewegungen seit der dritten französischen Revolution, Leipzig *1848*.

–, Der Socialismus und Communismus in Frankreich, Die Gegenwart. Eine encyklopädische Darstellung der neuesten Zeitgeschichte für alle Stände, Bd. 1, Leipzig *1848*, 299–326.

–, Geschichte der socialen Bewegung in Frankreich von 1789 bis auf unsere Tage. In drei Bänden (*1850*), hrsg. von G. Salomon, München 1921 [Neudruck 1959]. Bd. 1: Der Begriff der Gesellschaft und die sociale Geschichte der Französischen Revolution bis zum Jahre 1830; Bd. 2: Die industrielle Gesellschaft, der Socialismus und Kommunismus Frankreichs von 1830 bis 1848; Bd. 3: Das Königtum, die Republik und die Souveränität der französischen Gesellschaft seit der Februarrevolution 1848.

–, Die Bedeutung der Wahl oder Nichtwahl zum Reichstag in Erfurt, Deutsche Vierteljahrs Schrift *1850*, 344–67.

–, Der Socialismus in Deutschland, Die Gegenwart 7 (*1852*), 517–63 [Nachdruck, hrsg. von E. Pankoke, in: Lorenz von Stein, Schriften zum Sozialismus, Darmstadt 1974].

–, Zur Preußischen Verfassungsfrage, Deutsche Vierteljahrs Schrift *1852* [Neudruck, hrsg. von C. Schmitt, Berlin 1940; Nachdruck Darmstadt 1961].

–, System der Staatswissenschaft, Erster Band: System der Statistik der Populationistik und der Volkswirtschaftslehre, Stuttgart/Tübingen *1852* [Nachdruck Osnabrück 1964].

–, Demokratie und Aristokratie, Die Gegenwart 9 (*1854*), 306–344 [Nachdruck, hrsg. von E. Pankoke, in: Lorenz von Stein, Schriften zum Sozialismus, Darmstadt 1974].

–, System der Staatswissenschaft, Zweiter Band: Die Gesellschaftslehre, Erste Abteilung: Der Begriff der Gesellschaft und die Lehre von den Gesellschaftsklassen, Stuttgart/Augsburg *1856* [Nachdruck Osnabrück 1964].

–, Zur Physiologie der Städtebildung, Deutsche Vierteljahrs Schrift *1861*, 57–83.

–, Die Verwaltungslehre, *1865* [Nachdruck der 1.–2. Auflage 1866–1884, 8 Teile in 10 Bänden, Aalen 1962].

–, Die Verwaltungslehre, Erster Theil: Die Lehre von der vollziehenden Gewalt, ihr Recht und ihr Organismus. Mit Vergleichung der Rechtszustände in England, Frankreich und Deutschland, Stuttgart *1865*.

–, Die Verwaltungslehre, Zweiter Theil: Die Lehre von der Innern Verwaltung. Einleitung. Die Lehre von Begriff, Inhalt, System und Recht der Verwaltung. Die wirkliche innere Verwaltung und das Verwaltungsrecht, Stuttgart *1866* [Nachdruck Aalen 1962].

–, Die Verwaltungslehre, Dritter Theil: Die innere Verwaltung, 1. Hauptgebiet, 2. Teil: Das öffentliche Gesundheitswesen in Deutschland, England, Frankreich u. a. Ländern, Stuttgart *1867*.

–, Die Verwaltungslehre, Vierter Theil: Innere Verwaltungslehre, 1. Hauptgebiet, 3. Teil: Das Polizeirecht. Stuttgart *1867* [Nachdruck Aalen 1962].

–, Die Verwaltungslehre, Fünfter Theil: Die innere Verwaltung. 2. Hauptgebiet: Das Bildungswesen, 1. Teil: Das Elementar- und Berufsbildungswesen in Deutschland, England, Frankreich u. a. Ländern, Stuttgart *1868*.

–, Die Verwaltungslehre, Sechster Theil: Innere Verwaltungslehre, 2. Hauptgebiet, 2. Teil: Die allgemeine Bildung und die Presse, Stuttgart *1868*.

–, Die Verwaltungslehre, Siebenter Theil: Innere Verwaltungslehre, 3. Hauptgebiet: Die wirtschaftliche Verwaltung, Erster Theil: Die Entwährung, Grundentlastung, Ablösung, Gemeinheitsteilung, Enteignung und Staatsnotrecht in England, Frankreich und Deutschland, Stuttgart *1868* [Nachdruck Aalen 1962].

–, Die Verwaltungslehre, Erster Theil: Erste Abtheilung: Die vollziehende Gewalt, Allgemeiner Theil: Das verfassungsmäßige Verwaltungsrecht, Erstes Gebiet: Die Regierung und das verfassungsmäßige Regierungsrecht, Stuttgart *1869*[2] [Nachdruck Aalen 1962].

–, Die Verwaltungslehre, Erster Theil: Die vollziehende Gewalt, Zweite Abtheilung: Die Selbstverwaltung und ihr Rechtssystem, Stuttgart *1869*[2] [Nachdruck Aalen 1962].

–, Die Verwaltungslehre, Erster Theil: Die vollziehende Gewalt, Dritte Abtheilung: Das System des Vereinswesens und des Vereinsrechts, Stuttgart *1869*[2] [Nachdruck Aalen 1962].

–, Handbuch der Verwaltungslehre und des Verwaltungsrechts, Stuttgart 1870.

–, Lehrbuch der Finanzwissenschaft, Leipzig *1875*[3].

–, Gegenwart und Zukunft der Rechts- und Staatswissenschaft Deutschlands, Stuttgart *1876* [Neudruck in: L. v. Stein, Gesellschaft – Staat – Recht, hrsg. von E. Forsthoff, Frankfurt 1972, 147–494].

–, Die Volkswirtschaftslehre, Wien *1878*[2].

Lorenz von Stein, Die Verwaltungslehre, Dritter Theil: Das Gesundheitswesen, Stuttgart *1882*² [Nachdruck Aalen 1962].

–, Das Kaiserlich Deutsche Gesundheitsamt, Anhang zu: Die Verwaltungslehre, Dritter Theil: Das Gesundheitswesen, Stuttgart *1882*², 423–56.

–, Die Verwaltungslehre, Fünfter Theil: Das Bildungswesen, Erster Theil: Das System und die Geschichte des Bildungswesens der alten Welt, Stuttgart *1883*² [Nachdruck Aalen 1962].

–, Die Verwaltungslehre, Sechster Theil: Das Bildungswesen, Zweiter Theil: Das Bildungswesen des Mittelalters, Stuttgart *1883*² [Nachdruck Aalen 1962].

–, Die Verwaltungslehre, Fünfter Theil: Die innere Verwaltung, Zweites Hauptgebiet: Das Bildungswesen, Dritter Theil, Erstes Heft: Die Zeit bis zum 19. Jahrhundert, Stuttgart *1884* [Nachdruck Aalen 1962].

–, Handbuch der Verwaltungslehre, Erster Theil: Der Begriff der Verwaltung und das System der positiven Staatswissenschaften, Stuttgart *1887*³.

–, Handbuch der Verwaltungslehre, Zweiter Theil: Das Verwaltungssystem des persönlichen und wirtschaftlichen Lebens, Stuttgart *1888*³.

–, Handbuch der Verwaltungslehre, Dritter Theil: Die Verwaltung und das gesellschaftliche Leben, Stuttgart *1888*³.

–, Große Stadt und Großstadt, Nord und Süd 53 (*1890*), 62–78.

–, Verwaltung, Verwaltungslehre, Polizei, Verwaltungsrecht, in: von Stengel (Hrsg.), Wörterbuch des Deutschen Verwaltungsrechts, Freiburg *1890*, Bd. 2, 706–710.

2. Literatur zu Lorenz von Stein

In die folgende Zusammenstellung ist die Stein-Literatur nicht vollständig aufgenommen worden; spezielle Stein-Bibliographien bieten:

K. Mengelberg (Hrsg.), Lorenz von Stein. The History of the Social Movement in France 1789–1850, Totowa/New Jersey 1964, 438–44.

M. Hahn (Hrsg.), Proletariat und Gesellschaft, München 1971, 214–18.

F. de Sanctis, Crisi e scienza. Lorenz Stein – alle origini della scienza sociale, Neapel 1974, 249–57.

W. Abel, Der Pauperismus in Deutschland. Eine Nachlese zu Literaturberichten, in: Wirtschaft, Geschichte und Wirtschaftsgeschichte, Festschrift für F. Lütge, Stuttgart 1966, 284–98.

–, Agrarkrise und Agrarkonjunktur. Eine Geschichte der Land- und Ernährungswirtschaft Mitteleuropas seit dem hohen Mittelalter, Hamburg 1966².

–, Massenarmut und Hungerkrisen im vorindustriellen Europa. Versuch einer Synopsis, Hamburg 1974.

E. Angermann, R. v. Mohl (1799–1875). Leben und Werk eines altliberalen Staatsgelehrten, Neuwied 1962.

–, Zwei Typen des Ausgleichs gesellschaftlicher Interessen durch die Staatsgewalt. Ein Vergleich der Lehren Lorenz von Steins und Robert Mohls, in: W. Conze (Hrsg.), Staat und Gesellschaft im deutschen Vormärz 1815–1848, Stuttgart 1962, 173–205.

Arbeitsgruppe „Industrieller Ballungsraum" (V. Lück, H. Nokielski, E. Pankoke, K. Rohe), Industrieller Ballungsraum. Zur sozial- und politikwissenschaftlichen Problematisierung, Zeitschrift für Soziologie 5 (1976), 309–318.

H. Asmus, Die ›Rheinische Zeitung‹ und die Vereinigten Ständischen Ausschüsse in Preußen 1842, Zeitschrift für Geschichtswissenschaft 23 (1975), 1135–46.

G. Becker, Zur Rolle der preußischen Bourgeoisie nach der Märzrevolution 1848, Zeitschrift für Geschichtswissenschaft 24 (1976), 168–89.

U. Bermbach, Organisierter Kapitalismus. Zur Diskussion eines historisch-systematischen Modells, Geschichte und Gesellschaft 2 (1976), 264–73.

D. Blasius, Lorenz von Steins Lehre vom Königtum der sozialen Reform und ihre verfassungspolitischen Grundlagen, Der Staat 10 (1971), 33–51.

–, Gesellschaftsgeschichte und Gesellschaftswissenschaft bei Lorenz von Stein, Archiv für Rechts- und Sozialphilosophie 57 (1971), 261–83.

–, Lorenz von Stein und Preußen, Historische Zeitschrift 212 (1971), 339–62.

–, Lorenz von Stein, in: Deutsche Historiker, hrsg. von H.-U. Wehler, Bd. 1, Göttingen 1971, 25–38.

–, Konservative Sozialpolitik und Sozialreform im 19. Jahrhundert, in: G.-K. Kaltenbrunner (Hrsg.), Rekonstruktion des Konservatismus, Freiburg 1972, 469–88.

D. Blasius, Bürgerliche Gesellschaft und Kriminalität. Zur Sozialgeschichte Preußens im Vormärz, Göttingen 1976.

–, Geschichte und Krankheit. Sozialgeschichtliche Perspektiven der Medizingeschichte, Geschichte und Gesellschaft 2 (1976), 386–415.

W. Bleek, Von der Kameralausbildung zum Juristenprivileg – Studium, Prüfung und Ausbildung der höheren Beamten des allgemeinen Verwaltungsdienstes in Deutschland im 18. und 19. Jahrhundert, Berlin 1972.

H. Bleiber, Zur Problematik des preußischen Weges der Entwicklung des Kapitalismus in der Landwirtschaft, Zeitschrift für Geschichtswissenschaft 13 (1965), 57–73.

–, Zwischen Reform und Revolution. Lage und Kämpfe der schlesischen Bauern und Landarbeiter im Vormärz 1840–1847, Berlin 1966.

E. W. Böckenförde, Lorenz von Stein als Theoretiker der Bewegung von Staat und Gesellschaft zum Sozialstaat, in: Alteuropa und die moderne Gesellschaft, Festschrift für Otto Brunner, Göttingen 1963, 248–277 (auch in: ders., Staat, Gesellschaft, Freiheit, Frankfurt 1976, 146–184).

–, Der deutsche Typ der konstitutionellen Monarchie im 19. Jahrhundert, in: Beiträge zur deutschen und belgischen Verfassungsgeschichte im 19. Jahrhundert, hrsg. von Werner Conze, Stuttgart 1967, 70–92 (auch in: ders., Staat, Gesellschaft, Freiheit, Frankfurt 1976, 112–145).

–, Verfassungsprobleme und Verfassungsbewegung des 19. Jahrhunderts, Juristische Schulung 11 (1971), 560–566 (auch in: ders., Staat, Gesellschaft, Freiheit, Frankfurt 1976, 93–111).

–, Die Bedeutung der Unterscheidung von Staat und Gesellschaft im demokratischen Sozialstaat der Gegenwart, in: Rechtsfragen der Gegenwart, Festgabe für Wolfgang Hefermehl zum 65. Geburtstag, Stuttgart 1972, 11–36 (auch in: ders., Staat, Gesellschaft, Freiheit, Frankfurt 1976, 185–220).

–, Die verfassungstheoretische Unterscheidung von Staat und Gesellschaft als Bedingung der individuellen Freiheit, Opladen 1973.

–, Staat, Gesellschaft, Freiheit. Studien zur Staatstheorie und zum Verfassungsrecht, Frankfurt 1976.

K. Borchardt, Die Industrielle Revolution in Deutschland, München 1972.

O. Brunner u. a. (Hrsg.), Geschichtliche Grundbegriffe. Historisches Lexikon zur politisch-sozialen Sprache in Deutschland, Bd. 1 ff., Stuttgart 1972 ff.

A. Brusatti, Die Entwicklung der Wirtschaftswissenschaften und der Wirtschaftsgeschichte, in: ders. (Hrsg.), Die wirtschaftliche Entwicklung. Die Habsburgermonarchie 1848–1918, Bd. I, Wien 1973, 605–24.

L. Buhl, Geschichte der zehn Jahre 1830–1840 von Louis Blanc. Aus dem Französischen übersetzt, 5 Bde., Berlin 1844.

J. Burckhardt, Weltgeschichtliche Betrachtungen, hrsg. von R. Marx, Stuttgart 1955.

J. Collins (Hrsg.), Government and Society in France 1814–1848, New York 1970.

W. Conze, Möglichkeiten und Grenzen der liberalen Arbeiterbewegung. Das Beispiel Schulze-Delitzsch (Sammelband der Heidelberger Akademie der Wissenschaften, Phil. Hist., Jg. 1965/2), Heidelberg 1965.

–, „Arbeit", in: O. Brunner u. a. (Hrsg.), Geschichtliche Grundbegriffe. Historisches Lexikon zur politisch-sozialen Sprache in Deutschland, Bd. 1, Stuttgart 1972, 154–215.

–, „Demokratie", in: O. Brunner u. a. (Hrsg.), Geschichtliche Grundbegriffe, Bd. 1, Stuttgart 1972, 821–899.

W. Conze, D. Groh, Die Arbeiterbewegung in der nationalen Bewegung, Stuttgart 1966.

D. Crew, Regionale Mobilität und Arbeiterklasse. Das Beispiel Bochum 1880–1901, Geschichte und Gesellschaft 1 (1975), 99–120.

W. Damkowski, Die Entstehung des Verwaltungsbegriffs. Eine Wortstudie, Köln 1969.

H. Dunckelmann, Lokale Öffentlichkeit. Eine gemeindesoziologische Untersuchung, Stuttgart 1975.

H. Ehmke, „Staat" und „Gesellschaft" als verfassungstheoretisches Problem, in: Festgabe für R. Smend, Tübingen 1962, 23–50.

K.-G. Faber, Die Rheinlande zwischen Restauration und Revolution. Probleme der rheinischen Geschichte von 1814 bis 1848 im Spiegel der zeitgenössischen Publizistik, Wiesbaden 1966.

–, Strukturprobleme des deutschen Liberalismus im 19. Jahrhundert, Der Staat 14 (1975), 201–27.

B. Faulenbach (Hrsg.), Geschichtswissenschaft in Deutschland. Traditionelle Positionen und gegenwärtige Aufgaben, München 1974.

W. Fischer, Soziale Unterschichten im Zeitalter der Frühindustrialisierung, in: ders., Wirtschaft und Gesellschaft im Zeitalter der Industrialisierung, Göttingen 1972, 242–57.

E. Forsthoff, Lehrbuch des Verwaltungsrechts, Erster Band: Allgemeiner Teil, München/Berlin 1956[6], 1961[8].

– (Hrsg.), Lorenz von Stein. Gesellschaft – Staat – Recht. Mit Beiträgen von D. Blasius, E.-W. Böckenförde u. E. R. Huber, Frankfurt 1972.

H. A. Frégier, Ueber die gefährlichen Klassen der Bevölkerung in den großen Städten und die Mittel, sie zu bessern. Preisschrift aus dem Franz., 2 Bde. in 1 Bd., Koblenz 1840.

L. Gall, Liberalismus und „bürgerliche Gesellschaft", Historische Zeitschrift 220 (1975), 324–56.

– (Hrsg.), Liberalismus, Köln 1976.

H. Gangl, Der deutsche Weg zum Verfassungsstaat im 19. Jahrhundert. Eine Problemskizze, in: E.-W. Böckenförde (Hrsg.), Probleme des Konstitutionalismus im 19. Jahrhundert, Berlin 1975, 23–58 (Beiheft 1 zu ›Der Staat‹).

Gesetz-Sammlung für die Königlichen Preußischen Staaten, 1806 bis 1874. Chronologische Zusammenstellung, Bd. 2, 1841–1854, Berlin 1875[5].

F. Gilbert, Lorenz von Stein und die Revolution von 1848. Ein Beitrag zur Entwicklung Steins und zur Entstehung der deutschen Gesellschaftswissenschaft, Mitteilungen des österreichischen Instituts für Geschichtsforschung 50 (1936), 369–87.

K. Grimmel, Zur Dialektik von Staatsverfassung und Gesellschaftsordnung, Archiv für Rechts- und Sozialphilosophie 62 (1976), 1–26.

J. Grolle, Lorenz von Stein als preußischer Geheimagent, Archiv für Kulturgeschichte 50 (1968), 82–96.

D. Groh, „Cäsarismus", in: O. Brunner u. a. (Hrsg.), Geschichtliche Grundbegriffe, Bd. 1, Stuttgart 1972, 726–771.

–, „Diktatur", in: ebd., 900–224.

K. Grün (Hrsg.), Neue Anekdota, Darmstadt 1845.

G. Grünthal, Konstitutionalismus und konservative Politik. Ein verfassungspolitischer Beitrag zur Ära Manteuffel, in: G. A. Ritter (Hrsg.), Gesellschaft, Parlament und Regierung. Zur Geschichte des Parlamentarismus in Deutschland, Düsseldorf 1974, 145–64.

J. Habermas, Theorie und Praxis. Sozialphilosophische Studien, Neuwied 1963.

–, Legitimationsprobleme im Spätkapitalismus, Frankfurt 1973.
–, Legitimationsprobleme im modernen Staat, Merkur 30 (1976), 37–56.
–, Zur Rekonstruktion des Historischen Materialismus, Frankfurt 1976.
M. Hahn, Bürgerlicher Optimismus im Niedergang. Studien zu Lorenz Stein und Hegel, München 1969.
–, Präsozialismus: Claude-Henri de Saint-Simon, Stuttgart 1970.
– (Hrsg.), Lorenz Stein, Proletariat und Gesellschaft, München 1971.
– (Hrsg.), Vormarxistischer Sozialismus, Frankfurt 1974.
–, Interesse am ‚Frühsozialismus‘, in: M. Buhr u. a., Theoretische Quellen des wissenschaftlichen Sozialismus, Frankfurt 1975, 89–112.
–, Historiker und Klassen. Zur Grundlegung einer Geschichte der bürgerlichen Gesellschaft, Frankfurt 1976.
H.-G. Haupt, Nationalismus und Demokratie. Zur Geschichte der Bourgeoisie im Frankreich der Restauration, Frankfurt 1974.
–, Notizen zur sozialökonomischen Situation und Funktion des Kleinbürgertums im Frankreich der Belle Epoque (1895–1914), MS 1975.
G. W. F. Hegel, Grundlinien der Philosophie des Rechts oder Naturrecht und Staatswissenschaft im Grundrisse. Mit einem Vorwort von Eduard Gans, in: Hegel, Sämtliche Werke, hrsg. von H. Glockner, Bd. 7, Stuttgart 1952.
F. Hegner, Die Entwicklung des sozialwissenschaftlichen Klassenbegriffs bei den Frühsozialisten und bei Lorenz von Stein, Archiv für Rechts- und Sozialphilosophie 62 (1976), 401–422.
F.-W. Henning, Kapitalbildungsmöglichkeiten der bäuerlichen Bevölkerung in Deutschland am Anfang des 19. Jahrhunderts, in: W. Fischer (Hrsg.), Beiträge zu Wirtschaftswachstum und Wirtschaftsstruktur im 16. und 19. Jahrhundert, Berlin 1971, 57–81.
–, Die Industrialisierung in Deutschland 1800–1914, Paderborn 1973.
M. Hess, Philosophische und sozialistische Schriften 1837–1850. Eine Auswahl, hrsg. von A. Cornu u. W. Mönke, Berlin 1961.
R. A. Hofmann, Der Begriff der Selbstverwaltung in den Auffassungen des Freiherrn vom Stein, Lorenz von Steins, Rudolf von Gneists, Otto von Gierkes und Hugo Preuß' unter Berücksichtigung des Selbstverwaltungsbegriffs der Gegenwart, jur. Diss. Kiel 1972.
H. Holl u. a. (Hrsg.), Liberalismus und imperialistischer Staat, Göttingen 1975.
R. Hörburger, Von Stein et la naissance de la science sociale, Cahiers internationaux de sociologie 55 (1973), 217–44.

E. R. Huber, Die deutsche Staatswissenschaft, Zeitschrift für die gesamte Staatswissenschaft 95 (1935), 1–65.
– (Hrsg.), Dokumente zur deutschen Verfassungsgeschichte, Bd. 1, Stuttgart 1961.
–, L. v. Stein und die Grundlegung der Idee des Sozialstaates, in: ders., Nationalstaat und Verfassungsidee. Studien zur Geschichte der modernen Staatsidee, Stuttgart 1965, 127–143.
–, Deutsche Verfassungsgeschichte seit 1789, Bd. III: Bismarck und das Reich, Stuttgart 1963; Bd. IV: Struktur und Krisen des Kaiserreichs, Stuttgart 1969.
–, Vorsorge für das Dasein. Ein Grundbegriff der Staatslehre Hegels und Lorenz v. Steins, in: ders., Bewahrung und Wandlung. Studien zur deutschen Staatstheorie und Verfassungsgeschichte, Berlin 1975, 319–42.
G. Ipsen, Die preußische Bauernbefreiung als Landesausbau, in: W. Köllmann u. P. Marschalck (Hrsg.), Bevölkerungsgeschichte, Köln 1972, 154–89.
J. Izenberg, Psychohistory and Intellectual History, History and Theory 14 (1975), 139–55.
F. Jonas, Geschichte der Soziologie, II: Sozialismus – Positivismus – Historismus, Reinbek 1968.
H. Kaelble, Chancenungleichheit und akademische Ausbildung in Deutschland 1910–1960, Geschichte und Gesellschaft 1 (1975), 121–49.
–, Industrielle Interessenverbände vor 1914, in: Ruegg, 180–92.
E. Kamenka u. R. S. Neale (Hrsg.), Feudalism, Capitalism and Beyond, London 1975.
E. Kehr, Zur Genesis der preußischen Bürokratie und des Rechtsstaats. Ein Beitrag zum Diktaturproblem, in: ders., Der Primat der Innenpolitik, hrsg. von H.-U. Wehler, Berlin 1970², 31–52.
E. Klein, Von der Reform zur Restauration. Finanzpolitik und Reformgesetzgebung des preußischen Staatskanzlers Karl August von Hardenberg, Berlin 1965.
–, Geschichte der deutschen Landwirtschaft im Industriezeitalter, Wiesbaden 1973.
J. Kocka, Zur jüngeren marxistischen Sozialgeschichte, in: P. C. Ludz (Hrsg.), Soziologie und Sozialgeschichte, Opladen 1973, 491–514.
–, Eine Auseinandersetzung mit dem Werk von Jürgen Kuczynski: ›Die Geschichte der Lage der Arbeiter unter dem Kapitalismus‹, Archiv für Sozialgeschichte 14 (1974), 471–78.

–, Preußischer Staat und Modernisierung im Vormärz: Marxistisch-leninistische Interpretationen und ihre Probleme, in: H.-U. Wehler (Hrsg.), Sozialgeschichte Heute, Festschrift für Hans Rosenberg zum 70. Geburtstag, Göttingen 1974, 211–27.

–, Sozialgeschichte – Strukturgeschichte – Gesellschaftsgeschichte, Archiv für Sozialgeschichte 15 (1975), 1–42.

–, Theorien in der Sozial- und Gesellschaftsgeschichte. Vorschläge zur historischen Schichtungsanalyse, Geschichte und Gesellschaft 1 (1975), 9–42.

W. Köllmann, Rheinland und Westfalen an der Schwelle des Industriezeitalters, in: ders., Bevölkerung in der industriellen Revolution, Göttingen 1974, 208–28.

R. Koselleck, Geschichtliche Prognose in Lorenz v. Steins Schrift zur preußischen Verfassung, Der Staat 4 (1965), 469–81.

–, Staat und Gesellschaft in Preußen 1815–1848, in: H.-U. Wehler (Hrsg.), Moderne deutsche Sozialgeschichte, Köln 1966, 55–84.

–, Historia Magistra Vitae. Über die Auflösung des Topos im Horizont neuzeitlich bewegter Geschichte, in: Festschrift für K. Löwith, Stuttgart 1968, 196–219.

–, Einleitung, in: O. Brunner u. a. (Hrsg.), Geschichtliche Grundbegriffe. Historisches Lexikon zur politisch-sozialen Sprache in Deutschland, Bd. 1, Stuttgart 1972, XIII–XXVII.

–, Preußen zwischen Reform und Revolution. Allgemeines Landrecht, Verwaltung und soziale Bewegung von 1791 bis 1848, Stuttgart 1975².

W. Kowalski, Vom kleinbürgerlichen Demokratismus zum Kommunismus. Zeitschriften aus der Frühzeit der deutschen Arbeiterbewegung (1834–1847), Berlin 1967.

J. Kuczynski, Darstellung der Lage der Arbeiter in Deutschland von 1789 bis 1849, Berlin 1961.

A. Kühn, Das Problem der Prognose in der Soziologie, Berlin 1970.

G. List, Historische Theorie und nationale Geschichte zwischen Frühliberalismus und Reichsgründung, in: Faulenbach (Hrsg.), 35–53.

A. Lüdtke, Militärstaat und „Festungspraxis", in: V. R. Berghahn (Hrsg.), Militarismus, Köln 1975, 164–85.

F. Lütge, Über die Auswirkungen der Bauernbefreiung in Deutschland, in: ders., Gesammelte Abhandlungen, Stuttgart 1963, 174–222.

–, Deutsche Sozial- und Wirtschaftsgeschichte. Ein Überblick, Berlin 1966².

F. Lütge, Geschichte der deutschen Agrarverfassung vom frühen Mittelalter bis zum 19. Jahrhundert, Stuttgart 1967².
N. Luhmann, Theorie der Verwaltungswissenschaft. Bestandsaufnahme und Entwurf, Köln/Berlin 1966.
–, Zweckbegriff und Systemrationalität, Tübingen 1968.
–, Soziologische Aufklärung. Aufsätze zur Theorie sozialer Systeme, Köln/Opladen 1970.
–, Politische Planung. Aufsätze zur Soziologie von Politik und Verwaltung, Opladen 1971.
–, Politikbegriffe und die „Politisierung" der Verwaltung, in: Festschrift der Verwaltungshochschule Speyer, Berlin 1974, 211–228.
C. B. Macpherson, Die politische Theorie des Besitzindividualismus. Von Hobbes bis Locke, Frankfurt 1967.
H. Maier, Die ältere deutsche Staats- und Verwaltungslehre (Polizeiwissenschaft). Ein Beitrag zur Geschichte der politischen Wissenschaft in Deutschland, Neuwied 1966.
H. Marcuse, Vernunft und Revolution. Hegel und die Entstehung der Gesellschaftstheorie [1941], Neuwied 1970³.
–, Das Veralten der Psychoanalyse, in: ders., Kultur und Gesellschaft 2, Frankfurt 1965, 85–106.
F. D. Marquardt, Sozialer Aufstieg, sozialer Abstieg und die Entstehung der Berliner Arbeiterklasse, 1806–1848, Geschichte und Gesellschaft 1 (1975), 43–77.
K. Marx, Debatten über das Holzdiebstahlsgesetz, in: Marx-Engels Werke, Berlin 1957, Bd. 1, 109–47.
–, Zur Kritik der Hegelschen Rechtsphilosophie [1843/44], in: ders., Die Frühschriften, 207–24.
–, Die deutsche Ideologie [1845/46], in: Marx-Engels Gesamtausgabe, Erste Abteilung, Bd. 5, Berlin 1932 [Neudruck Frankfurt 1970].
–, Karl Grün: ›Die soziale Bewegung in Frankreich und Belgien‹ (Darmstadt 1845) oder: Die Geschichtsschreibung des wahren Sozialismus, in: Marx-Engels Gesamtausgabe, Erste Abteilung, Bd. 5, 471–516.
–, Manifest der kommunistischen Partei, in: ders., Die Frühschriften, hrsg. von S. Landshut, Stuttgart 1953, 525–60.
–, Klassenkämpfe in Frankreich [1850], in: Marx-Engels Werke, Bd. 7, 9–107.
–, Der achtzehnte Brumaire des Louis Bonaparte [1852], in: Marx-Engels Werke, Bd. 8, 111–207.

–, Vorwort zu ›Zur Kritik der politischen Ökonomie‹. Erstes Heft [1859], in: ders., Ökonomische Schriften, Bd. 3, hrsg. von H.-J. Lieber u. B. Kautsky, Darmstadt 1964, 837–42.

–, Ökonomische Schriften, Bd. 1, Darmstadt 1962, 864–927 [24. Kapitel des ›Kapitals‹: Die sogenannte ursprüngliche Akkumulation].

–, Bürgerkrieg in Frankreich [1871], in: Marx-Engels Werke, Bd. 17, 313–65.

G. Mayer, Friedrich Engels. Eine Biographie, Bd. 1: Friedrich Engels in seiner Frühzeit, Köln 1970 (Nachdruck der 2. Auflage).

H. Medick, Naturzustand und Naturgeschichte der bürgerlichen Gesellschaft. Die Ursprünge der bürgerlichen Sozialtheorie als Geschichtsphilosophie und Sozialwissenschaft bei Samuel Pufendorf, John Locke und Adam Smith, Göttingen 1973.

A. Meyer, Mechanische und organische Metaphorik politischer Philosophie, in: Archiv für Begriffsgeschichte XII (1969), 128–199.

H. Mottek, Wirtschaftsgeschichte Deutschlands. Ein Grundriß, Bd. 2, Berlin 1972.

W.-D. Narr u. C. Offe (Hrsg.), Wohlfahrtsstaat und Massenloyalität, Köln 1975, Einleitung, 9–46.

L. Niethammer, Zeitgeschichte als Notwendigkeit des Unmöglichen? Zu Ernst Noltes ›Deutschland und der Kalte Krieg‹, Historische Zeitschrift 221 (1975), 373–89.

–, unter Mitarbeit von F. Brüggemeier, Wie wohnten Arbeiter im Kaiserreich? Archiv für Sozialgeschichte 16 (1976), 61–134.

Th. Nipperdey, Kritik oder Objektivität? Zur Beurteilung der Revolution von 1848, in: W. Klötzer u. a. (Hrsg.), Ideen und Strukturen der deutschen Revolution 1848, Frankfurt 1974, 143–62 (= Archiv für Frankfurts Geschichte und Kunst 54, 1974).

–, Wehlers „Kaiserreich". Eine kritische Auseinandersetzung, Geschichte und Gesellschaft 1 (1975), 539–60.

H. Nitzschke, Die Geschichtsphilosophie Lorenz von Steins. Ein Beitrag zur Geistesgeschichte des neunzehnten Jahrhunderts, München 1932.

E. Nolte, Zeitgeschichtsforschung und Zeitgeschichte, Vierteljahrshefte für Zeitgeschichte 18 (1970), 1–11.

A. Novotny, Lorenz v. Steins Berufung nach Wien, in: Festschrift zur Feier des 200jährigen Bestandes des Haus-, Hof- und Staatsarchivs, hrsg. von L. Santifaller, Bd. 2, Wien 1951, 474–484.

C. Offe, Spätkapitalismus – Versuch einer Begriffsbestimmung, in: ders., Strukturprobleme des kapitalistischen Staates. Aufsätze zur politischen Soziologie, Frankfurt 1973².

E. Pankoke, Sozialer Fortschritt und soziale Verwaltung. Planungstheoretischen Ansätze in der deutschen Staats- und Gesellschaftswissenschaft des 19. Jahrhunderts, Die Verwaltung 2 (1969), 425–443.

–, „Sociale Bewegung" – „Sociale Frage" – „Sociale Politik". Grundprobleme der deutschen „Socialwissenschaft" im 19. Jahrhundert, Stuttgart 1970.

–, Soziale Selbstverwaltung. Zur Problemgeschichte sozialliberaler Gesellschaftspolitik, Archiv für Sozialgeschichte XII (1972), 185–203.

–, Vorwort zum Nachdruck: Lorenz v. Stein, Blicke auf den Socialismus und Communismus in Deutschland und ihre Zukunft, Darmstadt 1974.

–, Vorwort zum Nachdruck: Lorenz v. Stein, Schriften zum Sozialismus 1848 – 1852 – 1854, Darmstadt 1974.

–, zusammen mit Theodor Beine und Hans Nokielski, Neue Formen gesellschaftlicher Selbststeuerung in der Bundesrepublik Deutschland. Diskussion an Beispielen aus den Bereichen Bildung, Soziale Sicherung und kommunale Selbstverwaltung (Schriften der Kommission für wirtschaftlichen und sozialen Wandel 86), Göttingen 1975.

P. Pilbeam, Popular violence in provincial France after the 1830 revolution, English Historical Review 91 (1976), 278–97.

N. Poulantzas, Politische Gewalt und soziale Klassen: der französische Fall, in: G. Ziebura u. H.-G. Haupt (Hrsg.), Wirtschaft und Gesellschaft in Frankreich seit 1789, Köln 1975, 275–81.

H. Pross, Bürgerlich-konservative Kritik an der kapitalistischen Gesellschaft. Zur Theorie Lorenz von Steins, Kölner Zeitschrift für Soziologie und Sozialpsychologie 18 (1966), 131–138.

H.-J. Puhle, Der Bund der Landwirte im Wilhelminischen Reich. Struktur, Ideologie und politische Wirksamkeit eines Interessenverbandes in der konstitutionellen Monarchie (1893–1914), in: Ruegg, 145–62.

L. Puppke, Sozialpolitik und soziale Anschauungen frühindustrieller Unternehmer in Rheinland-Westfalen, Köln 1966.

B. Richter, Lorenz von Stein über die deutsche Einheit und die internationalen Aspekte des Schleswig-Holstein-Problems, 1843–1890,

Zeitschrift der Gesellschaft für schleswig-holsteinische Geschichte 95 (1970), 9–90 [43–90: Verzeichnis der Beiträge Steins zur ›Allgemeinen Zeitung‹ 1843–1889].

–, Völkerrecht, Außenpolitik und internationale Verwaltung bei Lorenz von Stein, Hamburg 1973.

M. Riedel, Bürgerliche Gesellschaft und Staat. Grundproblem und Struktur der Hegelschen Rechtsphilosophie, Neuwied 1970.

–, „Gesellschaft, bürgerliche", in: O. Brunner u. a. (Hrsg.), Geschichtliche Grundbegriffe, Bd. 2, 1975, 719–801.

–, „Gesellschaft, Gemeinschaft", in: ebd., 801–862.

Ch. Rihs, Lorenz von Stein. Un jeune Hégélien libéral à Paris (1840–1842) – observateur du mouvement social dans la France contemporaine, Revue d'histoire économique et sociale 47 (1969), 404–46.

J. Ritter, Person und Eigentum. Zu Hegels ›Grundlinien der Philosophie des Rechts‹, §§ 34–81, in: Marxismus-Studien 4 (1962), 196–218.

P. M. Roeder, Erziehung und Gesellschaft. Ein Beitrag zur Problemgeschichte unter besonderer Berücksichtigung des Werkes von L. v. Stein, Weinheim/Berlin 1968.

L. v. Rönne, Das Staats-Recht der Preußischen Monarchie, Bd. 1: Das Verfassungsrecht, Leipzig 1856; Bd. 2: Das Verwaltungsrecht, Leipzig 1863.

H. Rosenberg, Deutsche Agrargeschichte in alter und neuer Sicht, in: ders., Probleme der deutschen Sozialgeschichte, Frankfurt 1969, 81–147.

K. Rothe, Hegels politische Philosophie, Der Staat 14 (1975), 414–23.

W. Ruegg u. O. Neuloh (Hrsg.), Zur soziologischen Theorie und Analyse des 19. Jahrhunderts, Göttingen 1971.

A. Ruge, Sämtliche Werke, Bd. 2, Mannheim 1847².

D. Saalfeld, Zur Frage des bäuerlichen Landverlustes im Zusammenhang mit den preußischen Agrarreformen, Zeitschrift für Agrargeschichte und Agrarsoziologie 11 (1963), 163–71.

F. de Sanctis, Crisi e scienza. Lorenz Stein – alle origini della scienza sociale, Neapel 1974.

F. Schalck, Lorenz von Steins Theorie, in: Sein und Geschichtlichkeit, Karl-Heinz Volkmann-Schluck zum 60. Geburtstag, Frankfurt 1974, 213–20.

A. Scharff, Lorenz von Stein und die schleswig-holsteinische Bewegung, in: Lorenz von Stein, Neumünster 1966, 11–22.

W. Schieder, Anfänge der deutschen Arbeiterbewegung. Die Auslandsvereine im Jahrzehnt nach der Julirevolution von 1830, Stuttgart 1963.

–, Die Rolle der deutschen Arbeiter in der Revolution von 1848/49, in: W. Klötzer u. a. (Hrsg.), Ideen und Strukturen der deutschen Revolution 1848, Frankfurt 1974, 43–56 (= Archiv für Frankfurts Geschichte und Kunst 54, 1974).

W. Schmidt, Lorenz von Stein. Ein Beitrag zur Biographie, zur Geschichte Schleswig-Holsteins und zur Geistesgeschichte des 19. Jahrhunderts, Eckernförde 1956.

G. Schmidt-Eichstaedt, Staatsverwaltung und Selbstverwaltung bei Rudolf von Gneist, Die Verwaltung 8 (1975), 345–62.

C. Schmitt, Nachwort zu ›L. v. Stein, Zur preußischen Verfassungsfrage‹ [1852], Berlin 1941, 61–70.

R. Schnur, Politische Entscheidung und räumliche Interessen, Die Verwaltung 3 (1970), 257–281.

–, „La Révolution est finie". Zu einem Dilemma des positiven Rechts am Beispiel des bürgerlichen Rechtspositivismus, in: Standorte im Zeitstrom, Festschrift für A. Gehlen, Frankfurt 1974, 331–350.

H.-O. Sieburg, Geschichte Frankreichs, Stuttgart 1975.

P. W. Stearns, The Revolutions of 1848, London 1974.

H. Steinert, H. Treiber, Die Revolution und ihre Theorien. Frankreich 1848: Marx, v. Stein, Tocqueville im aktuellen Vergleich, Opladen 1975.

H. Stuke, Frühsozialismus, in: Sowjetsystem und demokratische Gesellschaft, Bd. 2, Freiburg 1968, Sp. 747–81.

M. Stürmer, 1848 in der deutschen Geschichte, in: H.-U. Wehler (Hrsg.), Sozialgeschichte Heute, Festschrift für Hans Rosenberg zum 70. Geburtstag, Göttingen 1974, 228–42.

D. Suhr, Bewußtseinsverfassung und Gesellschaftsverfassung. Über Hegel und Marx zu einer dialektischen Verfassungstheorie, Berlin 1975.

B. Taylor Wilkins, Hegel's Philosophy of History, Ithaca 1974.

R. Vierhaus, Ranke und die Anfänge der deutschen Geschichtswissenschaft, in: Faulenbach (Hrsg.), 17–34.

–, „Bildung", in: O. Brunner u. a., Geschichtliche Grundbegriffe, Bd. 1, Stuttgart 1972, 508–551.

–, Ranke und die soziale Welt, Münster 1957.

R. Wahl, Der preußische Verfassungskonflikt und das konstitutionelle System des Kaiserreichs, in: E.-W. Böckenförde (Hrsg.), Moderne deutsche Verfassungsgeschichte, Köln 1972, 171–94.

H.-U. Wehler, Das Deutsche Kaiserreich 1871–1918, Göttingen 1973.

–, Die Sozialgeschichte zwischen Wirtschaftsgeschichte und Politikgeschichte, in: Sozialgeschichte und Strukturgeschichte in der Schule, Schriftenreihe der Bundeszentrale für politische Bildung, Bonn 1975, H. 102, 13–25.

–, Moderne Politikgeschichte oder „Große Politik der Kabinette"?, Geschichte und Gesellschaft 1 (1975), 344–69.

E. R. Wiehn u. K. U. Mayer, Soziale Schichtung und soziale Mobilität, München 1975.

H. A. Winkler, Gesellschaftsform und Außenpolitik. Eine Theorie Lorenz von Steins in zeitgeschichtlicher Perspektive, Historische Zeitschrift 214 (1972), 335–62.

–, Pluralismus oder Protektionismus. Verfassungspolitische Probleme des Verbandswesens im Deutschen Kaiserreich, Wiesbaden 1972.

–, Der rückversicherte Mittelstand: Die Interessenverbände von Handwerk und Kleinhandel im deutschen Kaiserreich, in: W. Ruegg u. O. Neuloh (Hrsg.), Zur soziologischen Theorie und Analyse des 19. Jahrhunderts, Göttingen 1971, 163–79.

G. Wollstein, 1848 – Streit um das Erbe, Neue Politische Literatur 20 (1975), 491–507 u. 21 (1976), 89–106.

H.-G. Zmarzlik, Das Kaiserreich in neuer Sicht, Historische Zeitschrift 222 (1976), 105–26.

W. Zorn, Die wirtschaftliche Struktur der Rheinprovinz um 1820, Vierteljahrsschrift für Sozial- und Wirtschaftsgeschichte 46 (1967), 289–324.